KB176018

유능한 리더의
회의운영
노하우

Sales Master Series 4

유능한 리더의
회의운영
노하우

노진경지음
성취동기개발센터

이담
Books

회의스킬!
리더의 리더십 TOOL이다.

"야! 오늘 회의는 정말 효율적인데, 부장님의 회의를 이끄시는 능력과 참가자들의 적극적인 참여 그리고 회의 목표의 달성…… 이런 회의 분위기가 업무에까지 연장이 된다면……"

"늘 회의를 마치면 왜 이렇게 답답한 거야! 회의 목적은 무엇이었고, 왜 다들 자신들의 의견을 말하지 않는 거야! 이래서야 어떻게 업무를 추진할 수 있겠는가?"

당신이 회의를 진행한 리더든 참석자든 회의를 마치고 회의장을 빠져나갈 때 어떠한 느낌과 감정을 갖게 되는가? 만일 당신이 회의를 이끈 리더라면 참석자들의 어떤 반응을 기대하는가? 당신이 회의의 참석자라면 어떤 회의(분위기, 집중도, 참여, 결과 등)가 되기를 바라는가?

회의는 조직의 공식적인 커뮤니케이션의 기회이고 공간이

고 시간이다. 회의는 조직의 리더 또는 관리자가 수행하는 중요한 경영기능 중 하나이다. 회의장에서 발생한 원활하고 효과적인 커뮤니케이션은 *정보 공유, 문제 해결, 아이디어 공유와 창조, 상호이해의 증가* 등등의 가치를 가져온다. 또한 리더를 포함해 참석자들의 업무 수행 능력과 비즈니스 지식, 기술 그리고 타인에 대한 태도 등을 보여 주고 평가를 주고받는 중요한 시간이고 공간이며 기회이다.

성공적인 회의는 회의를 이끄는 리더뿐 아니라 회의에 참석하는 참가자들이 함께 만드는 것이다. 평소 조직의 커뮤니케이션 분위기와 유형이 그대로 회의의 문화를 결정한다. 회의의 모든 시간은 커뮤니케이션이 주도한다. 따라서 조직의 일상적인 커뮤니케이션 문화는 회의 문화에 영향을 미치고, 회의 문화는 회의 성과를 결정하며, 그것은 조직과 개인이 성과와 동기부여에 큰 영향을 미친다.

당신이 리더이든 참석자이든 회의를 성공적으로 이끌고(회의 준비에서 마무리까지의 흐름을 주도하고 통제, 회의의 다양한 문제 해결 등) 효과적으로 참석하는 방법(의견 개진, 경청, 토론기술 등)을 안다면 당신의 가치는 더 올라갈 것이다.

회의 리더가 부딪히는 49가지 상황과 그 해결 방법들 그리고 다양한 회의 기술들을 정리해 놓은 것이 이 책이다. 여기에 수록된 상황들은 회의의 모든 문제를 다 정리하지는 못하였지만 일반적으로 가장 많이 부딪히는 문제들이라 생각한다. 본 저자는 이러한 방법들을 습득하고 활용함으로써 당신의 조직 내 영향력을 강화하는데 도움을 주고자 이 책을 저술하였다. 개인의 성장과 조직의 발전에 많이 활용해 주길 바란다.

2010년
노진경

차례
contents

contents

contents

장시간의 회의

■ ■ ■

"도대체 이 회의는 언제 끝나나?"

"벌써 몇 시간째 회의를 하는 거야! 다른 할 일도 많은데……"

"별로 중요한 회의 같지 않은데…… 그리고 고객에게 제안서를 발송해야 하고, 이메일도 확인해야 하는데…… 왜 이렇게 회의가 길어!"

"중요한 고객이 전화를 자꾸 하는데 부장님은 회의 중이라 바꿔 드릴 수도 없고, 고객은 짜증을 내는데 언제쯤 회의가 끝나지?"

"부장님은 고객과 미팅 약속을 잊으셨나? 고객이 벌써 30분째 기다리는데…… 회의가 왜 이렇게 긴 거지?"

■ ■ ■

위의 상황은 어느 조직에서나 한 번쯤은 들어보거나, 경험하였을 내용들이다. 다양한 사람들이 모여서, 다양한 업무를 하고, 다양한 문제를 해결해야 하며, 많은 정보를 공유해야 하는 조직에서는 회의라는 방법으로 그 답을 찾는다. 그런데 문제는 회의가 지나치게 길어져서 참석자들의 의욕을 떨어뜨리거나, 중요한 업무를 처리하는 데 시간이 지연되고, 고객과의 약속이 지켜지지 않는 경우가 종종 발생한다는 것이다.

● 발생원인

::회의 리더의 준비 부족

회의가 오랜 시간 진행되는 이유 중 하나는 회의 리더의 준비 부족이다. 리더는 가끔 자신의 생각을 정리하지 않거나 참석자들을 선정하지 않고 회의를 시작하는 경우가 있다. 그리고 회의를 미리 준비하기보다는 그때그때 필요할 때마다 자리에 있는 사람들을 참석시켜서 회의를 하면서 의제를 정하고 아이디어를 구하고자 하는 경우가 있다.

::불필요한 참석자의 참석

가끔 회의에 참석해 보면 의제와는 상관이 없는 사람이 참석하는 경우가 있다. 이들은 회의 내내 의제에 몰입하지 못한다. 그리고 자신의 존재이유를 알리기 위해 의제와는 상관없는 이야기를 하거나 의제를 정확하게 이해하지 못한 상태에서 자신의 의견을 개진하기 때문에 시간이 길어진다. 이러한 참석자의 빗나간 의견을 효과적으로 조절하는 리더의 능력 부족도 문제가 된다.

:: 회의만능주의

무슨 일만 생기면 '회의하자'라는 말을 하는 리더가 있다. 이들은 회의를 자신의 업무 수행 도구로 생각을 하거나 회의를 통해서만 업무를 진행할 수 있다고 믿고 있기 때문에 다른 직원들의 업무는 크게 신경 쓰지 않는다. 그리고 회의는 일단 길게 진행하면 답이 나올 것이라고 생각을 한다.

:: 시간 대비 의제의 양 과다(過多)

회의도 엄연한 일과 중의 하나이다. 준비 없이 짧은 시간 안에 회의를 하고자 하면서 정작 의제 수를 지나치게 많이 준비한다. 게다가 리더는 자신이 생각하는 의제를 모두 검토하고 넘어가고자 한다. 회의를 하면서 떠오르는 의제를 계속 추가하는 것이 원인이다.

결과는? 하염없이 길어지는 회의 시간이다.

:: 참석자들의 준비 부족

참석자들이 회의에 대한 준비가 부족하거나 없어서 아이디어를 내지 못한다. 의제에 요구되는 자료를 찾으러 회의장을 벗어난다. 나머지 참석자들은 그 직원이 돌아올 때까지 기다린다. 물론 이 시간 동안 회의는 진행되지 않는다. 게다가 찾

는 자료가 없어서 또는 찾은 자료가 정리가 되어 있지 않아서
준비를 하는 데 많은 시간이 소요되어 회의 시간이 지연된다.

● 부작용

　– 중요한 업무를 놓칠 수 있다.
　– 리더의 리더십이 의심받는다.
　– 회의를 업무 지연의 핑곗거리로 사용한다.
　– 참석자들의 심리가 불안정해진다.
　– 참석자 사이에 불화의 우려가 있다.
　– 외부에 나쁜 이미지를 심어 준다.

● 대 책

∷리더는 회의 진행 전 충분한 준비를 한다

　회의를 개최하고자 하는 리더는 자신이 회의를 개최하는
목적과 얻고자 하는 결과 그리고 적절한 참가자, 시간, 의제
의 수, 회의 참석자들의 역할 등 충분한 준비를 한 후 회의가
꼭 필요하다고 판단되었을 때 회의를 개최해야 한다.

　효과적인 회의를 위해서 리더는 회의 어젠다(회의 진행 준비, 계
획서)를 작성해 본다. 회의 어젠다는 다음과 같다.

　리더는 이 어젠다를 작성을 하면서 회의를 개최할지 여부
를 결정할 수 있고, 정해진 시간에 회의 목적을 달성하기 위

한 로드맵을 가질 수 있다.

회의 어젠다 - 회의 준비계획서

* 회의 주제 및 배경 :
* 회의 목적 :
* 날 짜 :   시작 :   종료 :
* 장 소 :
* 승 인 :
* 참석자 :
* 의제들 :
* 준비사항 :   발표자
* 회의 책임자 :
* 회의 준비자(장소 확인, 장비 준비, 참석자 확인 등) :
* 발송일 :

〈그림 1〉 회의 어젠다

위의 어젠다는 리더가 회의를 개최할 때 반드시 작성해서 회의 개최 여부를 결정하는 중요한 시트이다. 이 어젠다를 작성하면서 리더는 회의의 개최 여부(진행, 중요한 참석자의 부재로 연기 등)를 결정할 수 있다. 기억할 것은 승인인데 이는 회의 리더가 자신의 상사로부터 회의 진행에 대한 승인을 받는 것이다. 이는 상사의 지원을 위해서 필요하지만 상사가 회의를 방해하는 것을 막기 위해서도 필요하다. 물론 이 회의의 결과가 상사에게도 영향을 미친다면 더더욱 승인받는 것이 중요하다. 이렇게 해서 회의를 개최하기로 결정하였으면 회의 진행계획(시간계획)을 준비하고 각 참석자에게 회의 개최 통지서를 발송한다.

::정해진 시간을 철저히 지킨다

회의를 위한 시간을 철저하게 지킨다. 회의를 정해진 시간에 시작하고 정해진 시간에 끝내는 것을 조직의 문화로 만든다. 설령 시작 시간이 조금 지연되더라도 끝내는 시간은 철저하게 지킨다. 이렇게 하면 회의 리더도 성공적인 회의를 위해 준비를 더 철저하게 되고 참석자들 또한 회의 후의 업무 진행을 하는 데 무리가 없게 된다. 회의 시간을 지키고 줄이기 위해서 회의를 자리에 앉지 않고 서서 하거나, 모래시계를 두고 시간을 지키는 방법들을 기업들이 활용한다.

::참석자들을 잘 선정한다

올바른 참석자(회의 주체, 중요한 관계자, 필요한 정보를 가진 자 등)들이 회의에 참석을 해야만이 회의 목적을 달성할 수 있다. 업무적인 이유로 반드시 참석을 해야 하는 사람이 참석할 수 없다면 다음으로 미루거나 의제를 바꾸는 것도 현명한 방법이다. 이를 파악하기 위해서 리더는 반드시 회의 어젠다를 작성한다.

::참석자들에게 사전에 회의 개최 통지를 한다

회의 목적에 따라 참석자들의 준비와 몰입의 수준이 회의 성과를 좌우한다. 준비된 참석자들은 회의에 적극적으로 참여한다. 리더는 어젠다를 작성하면서 회의 개최 필요성을 파악하고 회의 개최 결정을 하였다면 가능한 한 일주일 전에, 그리고 긴급 사항이 아니면 적어도 하루 전에는 어젠다를 참석자들에게 발송하거나, 회사 공지란에 게시한다. 이유는 참석자들의 시간관리를 지원하여야 하고 업무 수행에도 지장이 없도록 하여야 하기 때문이다.

:: 회의만능주의를 탈피한다

회의 개최가 모든 의사결정과 문제해결을 위한 방법은 아니다. 가끔 리더는 자신이 혼자 결정할 수 있거나 몇몇 관련자들과의 간단한 커뮤니케이션을 통해서 결정할 수 있는 경우에도 회의를 개최한다. 이러한 경우에는 회의를 개최하지 않도록 한다.

:: 의제와 시간을 잘 구성한다

정해진 시간 안에 회의의 의제를 모두 처리하고 참석자들의 적극적인 참여를 원한다면 회의 시간의 구성이 중요하다. 회의를 시작하자마자 중요하고 어려운 의제를 다루면 참석자들이 힘들어한다. 반대로 회의 종료시간이 다가오는데 중요한 의제를 다룬다면 회의 시간이 길어지거나 충분한 토의를 할 수 없게 된다. 회의 시간과 의제를 효과적으로 구성하기 위해서는 어젠다 벨을 작성한다.

3개의 의제(하나의 의제는 중요하고 어려운 의제)를 가지고 2시간 회의를 진행한다면 다음의 어젠다 벨과 같은 시간으로 구성한다.

리더는 회의를 시작하면서 참석자들이 회의에 몰입하도록 오프닝 멘트를 하고 어젠다를 소개하면서 가볍게 시작한다. 다음으로 가벼운 의제를 짧은 시간에 진행하고 회의 분위기가 무르익고 참석자들의 몰입이 최고조에 있을 때 중요하고 어려운 의제를 다룬다. 각 의제의 내용에 따라서 시간 배정에는 다소 유연성을 가지는 것이 좋다.

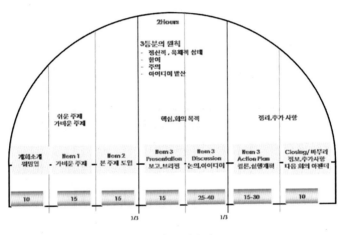

〈그림 2〉 어젠다 벨

:: 회의 비용을 계산한다

회의에 참석한 사람들은 회의 시간 동안 자신에게 주어진 본연의 업무를 하지 못하게 된다. 물론 회의 의제가 자신과 자신의 부서에 관련된 내용이므로 업무와 전혀 무관하지는 않다. 핵심은 회의 목적이 달성되고 바람직한 결론이 나며, 회의 분위기가 팀워크를 강화하고 팀의 시너지를 강화하는 회의가 되어야 한다는 것이다. 장시간의 회의를 하였음에도 결론이 나지 않고 상호간의 관계에 부정적인 영향을 받는 회의는 가장 효율성이 떨어지는 시간을 보낸 것이고, 회의의 성과를 달성하지 못한 것이라는 것을 명심해야 한다. 회의 비용은 그 시간의 금전적인 비용도 있지만, 구성원 간의 심리적인 비용 또한 무시할 수 없는 것이다. 리더는 이 두 가지 모두를 고려하여 회의를 개최해야 하고 회의의 결과와 분위기 형성에 주의를 기울여야 한다. 회의 비용에 대해서는 뒤에서 알아볼 것이다.

② 결론 없는 회의

■ ■ ■

리더: 오늘 회의는 모든 분들의 적극적인 참여에 의해 좋은 아이디어가 많이 나온 것 같군요. 추가 아이디어가 없으시면 이것으로 회의를 마치도록 하겠습니다. 모두들 수고하셨습니다.

참석자들: 리더님! 오늘 회의 결론은?

리더: 나중에 천천히 내리도록 하지요. 자 자신의 업무로 돌아갑시다.

참석자들: ???????

회의장을 나오면서 참석자들은 "오늘 회의의 결론이 뭐야! 왜 리더는 결론을 내리지 않는 것이지? 더 이상 좋은 의견들이 없는 것 같은데……." 하면서 서로 투덜댄다.

리더(속으로): 결정을 위해 다시 한 번 회의를 개최해야 하겠지? 오늘 결론을 내리지 않은 것은 잘한 것이야!

■ ■ ■

● 발생원인

:: 회의 목적이 불분명하다

회의는 어떤 의도를 가졌든 회의를 마쳤을 때 참석자들이 공감하는 결론이 있어야 한다. 회의 목적이 불분명하거나 없기 때문에 적당한 시간이 흐르면 회의를 마치거나 몇몇 의견들을 듣고 리더 스스로 결론을 내리면 된다는 생각으로 회의를 마친다.

:: 너무 서둘러 회의를 마치려 한다

회의 시간이 너무 오래 지속되었거나, 예상하지 않은 일들로 해서 회의를 중간에 마치는 경우가 있다. 이 또한 회의 참석자들의 맥을 빠지게 하는 것이다. 때로는 회의를 지속하였을 때 논쟁이 발생할 우려가 있거나 리더가 원하는 방향과는 다른 방향으로 회의가 진행될 것 같을 때 상황을 정리할 자신이 없어 서둘러 회의를 마치기도 한다.

:: 리더가 생각할 때 충분한 아이디어가 나왔다고 판단이 되거나 자신이 원하는 아이디어가 나오면 그것에 만족해 그냥 회의를 마친다

리더는 회의에서 얻고자 하는 결론을 혼자만 갖고 있으면서 그 생각에 맞는 아이디어가 나오면 만족을 하고 회의를 마친다. 또 자신이 더 이상 회의를 진행해도 리더가 바라는 의견이나 아이디어가 나오지 않을 것이라는 생각이 들 때 회

의를 마치려 한다. 참석자들이 뒤늦게 다양한 의견이나 아이디어를 개진하더라도 리더가 바라는 것이 아니면 의미를 두지 않거나 채택을 하지 않고 리더는 회의를 마치려 한다.

:: 시간이 되어서 회의를 마친다

회의의 규칙을 지킨다는 명목으로 정해진 시간이 다 되었으므로 논의 중에 회의를 마친다. 한편으로는 회의 시간을 지킨다는 의미도 있지만 참석자들은 자신들의 의견 또는 아이디어를 충분히 개진하지 못하였을 수도 있다. 이런 결정을 내릴 때는 리더가 상황을 잘 판단해야 한다. 또한 정해진 시간을 지키려면 시간과 의제의 수 그리고 중요성을 잘 고려해야 한다.

:: 참석자들이 지루해하는 것 같아 일단 회의를 끝낸다

회의를 진행하는 리더의 입장에서는 참석자들의 적극적인 참여를 요구한다. 그런데 여러 가지 이유로 참석자들이 지루해하는 것이 보이거나 느끼게 되면 리더는 참석자들에 대한 부정적인 생각을 가지면서 참석자들을 위해서인 양 회의를 마친다.

:: 리더가 결론을 내리기 두려워한다

어떤 일에서든 결정을 내리는 것은 쉬운 일이 아니다. 특히 자신에게 그 책임이 돌아오는 경우에는 더욱 망설이게 된다. 리

더는 회의를 진행하면서 나온 다양한 의견 또는 아이디어를 다른 참가자들이 잘 듣고 이해했으며 그들이 무엇을 해야 하는지를 알 것이라는 생각과 추측을 하거나 참석자들 각자가 자신들이 알아서 조직에 맞는 결론을 내릴 것이라는 생각을 하면서 회의 결론을 맺지 않고 끝낸다.

::중요한 정보를 가진 사람이 불참했다

회의의 의제와 목적에 대한 중요한 정보나 의견을 가진 사람이 참석하지 않아서 회의 결론을 내리지 못하고 끝낸다. 이러한 현상은 대부분 회의 리더의 준비 부족에서 발생한다. 중요한 의제이고 그 의제와 관련된 사람이 참석이 어렵다면 의제를 바꾸거나 회의 개최를 연기해야 한다.

● 부작용

  - 회의의 가치가 떨어진다.
  - 결론이 나지 않음으로 인해 다음 업무 진행에 지장이 있다.
  - 참석자들이 자신들의 의견이나 아이디어가 의미 없는 것인가라는 의문을 가질 수 있다.
  - 직원들의 동기를 저하시키고 조직에 대한 소속감을 떨어뜨린다.
  - 다음 회의에 대해서도 기대를 하지 않는다.

● 대 책

:: 회의 목적과 목표를 분명히 한다

회의 목적이 분명하고 그 목적을 달성하기 위한 계획(회의 진행방법)이 잘 수립되었을 때 목적(결론)을 달성할 수 있다. 결론이 명확하게 내려지는 회의는 리더에게나 참석자에게 긍정적인 이미지를 갖도록 해 주고 회의 가치를 높이며 특히 리더의 영향력이 커진다. 참석자들 또한 자신들의 기여를 가치 있게 생각하고 내려진 결론의 추후 실행과정에 적극적인 참여를 하거나 관심을 가진다.

회의 어젠다를 작성하면서 바람직한 결론(목적)을 설정해야 한다. 회의 목적과 상황에 따른 진행방법에도 유연성을 가져야 할 것이다. 정보 공유를 위한 회의와 문제 해결을 위한 회의는 다른 방법으로 진행해야 한다.

:: 회의 시간과 의제를 잘 구성해서 시간의 압박을 사전에 해결한다

짧은 시간 동안 회의를 개최한다면 중요한 문제를 다룰 수 없을 것이다. 또한 긴 시간 정해진 회의(정례회의)를 하면서 의제나 목적이 명확하지 않다면 회의 시간을 지키려고 노력하지 않아도 될 것이다. 회의 목적과 의제에 따라서 유연하게 회의 시간을 조정하도록 하라. 그리고 회의 참석자들의 역할을 정해서 사전에 통지를 해 충분한 준비를 하도록 함으로써 회의 시간의 낭비를 없애는 것도 중요하다.

∷사전에 회의 의제를 참석자들에게 알려서 충분하게 준비를 하도록 한다

결론을 맺지 못하는 회의는 결론을 위한 충분한 논의가 부족하거나 의견 또는 아이디어가 부족해서 발생하는 경우가 종종 있다. 참석자들 또한 충분한 준비를 하지 않고 참석을 하거나 회의장에 와서야 회의의 의제를 알게 되는 경우 당황하거나 이해를 위한 시간이 필요하게 되고 따라서 다양한 의견 교환이 어려워진다.

회의통지서를 통해 리더는 사전에 회의 목적과 시간 그리고 역할(서기, 발표자, 정보 제공자 등)을 알려줌으로써 회의 참석자들을 준비시켜야 한다.

∷리더는 자신이 원하는 아이디어나 의견들이 나왔으면 결론을 내린다

많은 의견과 아이디어를 공유하는 것만큼 결론을 내리는 것 또한 중요하다. 회의는 달성해야 할 목적이 있다. 리더는 참석자들의 다양한 의견과 아이디어를 잘 경청하고 자신이 결론을 내리는 데 도움이 되는 의견들이 나왔다면 결론을 내려야 한다. 결론을 내리지 못하는 우유부단함을 보이지 말아야 한다. 리더가 결론을 내리지 못하면 회의 참석자들은 자신의 아이디어가 무시당한다는 느낌을 받는다. 이는 다음의 회의에도 큰 영향을 미친다. 참석자들의 의견과 아이디어를 존

중해 주고 소속감을 키워 주기 위해서도 리더는 적절한 결정을 내려야 한다. 그렇지 않을 경우에는 왜 결정을 연기하는지, 어떤 정보가 더 필요한지 등을 명확하게 알리고 다음 회의를 준비하도록 하여야 한다.

:: 결론을 내리지 못한 경우에 발생할 일을 예상한다
회의를 진행하고 난 뒤 결론을 내리지 못하였다면 그 결과를 예상해 보도록 하라. 참석자들의 사기 저하와 업무에 미칠 영향 등……. 더 큰 문제는 참석자들이 자신이 이해하고 편리한 대로 결론을 내릴 우려가 있고 그것이 업무에 크고 작은 문제를 발생시킨다는 것이다. 이것이 원인이 되어 결과적으로 조직 내 갈등이 발생할 수도 있다는 것이다. 이러한 일들이 자주 발생하면 다음의 회의가 어떻게 진행될 것인가도 예상해 보도록 하라.

:: 중요한 정보를 가진 사람은 반드시 참석하도록 한다
회의에 꼭 필요한 사람은 반드시 참석하도록 해야 한다. 그들이 참석하지 않으면 결론을 내릴 수 없다. 참석자들 또한 누가 이 회의에 반드시 참석했어야 하는지를 알고 있다. 그 사람이 불참하면 다른 참석자들의 몰입과 참여에의 동기가 떨어진다.
리더는 중요한 정보를 가진 사람이나 의제의 결론에 대해

책임을 가진 사람이 회의 참석이 어렵다면 회의를 연기하거나 의제를 바꾸도록 하여야 한다. 또는 사전에 자료를 제출받거나 다른 사람이 보고를 하도록 하는 등의 적절한 조치를 취해야 한다.

③ 의제가 모호한 회의

■ ■ ■

참석자 1: 왜 회의를 하자는 거지?

참석자 2: 모르겠어! 빨리 회의실에 모이라고만 했지, 내용과 목적은 말씀하시지 않았는데…….

참석자 1: 바쁘게 처리할 일도 있는데, 늘 이렇게 갑자기 모이라 하니…….

리더: 다 모였습니까!
오늘은 우리 부서의 전반적인 업무에 대해 이야기를 하고자 회의를 소집했습니다. OOO 씨 요즘 업무는 어떻게 진행됩니까?

참석자 1: 무슨 말씀인지? 어떤 업무부터 이야기를 해야 하나요?

리더: 현재 하고 있는 일에 대해 우리가 알아야 할 것을 이야기하세요. 듣고 중요한 사안이면 이 자리에서 검토를 할 것이니까요.

■ ■ ■

● 발생원인

:: 리더가 회의를 자신의 힘 발휘 기회로 생각한다

리더는 자신이 부서를 이끄는 책임자이기 때문에 언제든 자기의 마음대로 사람들을 모으고, 회의를 통해 직원들의 생각과 업무현황을 파악해도 된다는 생각을 가지게 된다. 조직의 회의는 리더의 파워를 발휘하는 기회가 아니고 정보를 공유하고, 발생한 문제를 해결하며, 업무와 관련된 지시를 하는 등 목적이 있는 것이다. 리더는 이 사실을 명심해야 한다.

:: 정해진 회의이기 때문에

일상적으로 정해진 회의(일일회의, 주간회의, 월례회의 등)일지라도 특별한 의제가 없다면 회의 개최를 연기하는 것도 좋다. 정해진 회의라는 생각으로 회의를 개최하면 회의를 개최하는 자체가 업무가 되어 버릴 우려가 있다.

:: 리더 스스로 회의를 자신의 업무로 생각을 하고 목적없이 관례에 따라 회의를 진행한다

리더는 회의 목적이 명확하지 않거나, 개인적으로 궁금한 사항이 있다고 준비 없이 회의를 개최해서는 안 된다.

:: 리더의 회의만능주의

큰 일이든 작은 일이든 일만 발생하면 무조건 회의를 개최

하는 리더가 있다. 직원들은 자신의 업무에 집중하고 있는데 리더는 회의를 개최하려고 하면 직원들의 업무 진행에 차질을 초래할 수 있다. 회의만이 능사가 아니다.

● 부작용

　- 시간의 낭비
　- 중요한 업무의 지연 혹은 미처리
　- 참석자들의 불만이 조직의 분위기를 망친다.
　- 참석자 간의 의견 대립 우려
　- 충분한 정보 공유의 부족
　- 리더의 일방적인 지시 혹은 명령

● 대 책

:: 리더는 왜 회의를 개최하려는지 목적을 파악한다

　리더는 회의 목적이 분명할 때 회의를 개최한다. 그리고 스스로도 회의 목적을 달성하기 위한 준비를 한다. 바람직한 결과나 목적 달성을 위해 꼭 회의를 거쳐야 할 필요가 있을 때 회의를 개최하도록 한다. 목적이 친교를 위한 회의도 있다. 이러한 회의는 더더욱 직원들의 업무에 방해하지 않는 시간과 장소에서 개최되어야 한다.

::정보 공유 혹은 단순한 미팅을 위한 회의라도 사전에 공지하라

회의는 조직에서 일하는 직원들에게는 업무의 연장이자 시간 관리의 대상이다. 따라서 직원들은 자신의 업무시간을 관리하는 데 회의 때문에 방해받아서는 안 된다. 반드시 미리 회의 개최를 알리도록 하라. 급한 회의라 할지라도 30분 혹은 1시간의 여유를 줄 때 업무에의 지장을 최소화시킬 수 있다.

::의제가 없거나 모호하면 정례회의라도 연기 또는 취소하라

연기나 취소가 어렵다면 그 시간을 최소화하라. 명확한 의제가 있다면 당연하게 회의를 개최해야 한다. 의제가 명확하지 않으면 회의가 낭비가 되거나 직원들의 심리적인 비용이 커지게 된다.

::회의 장소를 힘의 과시공간으로 보지 말라

리더의 힘은 회의장에서 회의를 개최할 때 나오는 것이 아니다. 리더십은 회의를 이끄는 능력과 일상 속에서 나온다. 자신의 리더십을 발휘하려면 개인적인 접촉을 많이 하도록 하라. 때로는 개인적인 접촉을 통해 리더가 바라는 상당한 정보를 얻을 수 있고, 문제를 해결할 수도 있다. 회의를 팀워크와 팀의 시너지를 강화하고 업무 파악과 문제 해결, 성과 달성과 직원들의 성장 기회를 만드는 조직기능으로 만들어야 한다.

::회의를 개최하기 위해 의제를 만들어 내지 말라

가볍거나 별로 중요하지 않은 의제를 리더는 마치 중요한 의제인 양 회의를 개최하려 하지 말라. 개인적인 피드백으로 처리가 가능한 업무를 회의 장소에 끌어들이지 말라. 리더는 직원들이 그들의 업무성과를 극대화하는 데 중요한 지원세력이다. 리더는 조직의 성과를 생각해야 한다. 리더 개인의 업무 혹은 개인의 노력으로 해결할 수 있는 문제와 상황을 회의로 연결해서는 안 된다.

④ 자기중심적인 회의

리더: 김 대리 지난 분기 영업성과에 대한 평가보고서 어떻게 됐어!
   아직도 마무리하지 못했다고! 왜 그렇게 업무 처리가 늦어! 박 대리는
   다음 분기 영업목표와 계획안은? 마찬가지로 아직 잡지 못했다고? 언
   제까지 내가 마치라고 했어! 이 대리는 지난 회의에서 결론이 난 홍보
   기획안 결제는 왜 안 올리는 거야!

김 대리: …….

박 대리: …….

이 대리: …….

리 더: 도대체 업무를 어떻게 처리하는 거야! 일을 제대로 해야 부서가
   잘 돌아갈 수 있잖아! 그리고 고객들이 불평을 많이 하는데 어떻게 하면
   고객들의 불평을 줄일 수 있을 것 같아! 김 대리부터 이야기해 보지?

김 대리: 미처 거기에 대해서는 생각을 하지 못했는데요…….

리더: 뭐라고……!

● 발생원인

:: 리더는 직원들의 업무 진행을 회의를 통해서만 파악하려고 한다

리더의 역할 중 하나는 직원들이 올려야 하는 성과와 처리해야 하는 업무와 문제 해결에 대한 지원이다. 직원들은 그들의 대부분 시간을 자신들에게 주어진 업무를 처리하는 데 사용하여야 한다. 리더가 직원들을 개별 관리하지 않고 회의라는 방법으로 그들의 업무를 파악하려 한다면 수많은 회의가 진행되어야 하고 그에 따라 직원들은 자신들의 업무를 처리하는 데 방해를 받게 될 것이다.

:: 직원들이 회의 준비가 되어 있지 못하다

리더는 자기 마음대로 그리고 수시로 회의를 개최하면서 직원들이 충분한 준비를 하고 회의에 참석할 것이라는 기대는 버려야 한다. 그리고 그러한 상황에서 직원들에게 준비 부족의 책임을 물어서도 안 된다. 리더는 자신이 회의를 통해 얻고자 하는 성과를 위하여 직원들이 준비할 수 있는 시간을 주어야 한다. 그리고 직원들 또한 회의에 참석할 때는 자신의 위치에서 준비할 사항을 꼼꼼하게 정리하는 것이 좋다.

:: 리더는 자신의 업무와 자기 생각 중심으로 회의를 이끌려고 한다

리더가 가진 직원들의 업무 진행상황을 모두 파악해야 한다는 강박관념이 이러한 분위기를 만든다. 그리고 리더의 업

무 중심으로 조직이 운영되어야 한다고 믿는다. 따라서 언제든 부하들은 상사의 요청에 대한 답을 할 수 있어야 한다고 생각한다. 심지어 그렇지 못한 직원은 무능한 직원으로 생각하기도 한다.

∷갑자기 다른 문제가 언급되어서 직원들이 당황해한다

리더가 처음 꺼낸 주제에 대해 직원들이 충분한 생각과 의견을 개진하기도 전에 다른 주제로 넘어가는 것은 직원들을 당황하게 한다.

● **부작용**

- 참석자들이 회의를 회피하려 한다.
- 회의가 끝난 후 회의장을 나가는 직원들의 표정과 마음이 부정적이 된다. 따라서 동기가 저하된다.
- 직원들에 대한 리더의 믿음이 약해지고 일을 믿고 맡기지 못할 수 있다.
- 직원들은 리더의 업무 처리와 조직 관리 스타일에 불평을 한다.
- 직원들의 업무/조직 몰입도가 떨어진다.

● 대 책

::리더는 회의를 개최하기 전 이전의 회의 결과와 참석자들의 반응을
생각해 보고 자신의 리더십스타일을 바꾸도록 한다

회의를 마친 후 리더는 스스로 회의 성과를 피드백하여야
한다. 이것을 스스로 하지 못하거나 여유가 없을 때는 서기가
회의 결과를 정리해 보고할 때 회의 평가시트를 작성해 피드
백을 하도록 하라. 피드백시트는 리더가 따로 만들어도 되고
서기의 회의록 보고 시 질문을 통해 확인할 수 있을 것이다.
스스로 리더로서의 리더십을 긍정적이고 효과적인 방향으로
바꾸려는 리더의 모습은 직원들에게 강력한 동기부여와 자극
이 되기도 한다.

::리더는 개별 관리를 강화하는 것이 좋다

리더는 직원들을 개별 관리할 필요가 있다. 개인적인 미팅을
통해 직원에게서 업무에 대한 보고를 받고 피드백을 주며, 필요
할 때는 직원의 성장과 발전을 위해 자신의 경험을 이야기하거
나 코칭해 주어야 한다. 리더가 자신의 정체감이 부족할 때 개
인적인 피드백을 두려워할 수도 있다. 따라서 회의라는 공식적
인 공간에서 자신의 힘을 발휘하려는 경향이 있다. 리더는 회의
를 개최하기 전 직원들과의 개별적인 교류를 통해 해결할 수 있
는 사안을 갖고 회의를 개최해서는 안 된다.

:: 때로는 리더는 다른 직원에게 회의를 주재하도록 하고 그 결과만 보고받는다

리더의 독선적인 스타일과 상황을 지배하려는 태도와 생각은 회의의 몰입도를 떨어뜨린다. 리더는 자신의 회의 진행 스타일을 파악하기 위해서라도 가능하다면 직원들 스스로 회의를 진행하도록 하거나, 직원 중에서 회의를 주재할 리더를 정해서 회의를 진행하도록 한다. 이때 리더는 회의의 목적을 명확하게 제시하여야 한다. 이럴 때 직원들의 다양한 아이디어가 나올 수 있고, 합리적인 업무 처리 방법이나 문제를 해결할 수도 있다. 리더는 그 결과만 보고받고 자신이 주관하였을 때와 비교해본다.

:: 새로운 의제를 끌어내 참석자들을 당황하게 만들지 않는다

하나의 의제가 충분하게 토의되었고, 리더가 원하는 결과가 나오고 참석자들이 이해를 하였을 때 새로운 의제로 넘어가라. 사람들은 한 번에 하나의 주제나 문제에 집중할 수밖에 없다. 자신의 의견을 개진 하기도 전에 새로운 의제가 나오면 직원들은 당황하게 된다.

:: 리더는 참석자들의 적극적인 참여가 없더라도 자신의 감정이나 아이디어를 직원들보다 빨리 표현하지 않는다

회의 리더가 직원들 또는 참석자들보다 먼저 자신의 의견이나 아이디어를 개진하면 회의의 기준이 된다. 이 리더의 의

견이나 아이디어와 다른 의견을 말하기는 쉽지 않다. 비록 리더는 이러한 차이를 신경 쓰지 않는다고 말하여도 직원들은 그렇지 않다. 이를 극복하기 위해서 리더는 다양한 방법으로 참석자들의 의견이나 아이디어를 끌어낼 수 있어야 한다. 그리고 참석자들의 의견을 다 듣고 나서 자신의 아이디어를 말하도록 습관화하여야 한다.

:: 리더는 회의 참석자들의 심리상태를 잘 알고 대응할 수 있어야 한다

직원들이 리더가 꺼낸 의제에 집중하지 못하는 원인은 여러 가지가 있을 수 있음을 리더는 알아야 한다. 자신이 모르는 분야이거나, 충분한 생각을 하지 못하였거나, 자신의 생각을 논리적으로 전개하지 못하거나, 의제가 자신의 업무와 관련성이 적을 때 직원들은 대부분 침묵하게 된다. 리더의 위치와 직원의 위치는 다르다. 따라서 리더는 직원들의 참여가 저조하거나 직원들이 침묵한다면 그들이 왜 그러한 반응을 보이는지를 파악해서 해결방법을 찾아야 한다. 때로는 리더의 강압적이 스타일이 직원들로 하여금 침묵하게 만들 수도 있음을 알아야 한다.

:: 특히, 함께 자리한 직원들을 공개적으로 비난하지 않는다

자신이 어떠한 이유에서든 공개적으로 비난받는다면 그 상황을 좋아할 사람은 아무도 없을 것이다. 특히 능력을 평가받

고 능력으로 성과를 올리면서 조직으로부터 인정받아야 하는 직원의 경우 공개적인 비난 또는 부정적인 피드백은 때로는 치명적인 상처를 주기도 한다. 직원들에게 부정적인 피드백을 주어야 할 때는 개인적으로 하라. 회의 장소에서의 비난은 그 사람으로 하여금 상처를 입게 하는 것이고 마음을 닫게 하는 것이다. 리더는 항상 이 점을 명심해야 한다. 그리고 직원 상호간에도 비난하도록 방치해서는 안 된다.

:: 참석자들은 리더의 회의 개최 이유와 진행 스타일을 파악하고 힘들어도 시간을 내어 회의 준비를 한다

회의에 참석하는 참석자들은 회의를 주관하는 리더의 스타일에 적응해야 한다. 이는 조직생활의 기본이다. 리더가 참석자들의 반응에 적응하듯이……. 리더가 빠른 결과와 아이디어를 요구하는 스타일이라면 참석자들은 사전에 충분한 생각을 해서 준비할 필요가 있다. 직원이 맡은 업무는 제한되어 있지만 리더의 업무는 본연의 업무 외 조직의 업무에 따라서 더 많은 책임이 주어져 있다. 그래서 리더는 때로는 성급한 결론과 정보를 요구한다. 직원들은 자신이 책임진 업무에 대해서는 언제든 리더의 요청이 있을 때 만족할 수 있는 답을 제시할 준비를 하고 있어야 한다. 직원들의 적절한 대응이 리더의 회의 또는 업무스타일을 바람직한 방향으로 바꾸기도 한다.

5 침묵을 지키는 사람이 많은 회의

■■ ■ ■■

리더: 오늘 회의는 제품의 품질을 향상시키는 방법이나 아이디어를 얻기
위한 회의입니다. 다들 알다시피 최근 고객들은 제품 품질을 매우 중
요하게 생각하고, 그에 따른 불만의 소리도 점점 커지고 있어요. 또한
우리 경쟁사가 곧 우리를 추월할 것 같습니다. 각자 의견이나 아이디
어를 솔직하게 이야기해 주시기 바랍니다.

참석자들: ……

리 더: 왜 이야기들을 하지 않지요! 의견들이 없는 겁니까? 아니면 우리
제품의 품질에 대해 만족을 하고 있는 겁니까?

참석자 1: 생산부에서 이야기를 해 보시죠!

참석자 2(생산): 우리는 그냥 설계팀에서 내려오는 설계대로 작업할 뿐입
니다. 설계팀에 이야기를 해도 받아들여지거나 개선되지도 않고…….

리더: 그런 이야기는 지난번에도 했잖아요! 그런 것 말고 개선을 위한
아이디어를 좀 내보세요!

참석자들: …….

리더: ?????????????

● 발생원인

::참석자들이 준비가 되어 있지 않다

　참석자들이 회의에서 자신의 생각을 표현하거나 의제에 대한 의견을 개진하지 않는 것은 대부분 준비가 부족하거나 회의 분위기에 부정적인 영향을 받기 때문이다. 위의 사례처럼 회의 분위기가 부정적(의견을 비난하는)이거나 책임을 전가하려는 경우 특히 의견을 말하지 않는다. 자신의 의견에 대한 부정적인 반응을 원하지 않기 때문에……

::과거 회의에서 자신이 의견을 개진하였을 때 의견이 채택되지 않았거나 아무도 관심을 보이지 않았다

　과거의 경험이 현재 우리의 행동에 큰 영향을 미친다. 자신의 의견을 다른 사람들이 받아들여 주지 않는 것만큼 그 사람에게 상처를 주는 것은 없다. 특히 조직생활에서는 누구나 자신의 의견과 아이디어가 인정받기를 간절히 바란다. 하지만 현실은 그 반대가 많다. 의견과 아이디어에 대해 비판 또는 비난을 받거나 무시를 당한다면 그 상처는 매우 크고 오래간다. 직원들이 회의에서 자신의 의견을 말하지 않는 경우 과거 회의 분위기를 검토해 보는 것도 필요할 것이다.

:: 참석자들이 소극적이다

의제에 대해 자신의 생각이나 의견이 있을지라도 소극적인 사람은 의견을 말하는 데 주저하게 된다. 평소에는 말을 잘하는 사람도 회의장에서는 말을 아끼는 경우가 있다(조직 내부적인 파워게임이나 자신의 경력관리 등 다양한 요소들로 인해). 소극적이거나 소심한 직원들에 대한 대응방법을 알 필요가 있다.

:: 부서 이기주의로 인해 책임을 지지 않으려 한다

따라서 회의 의제가 자신의 업무가 아니거나 부서와는 상관없을 경우 침묵을 지키는 것이 낫다고 생각해 의견을 말하지 않는다. 문제 부서는 스스로 알아서 대응하여야 한다고 생각한다.

:: 부정적인 이미지를 받거나 주지 않으려고 한다

회의 장소에서 자신이 가진 의견을 이야기하면 그 일의 책임이 자신의 부서에 돌아오거나 개인적인 업무가 될 우려를 할 경우 그리고 의제의 책임은 자신 또는 자신의 부서에 있지 않고 다른 부서 또는 다른 사람에게 있다고 생각할 때 의견을 말하지 않을 수 있다. 또한 자신의 부서에 책임이 있을 경우에도 다른 사람들의 비난이 두려워 말을 하지 않을 수 있다.

● 부작용

- 문제를 해결하지 못한다.
- 리더의 일방적인 진행이 될 우려가 있다.
- 편협한 의견의 결론이 나올 수 있다.
- 참석자 간/부서 간 정보 공유가 되지 않는다.
- 원하지 않는 일을 떠맡을 수 있다.
- 다음 회의에도 영향을 미친다.

● 대 책

:: 회의 개최 전 회의 통지서를 발송할 때 참석자들에게 역할을 부여해 문제에 대한 의견과 아이디어를 발표하게 한다

리더는 회의에 참석하는 직원들이 의견을 자유롭게 말하지 않는 경우 참석자들에게 역할을 부여한다. 회의의 오프닝을 할 사람을 정하거나, 본격적인 회의에 들어가기 전 부서의 전반적인 상황 또는 의제와 관련된 최근의 동향 등을 보고하도록 지명하거나, 의제에 대한 브리핑을 하도록 직원에게 부탁을 하거나, 회의 내용을 기록하는 서기를 임명해 회의 참석이 의의를 갖도록 한다. 특히 소극적인 직원에게 회의 준비(회의장 확인, 통보, 음료수 준비 등)를 부탁하는 것도 좋은 방법이다.

::참석자들이 자연스러운 대화가 가능하도록 워밍업을 한 후 주제로
  들어간다

본격적인 회의 의제를 토론하기 전 가벼운 워밍업을 통해
참석자들의 마음을 연다. 상호 칭찬을 하거나, 가벼운 유머
등을 사용하라. 차를 마시는 시간을 정해서 자연스러운 대화
를 유도하는 것도 좋은 방법이다. 대신 이러한 워밍업 시간이
너무 길어서는 안 된다.

::소극적인 사람이 있거나 상호 비난하는 분위기가 예견될 경우에는
  아이디어를 끌어내는 다양한 방법을 활용한다(브레인스토밍, 브레인
  라이팅 등)

소극적인 사람이 좋은 아이디어를 가지고 있을 수 있다. 그
리고 상호 의견에 대한 비난을 하는 분위기 때문에 아이디어
들을 말하지 않을 경우도 있다. 따라서 리더는 직원들이 침묵
하는 것을 극복하기 위한 방법으로 브레인스토밍이나 브레인
라이팅의 기법을 활용하도록 한다.

::때로는 리더가 없는 상태에서 회의를 진행시킨다

리더의 존재 자체가 참석자들에게 부담을 줄 수가 있다. 회
의 의제가 자신 또는 자신의 업무와 직접 관련되었을 경우
리더가 있는 것이 부담되기도 한다. 따라서 리더는 직원 중
한 명에게 리더의 역할을 위임하여 직원들 스스로 회의를 진

행하도록 한다. 이러한 경우 회의에서 리더가 기대하는 성과를 분명하게 제시하는 것이 중요하다.

::준비할 시간을 주고 준비의 중요성을 인식시킨 후 회의를 개최한다
  너무 많은 준비시간도 문제이지만 준비시간이 부족한 것도 문제가 된다. 리더는 회의 의제에 따라 적절한 준비시간을 참석자들에게 주도록 한다. 가능하다면 최대 1일 전에는 회의 통지를 하는 것이 좋다.

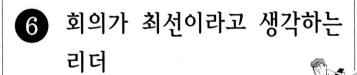

6 회의가 최선이라고 생각하는 리더

■ ■ ■

부서장: 다들 회의실로 모이세요! 회의 좀 합시다.

김 대리: (혼잣말로) 무슨 일이야! 나 바쁜데……. 부장님 제 업무가 급한데 빠지면 안 될까요?

부서장: 무슨 소리야? 다들 참석을 하는데……. 빨리 오세요!

김 대리: 예

박 과장: 부장님! 무슨 일이 있습니까?

부서장: 일은 무슨 일. 모두들 모여서 현재 부서의 업무현황에 대해 이야기하자는 거지! 내일 임원회의에 참석을 해야 하니까…… 그리고 어제 박과장이 이야기한 문제에 대해서도 다른 직원들의 의견을 듣도록 하자고.

박 과장: 그 문제는 부장님과 제가 해결할 수 있다고 생각을 하는데요? 현재 직원들이 꽤 바쁜데 다음에 하면 어떻겠습니까!

부서장: 나도 알아요! 하지만 직원들에게도 물어보는 것이 좋을 것이라 생각해요. 그러니까 빨리 끝낼 테니 모두 모이라 하세요!

박 과장: 예…….

■ ■ ■

● 발생원인

::리더의 '회의가 만능이다.'라는 생각이 크든 작든 업무와 관계된 일로 회의를 개최한다

이러한 리더는 큰 일이든 작은 일이든 발생하면 무조건 회의를 개최하려 하고 그것을 자신의 중요한 역할이라고 생각하는 리더이다. 회의를 중요한 관리자/리더의 업무 도구라는 생각을 하고, 회의를 통해 직원들의 생각을 모으고 문제를 해결하며 의사 결정을 하려는 것은 좋으나 지나치게 잦은 회의 개최는 직원들의 업무에 지장을 초래할 수 있다. 또한 급작스러운 회의는 좋은 의견이 나오지 않을 수도 있고 회의의 분위기가 딱딱해질 수 있다. 게다가 리더가 자신이 스스로 결정을 내리는 데 두려움을 갖고 있거나 책임을 지는 데 부담을 느낀다면 회의만능주의는 더더욱 바람직하지 않다.

::리더가 개인적인 접촉을 싫어한다

리더는 어떠한 이유에서든 직원들과의 개별적인 접촉과 피드백을 싫어하거나 무시해서는 안 된다. 직원들과의 개별적인 커뮤니케이션은 관리자/리더의 중요한 역할이다. 조직의 많은 문제는 리더와 직원 간의 개별적인 접촉으로 해결할 수 있음을 알아야 한다.

::직원들의 업무보다는 리더의 관심이 더 중요하다는 생각을 가지고 있다

리더는 자신의 개인적인 관심 충족을 위해 직원들의 업무에 지장을 주어서는 안 된다. 회의도 조직생활의 일부이자 업무의 연장이고 업무 수행의 기능이지만 회의 개최 목적이 조직의 목적 달성과 문제 해결을 위해서임을 명심해야 한다.

::리더는 뭔가 직원들에게 불만이 있어 그것을 이야기하려 한다

회의는 자체가 참석자들에게나 리더에게 부담되는 시간이다. 이 시간을 리더의 불만을 토로하는 시간으로 만들어서는 직원들의 사기를 저하시키거나 조직 분위기를 망칠 수 있음을 알아야 한다.

::리더는 회의를 개최하는 것이 자신의 중요한 업무 중 하나라고 생각한다

조직 또는 부서의 책임을 지는 리더는 회의 개최가 자신의 업무임은 사실이다. 하지만 회의만이 업무 진행방식은 아니다. 문제를 해결하고 의사 결정을 하는 데 더 나은 방법이 있다면 그 방법을 활용하는 것이 좋다. 리더의 업무를 위해 관련이 없는 직원들의 업무가 방해받아서는 안 될 것이다.

● 부작용

- 직원들 업무가 지연된다.
- 늘 일어나는 일로 받아들여 직원들이 대안이나 준비를 하지 않는다.
- 예기치 않은 일의 발생으로 분위기를 망칠 수도 있다.
- 직원들이 회의에 집중하지 못한다.
- 리더도 뭔가를 말해야 하므로 가끔 직원들의 실수를 언급하거나 개인적인 비난을 할 우려가 있다.
- 토의문화가 잘 정착되어 있지 않으면 논쟁으로 이어질 수 있다.
- 가치 없는 시간 낭비로 전환될 수도 있다.
- 급한 일로 빠지는 직원들이 발생하며 점점 그 수는 늘어나 다음 중요한 회의에 지장을 초래할 수 있다.

● 대 책

:: 리더는 자신의 리더십스타일을 바꾼다

개인적인 접촉을 늘린다. 리더는 문제 해결이나 의사 결정을 혼자서 내릴 수 있거나 담당 직원과의 개별적인 접촉과 피드백으로 가능하다면 회의를 개최하지 말아야 한다. 사전에 리더는 의제에 대해 심사숙고한 후 그 방법을 결정해야 한다.

:: 리더는 회의를 개최하기 전 회의 성과를 생각한다

회의를 통해서만 최선의 결과가 나오는 것은 아니다. 리더는 회의를 통해 얻고자 하는 성과 또는 목적을 보다 효율적으로 달성할 수 있는 방법이 있다면 그 방법을 사용하는 것이 현명하다. 회의 성과는 회의를 개최하는 것에 있는 것이 아니라 회의 목적의 달성, 상호 지지하는 분위기, 의견을 존중하고 인정하는 분위기, 리더의 리더십에 대한 인정 등이다.

:: 회의 비용을 생각한다

회의 비용은 1) 기회비용 - 다른 업무를 하지 못해 발행하는 비용, 2) 동기부여 비용 - 회의 분위기가 직원들의 사기 저하를 자극할 우려, 3) 인간관계 비용 - 참석자들 간의 갈등, 오해 발생가능성, 4) 물리적인 비용 - 회의실 사용, 전기, 커피, 다과 비용, 5) 결과가 미흡함으로써 발생하는 비용, 6) 리더십 평가의 비용들이 있다. 회의를 개최하고자 할 때는 이러한 비용을 무시해서는 안 된다. 이러한 비용을 최소화할 수 있는 다양한 업무와 조직 관리 기법을 개발하고 학습하여야 한다.

:: 꼭 회의를 개최해야 하는가 질문한다

조직의 모든 사안과 문제가 반드시 회의를 요구하지는 않는다. 리더는 위의 질문을 통해 회의의 가치를 향상시켜야 한다. 리더의 무분별한 회의 개최는 직원들에게 회의의 가치를 떨어뜨리게 할 수 있다.

:: 부서의 전체 업무를 사전에 파악해 회의로 인해 업무 진행에 차질이 발생하는 것을 없앤다

직원들의 현재 업무내용을 파악하고 있는 리더는 직원들의 업무에 지장을 초래하는 회의를 무분별하게 개최하지 않는다. 리더는 부서의 업무현황을 잘 파악해서 적절한 대응을 하는 것이 중요하다. 직원들의 업무가 중요하고 급할 때 (고객에게 제안서를 보내거나, 문제를 해결해 주는 등) 무리하게 회의를 개최하려 하지 말고 보다 좋은 다른 방법을 찾는 것이 좋다.

:: 회의 말고 다른 방법으로 리더가 궁금한 사항을 알 수 있는 방법을 찾아낸다

이메일 혹은 개인적인 보고와 대화, 게시판 등 다양한 커뮤니케이션 채널을 활용하도록 노력하라. 이러한 채널들을 적절하게 활용하는 것이 리더의 능력이다. 리더가 다양한 채널과 수단을 사용한다면 직원들은 그중에서 자신이 가장 편하고 효과적인 방법으로 리더와 끊임없는 커뮤니케이션을 시도할 것이다.

⑦ 독재형 회의

■ ■ ■

리더: 회의에 참석을 했으면 의견이 있을 거 아냐! 왜 의견들을 내지
않지?

참석자 1: 저는 이번 문제를 다시 한 번 진지하게 원인을 분석하는 것이
좋다고 생각합니다

리더: 무슨 소리야! 문제가 발생했고 내가 설명을 했는데도 또 원인을
찾아야 한다니! 도대체 내 말을 심각하게 받아들이고 있는 거야! 나름
대로 해결방법이 있을 거 아냐! 그것을 이야기하라고!

참석자 2: 그래도 원인을 제대로 파악해야 하지 않겠습니까! 제 업무가
아니라서 정확히 어떠한 상태인지를 알 수가 없습니다.

리더: 원인은 벌써 내가 이야기했잖아! 도대체 생각을 하는 거야 않는
거야!

참석자들: !!!!!!!!!!!

리더: 이래 가지고서야 어디 회의를 제대로 할 수 있겠어! 자! OOO 씨부
터 이야기하지…….

■ ■ ■

● 발생원인

:: 리더는 자신의 판단과 의견이 옳다고 생각한다

리더는 회의를 진행하면서 자신의 생각을 강요하고, 자신이 바라는 대로 직원들이 움직이지 않음에 대해 자신의 입장을 고수하며 자신이 원하는 대로 회의를 진행하려 한다. 리더의 회의 진행 스타일이 강하면 직원들은 그 스타일에 압도당한다. 그러면 자신의 의견 개진보다는 의견에 대한 리더의 반응에 더 신경을 쓴다. 그러면 다양한 의견 개진이 어려워진다.

:: 참석자들의 의견을 지혜롭게 처리하지 못한다

참석자들은 자신의 위치와 입장에서 의제에 대한 의견이 있을 수 있다. 의제를 잘 이해하지 못하였거나, 리더의 기대를 잘 이해하지 못할 수도 있다. 리더는 직원들의 의견을 잘 경청하고 왜 그러한 의견을 말하는지를 이해하려는 노력이 필요하다. 리더는 회의를 자신의 욕구대로 진행하려 하기 때문에 직원들의 의견을 무시하거나, 그들의 의견을 중요하게 생각하지 않으면서 자신이 원하는 의견이 나오지 않는 것에 대해 자신의 감정을 표현해서는 안 된다.

:: 리더는 참석자들의 능력에 대해 의심을 갖는다

리더가 직원들의 의견과 능력에 의심을 갖는다면 그 회의는 리더의 일방 통행식 진행 스타일에 좌우된다. 이러한 리더

는 직원들이 다양한 의견을 내더라도 자신이 원하는 의견이
아니면 그 의견을 수용하지 않는다.

:: 리더는 자신이 원하는 답만을 고집한다

리더는 자신이 원하는 답만을 회의에서 요구해서는 안 된
다. 자신은 충분히 이해하고 있을지라도 직원들은 그렇지 못
할 수 있다. 직원들은 자신의 업무에 집중하기 때문에 자신의
업무가 아니면 리더의 말을 제대로 이해하는 데 어려움을 겪
을 수 있다. 이러한 상황에서 리더가 자신이 원하는 답만을
고집한다면 직원들은 그 상황에 적응하기가 어려워질 것이다.

● 부작용

- 결과의 실행에 소극적이 된다.
- 리더에게 필요한 정보를 제때에 보고하지 않는다.
- 리더가 외로워진다.
- 다양한 의견이 나오지 않는다.
- 회의는 리더의 일방적인 진행으로 흐른다.
- 참석자들은 자신들의 의견을 인정받지 못하기 때문에 의
  견들을 내지 않는다. 여기서 인정은 의견에 동의하는 것
  이 아니다. 인정은 아이디어와 의견 그 자체를 존중해 주
  는 것이다.

- 회의 주제를 올바르게 이해하지 못해 효과적인 해결책이 나오지 않는다.
- 리더가 원하는 의견만 나온다.
- 참석자들이 회의를 기피한다.

● 대 책

::리더는 왜 참석자들이 의견을 내지 않는지 원인을 생각한다

　리더는 자신이 원하는 의견이나 아이디어를 얻기 위해 자신의 스타일을 고집하기보다는 직원들의 의제에 대한 이해 정도를 파악하고, 왜 의견을 말하지 않는지를 파악하기 위해 노력하여야 한다. 특히 갑작스러운 회의 소집을 한 경우 이러한 상황은 더 빈번하게 발생한다. 의제에 대한 이해도가 떨어지면 더 자세한 설명을 통해 이해하도록 하여야 하고, 충분한 준비가 부족하면 다음으로 회의를 미룬다. 단 긴급한 문제가 아닐 경우에만……. 또 직원들이 자신들의 의견을 말하지 않는 것이 리더의 회의 진행 스타일에 적응하지 못하였기 때문이라면 자신의 스타일을 바꾸는 노력도 필요할 것이다.

::리더는 자신의 리더십스타일을 점검한다

　리더가 자신이 원하는 의견을 얻기 위해 너무 서두르거나 평소 리더가 직원들의 의견을 경청하지 않아 왔다면(의견을 개진하면 곧바로 부정적인 피드백을 하는 경우) 직원들은 공식적인 커뮤니케이션 기회인 회의에서 자신의 의견을 말하는 데 어려움을 느낀다. 리더로서 직원들을 효과적으로 이끌고, 직원들을 동기부여하기 위해서는 자신의 리더십스타일 특히 커뮤니케이션 스타일을 이해하여야 한다. 리더가 자신의 리더십스타일을 이해하는 데 어려움을 느낀다면 직접적인 피드백을 직원들에게 요구하거나, 외부교육 또는 정보를 활용해 자신의 리더십스타일을 이해하고 스타일을 바꾸는 노력을 하여야 한다. 직원들이 의견을 말하지 않는 것을 직원들의 잘못으로만 돌릴 수는 없는 것이다.

:: 때로는 리더 자신이 회의를 진행하지 않고 다른 사람에게 진행을 맡기고 자신은 그 결과를 보고받는다

리더는 회의의 자유로운 토론을 위해 장소를 벗어나거나 다른 사람에게 회의를 진행하도록 하는 것도 좋은 방법 중 하나이다. 그리고 자신이 회의를 진행할 때와 다른 사람이 진행할 때의 회의 분위기와 토의내용 그리고 개진된 의견들을 잘 분석해 보고 적절한 방법을 모색하는 것이 좋다. 이 방법은 리더를 대신해 회의를 이끈 직원에게는 강력한 동기부여 — 자신의 능력발휘 — 의 기회가 되기도 한다.

:: 회의 진행방법을 바꾸어 본다

본격적인 의제에 들어가기 전 가벼운 워밍업을 하거나, 칭

찬하기, 유머 등 다양한 방법들을 적용해 본다. 회의 주제나 상황을 리더가 전하지 않고 다른 직원이 간단하게 브리핑 형식으로 전하게 하는 것도 유용한 방법이다. 너무 딱딱한 분위기에서 회의를 개최하였다면 회의 중간이라도 부드러운 분위기를 만들도록 하라. 직원들의 의견이 나오면 일단 그 의견을 인정하고 검토하는 리더십을 발휘하는 것도 좋다. 모두의 이해 정도를 확인하면서 자연스레 주제에 몰입하게 할 수도 있을 것이다.

:: 리더는 직원들을 보는 관점을 바꾼다

리더가 직원들을 보는 관점이 어떠한가에 따라 자신의 리더십스타일이 나온다. 리더십 이론에서 리더가 직원들을 X 관점으로 보느냐, Y 관점으로 보느냐에 따라 평소의 리더십 스타일이 결정되고, 그 스타일은 회의에서도 나온다고 한다. 물론 의제의 성격과 중요성에 따라 리더가 강한 리더십을 발휘할 수도 있다. 어떠한 경우에도 리더의 직원을 바라보는 관점이 중요하다. 조직에 채용되어 일하는 직원들은 나름의 장점과 개성 그리고 능력이 있다. 이러한 개인의 역량은 기회를 주지 않으면 발휘되지 않는다. 리더의 역할은 이들에게 기회를 제공하고 역량을 발휘하도록 지원하는 것임을 명심하여야 한다. 유능한 리더 또는 관리자는 무능한 직원을 데리고 있지 않는다.

::리더는 자신의 의견을 가급적 제일 나중에 말하거나 다른 사람
  을 통해서 전달한다

직원들이 회의 의제에 대한 리더의 생각을 알게 되면 그것
과 다르거나 반대되는 의견이나 아이디어를 말하는 데 어려
움을 느낀다. 즉 자신의 의견이 리더의 생각과 다를 때 자신
의 의견이 거부를 당하거나, 리더의 감정을 상하게 하면 어쩌
나 하는 두려움을 갖게 된다. 리더가 진정으로 직원들의 다양
한 의견을 듣고자 한다면 의제에 대한 자신의 의견은 가급적
자제하여야 한다. 직원들이 충분하게 토의하고 다양한 의견이
나왔음에도 리더의 생각과 일치하지 않거나 반대가 될 때 자
연스럽게 자신의 의견을 조금씩 이야기하면서 직원들의 사고
를 자극하거나 방향을 유도할 수 있어야 한다. 회의 목적에
대한 지침을 제공하면서 직원들의 참여를 이끌어 내야 한다.
이러한 경우에도 직원들의 의견을 무시 또는 부정하는 언어를
사용해서는 안 된다.

::리더는 직원들의 의견을 인정해 주는 것과 동의하는 것은 다르다는
  것을 인식하여야 한다

인정은 동의가 아니다. 인정은 의견 그 자체를 존중하는 것
이고, 동의는 그 의견을 수용/채택/적용하겠다는 것이다. 따라
서 리더는 '좋은 의견이다.' '지금은 의견의 ____한 부분을
잘 이해하고 있는 것 같은데…… 어떤가?' '창의적인 생각이

다.' '신선한 시각이다.' 등의 참석자들의 다양한 의결/아이디어제안을 인정하는 표현을 사용할 수 있어야 한다. 리더의 인정에는 직원들을 강력하게 움직이는 힘이 있다. 리더의 인정에 대해 직원들이 동의라고 착각하면 솔직하게 이야기한다. '좋은 의견이지만 지금 회사 사정으로는 어렵다.' '다른 방법으로 검토해 보자.' '아직은 실행하기에 너무 빠르다. 진지하게 검토해 보자.' '신선한 아이디어이다. 이를 토대로 우리의 사고를 ____부분으로 확장해 보자. 좋은 계기를 주었다.' 등의 메시지를 전하도록 하라.

⑧ 잡담이 많은 회의

■ ■ ■

리더: 자, 회의를 시작합시다.

　이때,

참석자 1: 참석자 2에게 귓속말로 "오늘 점심은 무엇을 먹을까?"

참석자 3: 내 컴퓨터가 고장이 난 것 같은데 어떻게 하지?

참석자 1: 뭐가 문제인데?

참석자 3: 모르겠어. 아침에 켜니까 작동이 안 돼!

참석자 2: 전원을 확인해보지!

리더: 컴퓨터에 문제가 있으면 안 되는데…… 전산실에 문의해보지.

참석자 3: 예! 그리고 복사기도 너무 자주 고장이 나는 것 같습니다.

리더: 그래 그것도 문제지.

　하면서 리더는 직원들의 관심사에 빠져 오늘 회의 목적을 망각한다.

■ ■ ■

● 발생원인

:: 리더가 회의의 주도권을 잃었다

　사람들은 다른 사람과의 만남에서 자연스러운 대화를 하려는 욕구가 있다. 상대에 대한 관심의 표명이든, 자신의 문제에 대한 해결안을 원하든 사적인 대화는 시작된다. 이러한 대화를 너무 오래 허용하거나 제재하지 못하면 리더가 주도권을 잡기가 어려워진다.

:: 참석자들은 회의 시간을 사적인 대화를 나누는 장소로 생각한다

　직원들은 자신에게 주어진 업무를 처리하느라 다른 동료들과 충분한 대화를 나누지 못하고 있다. 이러한 때 회의장 옆자리에 평소 대화를 나누고 싶었던 동료가 있으면 자연스레 개인적인 대화를 나누게 된다. 물론 회의를 시작하기 전이라면 바람직하지만 회의가 시작된 후에도 이러한 대화가 계속되면 안 된다. 그리고 직원들은 회의에 참석하게 되었을 때는 회의 의제를 잘 이해하고 바람직한 회의의 결과를 도출하는 데 기여를 하여야 한다. 개인의 사적인 대화가 회의 분위기를 엉망으로 만들 수 있고, 리더의 감정을 상하게 할 수 있다.

:: 리더가 이제까지 회의에서 사적인 대화를 너무 오래 방치해 왔거나
　 자신도 모르게 사적인 대화에 참여해 왔다

　리더는 직원들의 사적인 대화를 오래 방치해서는 안 된다.

더욱이 직원들의 사적인 대화에 자신도 모르게 참여해서는 더욱 안 된다. 리더는 회의 목적에 집중하는 것을 잊어버려서는 안 된다. 설령 자신이 흥미를 가지는 내용이더라도 회의 개최 시 또는 회의 중 이러한 대화를 해서는 안 된다. 이러한 사적인 대화는 회의 시작 전 워밍업으로 회의 분위기를 향상시킬 필요가 있을 때, 또는 쉬는 시간에 하도록 하여야 한다.

:: 처음부터 회의 목적을 분명하게 제시하지 않았다

회의를 통해 달성하고자 하는 목적을 참석자들이 명확히 인식하지 못하면 사담을 하거나 다른 주제에 관심을 빼앗긴다.

:: 회의를 시작할 때 참석자들을 회의에 몰입시키는 방법을 효과적으로 활용하지 못한다

회의를 시작하자마자 곧바로 무겁고 중요한 의제를 다루고자 한다면 직원들의 흥미를 떨어뜨리고 집중력을 감소시킨다. 그러면 직원들은 의제에 집중하기보다는 옆 동료와 개인적인 대화를 시도하려 한다.

:: 평소 자연스럽거나 개인적인 이야기를 할 수 있는 분위기가 형성되어 있지 않거나 시간 혹은 기회가 없다

평소 바쁜 업무 때문에 개인적인 대화를 나누지 못하였을 경우 직원들은 회의 시간에 그 욕구를 채우려 한다. 리더가 이

러한 직원들의 마음을 이해한다면 적절한 기회와 시간을 주어야 한다. 별도로 친교를 나누는 대화의 시간을 갖거나 회의를 할 때는 늘 짧은 시간 동안 이러한 대화가 가능하도록 시간을 배정한다. 예를 들어 회의가 예정보다 일찍 끝났을 때 이런 기회를 만든다. 이를 위해 어젠다 벨을 효과적으로 활용하고, 회의의 전체 시나리오와 시간 관리를 하면 이러한 시간을 확보할 수 있을 것이다.

::리더가 자유분방한 스타일의 리더십을 갖고 있다

리더가 직원들을 이끄는 데 너무 민주적이거나 자유분방한 스타일의 리더십을 발휘하였다면, 직원들은 그 스타일에 길들여져서 회의 시간에도 그러한 반응을 보인다. 리더는 자신의 리더십스타일을 잘 이해하고 이를 적절하게 변화하는 지혜가 필요할 것이다.

● 부작용

- 시간이 낭비된다.
- 회의 의제를 다루지 못하고 목적 달성에 실패한다.
- 너무 길거나 많은 잡담은 참석자들의 주의를 분산시킨다.
- 이러한 상황이 너무 자주 발생하면 회의의 가치가 떨어진다.

- 직원들의 회의 준비를 게으르게 한다.
- 리더가 독재적으로(잡담을 막기 위해) 흐르기 쉽다.
- 사담이 많거나 재미난 이야기를 하는 직원이 회의 흐름 이나 분위기, 심지어는 회의 의제까지 주도하게 된다.

● 대 책

:: 리더는 처음부터 명료하게 회의 목적을 이야기한다

직원들이 개인적인 대화를 하거나 회의에 집중하지 못한다 면 리더는 직원들에게 회의 의제와 목적을 명확하게 강조한 다. 개인적인 대화가 길어지면 의제를 말할 수 있는 기회를 놓칠 수도 있다. 사적인 대화가 길어지면 리더는 개입하여야 한다. '____한 주제를 이야기 중인데 지금 그 주제와 관련된 이야기를 하면 모두 알게 해 달라.' '지금 이야기는 ____주제 와 벗어난 것이라 판단되는데……' '무슨 좋은 아이디어를 갖고 있는가? 공유하자.' 등의 기술로 개입할 수 있어야 한다.

:: 회의 시작 시간의 워밍업으로 잡담을 하더라도 이를 리더가 주도한다

회의의 전체적인 흐름을 리더가 주도하여야 한다. 잡담에서 리더가 주도권을 빼앗기면 회의가 엉뚱한 방향으로 흐를 수 있다. 리더가 회의장의 모든 대화를 주도함으로써 회의 전체 를 잘 관리할 수 있다. 사적인 대화를 나누는 시간과 회의 의

제를 다루는 시간을 명확하게 구분해 진행을 하는 것도 좋은 방법이다.

:: 참석자들은 가급적 회의 목적에 집중한다

회의에 참석한 직원들은 회의 시간이 개인적인 대화를 하거나 인기를 끌기 위한 공간과 시간이 아님을 이해하여야 한다. 만일 자신의 영향력을 강화하고자 한다면 잡담보다는 회의 결과를 달성하는 데 기여를 하는 것이 훨씬 나은 방법이다. 리더는 직원들이 이를 인식하도록 좋은 의견이나 신선한 의견이 나오면 인정하는 메시지를 던지는 것이 좋다. 리더의 인정을 받고자 하는 욕구는 모두 갖고 있을 것이니까. 그리고 리더가 참석자들의 의견을 인정해 주면 더 많은 의견이 나오고 몰입을 강화할 수 있다.

:: 개인적인 이야기는 회의 시간에 꺼내지 않는다

가급적 회의에 참석한 직원들은 개인적인 대화를 자제하는 것이 리더와 다른 사람들에 대한 예의이다. 개인적인 대화는 회의 중 휴식시간이나, 회의가 끝난 후 하도록 하는 것이 좋다. 직원들은 회의 장소와 시간을 자신의 인기를 끌기 위한 것이 아니고 조직의 문제를 해결하고, 성과와 목표를 달성하기 위한 조직 운영 방법이라는 것을 잊어서는 안 된다.

:: 잡담이 길어지면 리더가 개입한다

직원들이 회의에 집중하지 않고 개인적인 대화가 계속되면 리더는 개입하여야 한다. 이것은 그 대화에 끼어드는 것이 아니라, 적절한 방법으로 통제해서 정상적인 회의가 진행되도록 하여야 한다는 것이다. 컴퓨터와 복사기의 고장이 업무에 지장을 준다면 그 문제를 다음 회의 안건으로 올려 공식적인 회의 의제로 만드는 것도 하나의 방법이다. 이를 위해 회의장 한 곳에 [아이디어 게시판]을 만들어 회의장의 모든 이야기들 ─ 비록 잡담이라도 ─ 을 적는다. 자신의 잡담이 이 게시판에 적히는 것을 보면 직원들의 잡담은 사라질 것이다. 또 리더는 게시판에 적힌 아이디어를 회의 중간에 검토하면서 아이디어의 중요성과 업무 관련성을 파악해 아이디어를 지우거나 다음 회의 의제로 올리는 것을 참석자들과 검토할 수도 있을 것이다.

:: 직원들 간 자연스러운 커뮤니케이션을 할 수 있는 기회와 분위기를 통해 충분한 대화를 하도록 한다

평소의 자연스런 대화가 이루어지는 조직은 회의 시간에 개인적인 대화를 하려는 욕구를 줄일 수 있다. 그리고 직원들 또한 조직의 비공식적인 커뮤니케이션 기회를 통해 개인적인 대화를 많이 나눠 상호 관계를 돈독하게 만드는 것이 필요하다. 이러한 관계가 형성되면 직원들의 회의 참여도와 몰입도가 올라갈 것이다.

::평소 사적인 대화를 많이 하는 직원에게 회의의 역할을 맡긴다

리더는 회의 시 주제에서 벗어난 이야기를 많이 하는 직원에게 회의의 역할 — 서기 또는 준비담당, 주제에 대한 브리핑 등 — 을 부여하는 방법을 활용하도록 하라. 자신의 역할을 수행하기 위해서라도 잡담이나 사적인 대화를 하지 않거나 자제할 것이다.

⑨ 중도 이탈자가 많은 회의

■ ■ ■

참석자 1: 급한 일을 처리해야 하는데 잠시 나갔다 오겠습니다.

리더: 그래요. 일을 처리하는 대로 곧 들어오시기 바랍니다. 자 다음은…….

(그때 밖에서 참석자 2를 부르면서 "고객이 급한 건이라고 통화하기 원합니다.")

참석자 2: 잠시 통화하고 돌아오겠습니다.

참석자 3: 저도 고객에게 자료를 보내야 하는데 자료를 보내고 오겠습니다.

리더: 예? 무슨 자료인데요? 급한 겁니까?

참석자 3: 예! 오전 중으로 보내 드리기로 한 제안서입니다.

(하면서 나간다…….)

리더: ……

참석자 4: 아까 리더께서 말씀하신 내용에 대한 자료를 찾아오겠습니다.

(라고 하면서 회의실을 나간다.)

리더: ?????????????

(다른 참석자들은 고개를 숙이고 다른 생각을 한다. 잠시 후)

리더: 자! 다들 바쁜 것 같으니까, 다음에 회의를 다시 합시다!

■ ■ ■

● 발생원인

:: 리더가 참석자들의 이탈 허락을 너무 쉽게 하거나 방관한다

　리더가 참석자들이 회의 중 여러 가지 이유로 자리를 비우는 것을 용인하고 있다. 물론 상황에 따라서 회의에 참석한 직원들이 자리를 뜰 수는 있지만 이러한 일이 지속되고 반복되면 회의에 부정적인 영향을 미친다. 리더는 회의에 참석한 직원들이 쉽게 자리를 뜨도록 해서는 안 된다. 이러한 일이 반복되면 나중에는 단순히 회의 분위기를 벗어나려는 마음에서 이러한 행동이 발생할 수도 있기 때문이다. 리더는 직원들이 자리를 뜨는 것을 막을 수 없다. 많은 직원들이 자리를 뜨면 회의 진행을 포기하거나 다음으로 연기해야 하는데, 이러한 경우 회의 장소에 남아 있던 직원들에게도 부정적인 영향이 미친다.

:: 리더가 확고한 회의 목적이나 회의를 개최하는 것의 중요성을 스스로 모르거나 약하게 인식할 때 이러한 행동을 용인한다

　리더 스스로 회의 목적을 달성해야 하는 필요성을 느끼지 못하거나 다음에 회의를 개최해도 된다는 생각이 있을 때 이러한 일이 발생한다.

:: 리더가 직원들의 업무 처리 내용과 시간을 모르고 회의를 소집했다

　리더가 회의를 소집할 때는 직원들의 업무에 방해를 주지

않는 현명한 시간과 장소를 선정하는 것이 중요하다. 왜냐하면 직원들은 리더가 회의를 소집하면 참석하지 않을 수 없다. 따라서 리더는 직원들이 업무에 방해받지 않고 회의에 집중하도록 회의 개최를 신중하게 알려야 한다.

:: 외부의 방해물을 제거하는 준비를 하지 않았다

회의를 진행하는 도중에 외부의 방해로 회의 진행이 제대로 이루어지지 않는다면 이는 주로 리더의 책임이고 실수이다. 회의 진행을 방해하는 요인은 거의 정해져 있다. 외부 전화, 고객의 요청, 자료의 미비로 자리를 뜨는 경우, 외부의 소음 등이다. 회의를 개최하기 전 리더는 발생가능한 모든 방해 요소와 상황을 처리해야 한다. 리더는 직원들의 업무가 중요하다고 생각하기 때문에 이러한 방해를 용인하게 된다.

:: 참석자들이 회의의 중요성을 모르거나 준비가 부족하다

참석자들이 회의의 중요성을 인식하지 못하였거나 준비가 부족하면 회의에 적극적인 참여가 어려워진다. 따라서 직원은 회의실에 앉아 있기보다는 벗어나고자 하는 욕구를 갖게 된다. 때로는 핑계를 대면서 회의장을 벗어나기도 한다.

:: 참석자들이 업무 중 급하게 회의실에 불려 왔다

직원들이 자신이 처리해야 하는 업무와 회의 참석 간의 업

무시간 조정을 하지 못한 경우 이러한 일이 발생한다. 사전에 회의 개최가 통지되었다면, 직원들은 자신의 업무를 조정해야 하고, 고객에게 필요한 전화나 업무를 처리해서 전화로 인해 회의 참석에 방해받아서는 안 된다.

::리더가 사전에 직원들의 시간계획을 조정하지 않았다

리더가 급하게 회의를 소집한 경우 직원들은 진행 중이던 업무 때문에 참석에 지장 받는다. 긴급한 회의를 해야 하는 경우라도 리더는 가급적 미리 직원들에게 그 사실을 알려서 업무 조정을 하도록 시간적인 여유(충분하지는 않지만)를 주는 것이 좋다.

::참석자들이 급하게 회의실에 들어오느라 필요한 자료를 준비하지 못했다

회의에 참석해야 하는 직원은 미리 회의 참석에 필요한 준비를 하여야 한다. 회의에 참석하는 것에만 의미를 두고 준비를 소홀하게 한 경우, 회의 중 필요한 자료를 찾기 위해 자리를 뜨는 것은 자신의 능력 부족과 준비 부족을 보여 주는 것과 다름없다. 미리 준비를 하고 회의 시간에 맞추어 업무를 조정하는것이 부족해서 이러한 사태가 발생한다.

::관련이 없는 참가자들이 참석했다.

회의 의제와 목적에 관련성이 없는 직원이 회의에 참석하게 되었을 경우 그 직원은 회의에 몰입과 참여를 할 수 없기 때문에 회의 도중이라도 회의장을 벗어나고자 한다.

● 부작용

- 회의가 중간에 끝난다.
- 회의 분위기가 산만해진다.
- 참석자들은 다음에도 회의실을 나가는 핑계를 찾는다.
- 참석자들(남아 있는 사람과 나가는 사람) 사이에 불평불만이 나오거나 갈등이 발생할 우려가 있다.
- 리더는 자신의 의지대로 회의를 이끌지 못한다.
- 회의 목적의 달성이 실패한다.
- 회의 시간이 너무 오래 걸릴 수 있다.
- 앉아 있는 직원들이 화를 내거나 그들의 시간을 낭비한다.

● 대 책

::외부의 방해물을 사전에 차단한다

리더는 회의를 개최할 때 예상되는 외부의 방해물을 효과적으로 차단해야 한다. 참석자를 찾는 전화는 다른 직원이 대신 받아서 메모를 남기도록 한다. 이제까지의 경험으로 직원들이 필요한 자료를 미리 준비하는 것이 부족할 때는 리더는 미리 이러한 직원을 체크하고 확인한다. 회의를 본격적으로 진행하기에 앞서 몇 가지 룰을 정하거나 참석자들의 준비 정도를 파악한다. 가능하다면 회의 개최 전에 이러한 사항을 점검한다.

:: 참석자들이 회의 중요성을 알도록 한다

회의가 시작되면 리더는 참석자들에게 회의 중요성을 명확하게 인지시키고, 달성해야 하는 성과를 알린다. 이를 위해 효과적인 오프닝 기술이 요구된다. 오프닝 기술에 대해서는 부록에 있는 구조를 활용하면 된다.

:: 왜 나가는지, 꼭 지금 처리해야 하는지를 확인한다

직원이 회의 도중 자리를 뜨려 할 경우 리더는 그 원인을 파악해서 직원이 취해야 할 행동을 지시하는 것이 좋다. 그 원인을 파악하지 않거나 중요성을 판단하지 않으면 동일한 행동이 다음 회의에서도 반복될 우려가 있다. 이러한 상황이 반복된다면 다른 직원들도 그러한 행동을 하게 될 우려가 있다. 이래서야 리더는 어디 회의를 제대로 진행할 수 있겠는가?

:: 참석자들이 업무시간을 조정하도록 사전에 회의 개최 통지를 한다

가능하면 최대한의 시간을 주어서 회의에 참석하는 직원들

이 충분히 준비를 하고 업무를 조정하도록 하라. 이렇게 하였는데도 직원들이 잘 적응하지 못하면 정확한 피드백을 주도록 하라.

::참석자들의 업무상황을 파악한 후 회의를 개최하거나 조정한다
 리더는 급박한 사안이 아니라면 회의 소집을 무분별하게 하지 않는 것이 좋다. 그리고 리더는 늘 직원들이 진행하는 업무에 대해서는 파악하고 있어야 한다. 회의에서 중요한 역할을 할 직원에 대해서는 개별적으로 가능한 시간을 파악하고 역할 수행의 내용을 준비하도록 커뮤니케이션을 하라.

::이러한 상황은 대부분 갑작스러운 회의를 개최할 경우 발생한다
 따라서 어젠다를 작성하면서 회의 개최 여부를 검토하도록 한다. 리더는 회의를 소집하기 전 꼭 회의를 개최해야 하는지 스스로 물어보도록 하라. 한두 명의 직원에게서 보고나 피드백을 받아 해결할 수 있는 사안도 있을 것이다. 또는 리더 스스로 결정해야 하는 사안도 있을 것이고, 직원과의 개별 접촉을 통해 해결할 수 있는 사안도 있을 것이다. 이러한 사안을 갖고 회의를 개최하지 않도록 하라.

::회의 목적 달성에 도움이 되지 않는 사람은 참석시키지 않는다
 회의 의제와 목적의 달성에 기여를 하지 못하는 직원 또는

참석이 요구되지 않는 직원의 회의 참석을 엄격히 제한하라. 이들은 회의의 도움자가 아니라 방해자가 되어 부정적인 영향을 끼칠 가능성이 많다. 엄격하게 회의 참석자를 제한하라. 때로는 회의 의제에 대한 현재 상황을 보고해야 하는 직원의 경우에도 보고가 끝나면 회의장을 벗어나도록 하는 것이 좋다. 회의에 빠지는 것에 대해 직원들이 부정적인 생각을 할 우려가 있다. 이때는 그 이유를 명확히 알려서 직원들이 오해를 하지 않도록 하여야 한다. 리더는 사전에 어젠다 통지를 통해 그리고 평소 대화를 통해 직원들이 회의 문화를 명확히 인식하도록 훈련시켜라. 회의 후 관련 직원에게는 반드시 회의 결과를 알도록 하라. 부서 전체가 알아야 할 사항이 있으면 게시판에 공지하도록 하라. 회의 후에라도 불참자가 좋은 의견이나 아이디어를 개진할 수 있도록 시스템과 방법을 구축하라.

⑩ 불참자가 많은 회의

■ ■ ■

리더: 모두들 참석하셨나요?

김 대리: 박 과장이 아직 참석하지 않으셨는데요!

리더: 왜?

김 대리: 외근에서 아직 돌아오시지 않았습니다! 그리고 차 대리도 급한 일로 외출 중이고요…… 이 대리도 자료 준비를 하느라 바쁘고…….

리더: 사전에 이야기했는데 다들 어떻게 된 거야! 왜들 시간을 지키지 않아!
자! 그들이 없더라도 회의를 시작하지. 나중에 결과를 알려 주면 되니까.

김 대리: 저도 고객과 통화할 일이 있어서 잠시 후에 참석하겠습니다.

리더: !!!!!!

■ ■ ■

● 발생원인

:: 회의 시간이 잘못되었다

　리더가 진행하려는 회의 시간이 다른 직원들이 업무를 처리해야 하는 시간과 중복되면 직원들은 회의 참석이 어렵다. 또 진행 중인 업무 때문에 회의에 참석하고 싶어도 참석이 어려울 수가 있다. 회의는 가급적 직원들이 업무에 집중하는 시간을 피하는 것이 좋다.

:: 참석자들이 회의 참석을 꺼린다

　회의에 참석하는 것이 직원들에게 유쾌하고 유익한 경험이 되지 않는다면 직원들은 가급적 회의 참석을 꺼리고 불참 이유를 찾게 된다. 이는 리더의 회의 진행 스타일과 과거 회의 경험에서 비롯된다.

:: 너무 급하게 회의를 소집했다

　급하게 소집된 회의는 필요한 직원들의 참석이 어려울 수 있다. 외근을 나간 직원이 있을 수 있고, 다른 중요한 업무로 참석이 어렵거나 불가능할 수 있다. 리더가 사전에 직원들에게 회의 개최 통지를 하였다고 하지만 직원들에게는 충분한 여유시간이 없을 수 있다.

::참석자들이 없어도 리더는 자신의 생각대로 회의를 진행하고자 한다 이는 회의가 리더자신의 업무에 들어가 있기 때문이다. 리더 자신만 알고 있고 자신이 원하는 결과만 도출되면 된다는 생각을 갖고 있다. 나중에 관련 직원에게 통지해 회의 결과만 알려 주면 된다고 생각한다.

● 부작용

  - 회의 목적 달성의 실패
  - 나머지 사람들의 회의 몰입도 저하
  - 리더의 감정 격화 우려
  - 필요한 정보의 부족 또는 부재로 잘못된 의사 결정 우려
  - 불참자들의 회의 결과에 대한 책임 회피
  - 시간 낭비
  - 비생산적인 회의가 된다.

조직에서는 예상하지 않은 다양한 업무와 문제가 발생한다. 리더가 회의를 소집해서 직원들과 토의해야 하는 긴급한 사안일 경우에도 필요한 참석자의 참석이 불가능하다면 일시적으로 연기하는 수밖에 없다. 중요한 직원의 참석이 어려운데 회의를 진행해서 어떤 결정에 이르더라도 중요한 직원이 동의하지 않을 경우 회의를 다시 진행해야 하는 이중의 부담이 발생하기 때문이다.

● 대 책

::충분한 시간을 고려해서 회의 개최를 통보한다

리더는 충분한 시간적인 여유를 두고 회의 개최 통지를 한다. 바람직한 회의 개최 통지는 늦어도 2일 전에는 완료되어야 한다. 이러한 조치를 취했음에도 직원들의 참석률이 저조하다면 리더는 그 원인을 파악해서 조치를 취해야 한다.

::참석자들이 반드시 참석해야 한다는 것을 강조한다

부서의 목표 달성과 개인의 성과 향상과 발전에 도움이 되는 회의라면 직원들은 기꺼이 회의에 참석할 것이다. 그리고 리더는 중요한 회의이고 반드시 참석해야 할 직원이 있을 경우 그 직원에게 회의의 중요성과 그 직원의 참석가치를 인식시켜서 다른 업무가 지장받지 않는 범위내에서 조정하도록 한다. 필요하다면 회의 전에 개인적인 확인을 하도록 하라.

::회의 개최를 사전에 충분한 시간을 두고 통지했음에도 불구하고 참석자들이 불참한 경우 회의 결과에 대해서는 반대 또는 불평을 토로하지 않고 동의하고 몰입하는 부서 회의 문화를 정착시킨다.

::회의의 결과는 내용에 따라 다소 다르지만 실행되어야 한다. 이를 위해서 리더는 불참자를 개인적으로 불러 회의의

결과와 책임지고 수행할 업무를 명확하게 알린다. 만일 그 직원이 결과에 대해 불평을 하거나 결과와는 다른 의견을 개진한다면 그 타당성을 기준으로 판단해 리더가 재검토 또는 결과의 실행을 결정한다. 그리고 그 직원에게는, 중요한 의견은 회의에 참석해 개진하고 함께 검토하는 것이 필요하다고 설득시킨다.

회의 결과 실행에 대한 몰입은 회의에 참석해 자신의 의견을 이야기하고 중요한 사항들을 충분히 고려한 후에 가능해진다. 자신이 참석하지 않은 회의의 결정에 대해 대부분은 적극적인 몰입을 꺼리게 된다. 게다가 자신이 가진 의견과는 다른 방향의 결정이라면 더욱 그러할 것이다. 따라서 리더는 회의 의제를 고려해서 무리하게 회의를 진행하지 말고, 유연성을 갖는 것이 중요하다.

:: 불참자들이 참석하지 않은 원인을 파악하고 조언을 하거나 제재를 한다

리더는 회의에 참석하지 않은 직원들을 개별 관리해야 한다. 회의를 마친 후에라도 '왜 참석하지 않은 것인지?'를 질문해서 직원들이 가진 회의에 대한 태도를 파악하고 대응을 해야 한다. 스스로도 피드백을 통해 회의 문화와 회의를 이끄는 기술을 개선하는 노력을 한다.

:: 불참자들이 책임질 회의 결과에 대해 자세히 설명하고 책임을 수행
하도록 하며, 다음에는 회의 참석을 꼭 하도록 코치를 한다

중요하고 급한 회의라서 어쩔수 없이 꼭 필요한 직원이 참
석하지 않은 상태에서 회의가 진행되었고, 결론이 났다면 리
더는 참석하지 못한 직원에게 회의 내용과 결과를 피드백하
고, 그 직원이 가진 생각과 의견을 고려하여서 결정된 내용의
실행을 지시하여야 한다. 불참한 직원은 충분히 자신의 의견
을 이야기하고 나중이지만 회의 결과를 통보받고 자신의 의
견을 첨부해서 보완할 수 있다면 실행에 큰 반대 또는 거부
를 하지 않을 것이다. 그러나 이러한 일이 너무 빈번해지면 다
른 직원들과 부서에 부정적인 영향을 미칠 수 있으므로 리더
는 다음 회의에는 꼭 참석하도록 피드백을 주는 것을 소홀히
해서는 안 된다.

:: 불참자들이 많으며 특히 꼭 필요한 사람의 참석이 어려우면 회의 개
최를 조정한다

회의 성과는 회의를 진행하였는가에 달려 있는 것이 아니다.
회의 목적을 달성하였는가에 달려 있다. 부득이한 상황의 발
생(긴급한 문제, 고객의 요청 등)으로 회의에 반드시 참석하여야 하는
직원이 부재 중인 경우 리더는 상황을 잘 판단 — 나중에 그
직원의 의견을 수렴해도 되는지, 나중에 그 직원에게 회의 결
과를 알려 줘도 괜찮은지, 만일 이 경우 회의 결과의 변경이

다른 회의 참석자들의 반발을 유도하지는 않고 동의할 것인지 등 — 해서 회의 개최 여부를 결정하여야 한다. 그래도 즉시 의사 결정이나 문제 해결을 하여야 한다면 회의를 진행해 의견 또는 아이디어를 모으고 나중에 중요한 직원과의 커뮤니케이션 노력을 한다.

매주 개최되는 정례회의

리더: 오늘 회의 의제에 들어가기에 앞서 지난주 회의 결과에 대한 진행
상황을 먼저 알아봅시다. 김태진 씨 지난주에 하기로 한 상반기 업무
성과 보고서는 작성이 다 되었나요?

김태진: 부장님, 아직 시작하지 못했는데요. 회의에 참석하지 않아서 어
떤 결론이 났는지 몰랐고, 어제서야 회의 결과와 제 업무를 알게 되었
습니다. 그리고 다른 일이 밀려서…….

리더: 그 보고서 이번 주에 임원회의에서 보고해야 하는 것인 줄 모르나
요! 어떻게 할 겁니까?

김태진: 알고는 있지만 시간이 없어서……. 최선을 다해 보도록 하겠습
니다.

리더: 박래용 대리, 이번 하반기 직원채용계획은? 내일 진행상황을 보고
해야 하는데……. 이번에는 많은 인원을 채용하고 각 부서로부터 필요
한 인력도 취합해야 하는데. 2주 전 회의에서 박 대리가 맡기로 한 것
으로 알고 있는데…….

박래용 대리: 그렇게 급한 것이라고는 생각하지 못하였습니다. 또 아직

시간이 남아서 내일부터 시작하려 합니다…….

리더: 내일부터 시작해서 다음 주 초까지 완성할 수 있겠어! 왜들 회의한 후 각자 맡은 일들을 제때에 끝내지 못하는 거야!!! 이래서야 원…….

참석자들: !!!!!!!!!!!!!!!!!

■ ■ ▪

● **발생원인**

:: 회의 결과에 대한 실행계획과 책임자 등이 명확하지 않다.

회의에서 도출된 결과를 실행하는 것은 회의의 가치를 올리고 조직의 업무 진행에도 지장을 주지 않는 중요한 것이다. 결과가 실행되지 않을 경우 회의 가치도 떨어지고 회의를 개최한 의미가 없어진다. 따라서 회의를 진행하는 리더는 결과의 실행을 책임지고 명확하게 업무지시 또는 역할분배를 하여야 한다. 또한 회의에 참석한 참석자도 회의 결과와 자신이 해야 하는 업무를 명확히 이해하고 실행해야 한다.

:: 업무 위임이 잘못되었다

회의 결과 직원이 수행할 업무는 그 업무를 진행할 직원의 능력과 현재 진행 중인 업무를 잘 분석, 평가를 하여 위임이 되어야 한다. 간혹 업무 수행능력이 뛰어난 직원에게 일이 많이 위임되어서 업무 진행에 지장을 초래할 수도 있다. 반대로 위임받은 직원이 업무능력이 떨어지는 경우에도 업무 진행에 지장받을 수 있다.

:: 회의 결과를 위임받은 직원이 다른 업무로 인해 회의 결과의 실행에
  우선순위를 두지 않거나 못한다
  회의 결과는 어떠한 일이 발생하더라도 실행되어야 한다.
그리고 직원들은 회의 결과로 부과된 업무만 진행하는 것이
아니다. 서로의 위치에 따라 다양한 업무들도 진행한다. 그
결과 직원들이 생각하는 우선순위와 회의 리더가 생각하는
우선순위가 다르다. 직원들은 현재 진행 중인 업무를 더 중요
하게 생각한다. 그래서 회의 결과의 실행이 우선순위에서 밀
린다. 리더는 이러한 경우를 대비하여야 한다.

:: 중간에 점검을 하지 않았다
  리더는 직원들이 스스로 알아서 판단해 리더가 기대하는
대로 업무를 진행하리라는 추측을 하고 리더의 생각대로 업
무가 진행되리라고 생각한다. 리더의 생각과 직원들의 생각에
차이가 발생하면 업무의 진행에 차질이 생긴다. 이러한 사실
을 이해하지 못하면 리더는 직원들에게 업무를 맡기기만 하
는 형태가 된다. 이를 막는 방법은 업무 추진 계획을 보고받
거나 중간에 리더가 직접 확인하는 것이 좋다.

:: 부서 전체적인 업무의 중요도와 흐름이 일괄적으로 파악되지 않았다. 회의 결과뿐 아니라 평소 부서의 업무 진행상황을 파악하지 못하는 경우 업무의 중요성과 우선순위에 차이가 발생한다. 이러한 경우 리더가 생각하는 우선순위와 직원이 생각하는 우선순위에 차이가 있어서 업무를 진행하거나 부서를 운영하는 데 지장받게 된다.

:: **몇몇 직원이 너무 많은 책임을 지고 있다**

아무리 업무능력이 뛰어난 직원이더라도 업무를 진행하는 데 한계가 있다. 그리고 우수한 직원에게 많은 업무가 주어진다 회의결과도 새로운 업무로 주어진 가능성이 높다. 이러할 때 리더는 회의 결과의 진행에 주 책임자와 보조책임자 또는 지원자를 선정하는 것도 활용할 수 있는 한 방법이다. 몇몇 직원에게 과중한 업무부과는 그 직원들에게도 힘든 일이지만, 다른 직원들에게도 감정적인 부담 — 동기를 저하시키는 — 을 준다.

● **부작용**

- 회의 결과가 실행되는 데 시간이 오래 걸린다.
- 때로는 리더가 모든 업무(회의 결과 실행 여부)에 지나치게 개입해야 한다.

- 부서 전체의 업무 흐름에 지장이 초래된다.
- 회의가 직원들의 업무 미처리에 대한 비난이나 질책으로 흐를 수 있다.
- 다음 회의의 결론에 대한 실행에도 의문을 가지게 된다.
- 회의를 위한 회의가 될 수 있다.
- 일부 직원에게 업무가 과중하게 부과될 수 있다.
- 리더의 리더십에 상처를 받는다. 파워를 동원하는 리더가 된다.

● 대 책

:: 회의 종료 후 실행할 업무 흐름도와 책임소재를 명확히 한다

회의 결과 진행할 업무가 결정되면 리더는 회의에 참석한 직원들과 업무 진행 시트를 작성한다. 회의 시간에 작성이 어렵다면 회의를 마친 후 리더가 작성해 관련 직원과 개별 미팅을 통해 합의한다. 또는 직원이 자신이 맡은 업무에 대한 추진 계획을 보고하도록 한다.

다음이 활용할 수 있는 실행시트이다.

	할 일	담당자	지원자	언제까지	확인
의제1					
의제2					
의제3					
의제4					
의제5					

〈그림 3〉 업무 추진 계획시트

:: 중간에 리더는 업무 진행을 점검하고 지원한다

리더는 직원이 맡은 업무의 진행상황을 중간에 점검하고 필요한 경우 다양한 지원을 하는 등의 역할을 하는 것이 필요하다. 직원이 그 업무의 중요성을 리더와는 다르게 판단할 수도 있고, 필요한 지원을 받지 못해 진행에 어려움을 겪을 수도 있으며, 때로는 장애요인이 있어 진행에 어려움을 겪고 있을 수도 있다. 리더는 이러한 상황을 잘 파악해 직원이 업무를 진행하는 데 어려움이 없도록 하여야 한다.

:: 책임을 맡은 직원들은 조직과 다른 구성원의 지원을 요청한다

자신이 맡은 업무를 진행하기 위해 책임을 맡은 직원은 필요한 지원을 부서 내 다른 동료들과 조직 내 다른 부서에 지원을 요청하는 융통성을 가져야 한다. 혼자서 업무를 진행하느라 힘들어하는 것보다 다른 사람들의 도움을 받아 업무를

효율적으로 처리하는 것이 필요하다. 다른 사람들의 지원을 요청하는 것을 두려워하거나 어려워한다면 자신의 업무 수행 능력을 발휘하는 데 어려움을 겪을 수 있다. 다른 사람들의 지원을 받아 내는 것도 훌륭한 능력임을 기억하라. 자신이 모든 일을 할 수 있는 천재라는 생각도 버리고 자신만이 유능한 직원이라는 생각도 버려야 한다.

:: 업무의 중요도를 강조하고 명확하게 이해시킨다

리더는 직원에게 회의 결과의 실행이 중요하다는 것을 명확히 인식시켜야 한다. 현재 직원이 진행하는 업무와 새롭게 부과된 업무와의 중요도를 비교하여 리더는 직원과 어느 업무를 먼저 진행해야 하는지 합의를 끌어내어야 한다. 이를 위하여 업무 수행의 수준과 마감시간, 업무의 진행방향과 계획 등에 대해 직원들과 개별미팅을 하도록 하라.

:: 회의 개최 전 지난 회의의 결과 실행에 대한 상황을 파악하고 가급적 개인적인 피드백을 준다

리더가 회의를 진행하면서 직원들이 맡은 업무 상황을 보고받으려면 그 의제를 회의에 첨가시켜야 한다. 아니라면 리더는 사전에 직원들과 개별 미팅을 통해 지난 회의의 결과로 나온 업무의 진행상황을 파악하고 개별적으로 피드백을 주는 것이 좋다. 이러한 내용에 대해 사전 통보나 암시 없이 회의

시간에 리더로부터 부정적인 피드백을 받는다면 직원은 당황
해할 것이고, 조직업무에의 몰입에 어려움을 겪을 수 있다.
회의 시간에 있는 부정적인 리더의 피드백은 직원에 대한 질
책과 비난이 될 수 있기 때문이다.

::직원들 스스로 업무 진행 계획을 세우고 상사와 공유한다
　직원은 스스로 자신이 맡은 업무의 진행상황을 수시로 리
더에게 보고하고, 필요한 지원을 요청하며, 리더의 궁금증을
해소해 주는 것이 현명하다. 직원은 이러한 업무와 관련된 커
뮤니케이션을 적극적으로 활용하면 조직생활과 경력개발에
많은 도움이 된다.

::직원의 이야기를 듣고 문제를 해결하는 커뮤니케이션 분위기를 형
　성한다
　리더는 자신이 원하는 업무 진행상황에 대해서 직원이 보
고할 때 그 직원의 실수를 찾아 그 직원을 비난하거나 질책
하기 전 그 원인을 파악하는 것이 요구된다. 리더가 모르는
이유와 직원의 능력으로 해결할 수 없는 방해요소 때문에 직
원은 업무 진행에 방해받을 수 있다. 이러한 것을 파악하지
않은 리더의 피드백은 직원과 부서에 부정적인 영향을 끼칠
수 있음을 알아야 한다.

::회의 종료 후 회의 참석자들에게 회의록을 정리해서 발송한다

회의가 종료된 후 리더는 회의록과 업무진행계획서를 정리하여 담당직원에게 배부함으로써 회의 결과와 진행되어야 하는 업무를 다시 한 번 강조할 수 있다. 리더는 회의에 참석한 직원들이 메모를 하고, 그 내용을 잘 이해하였을 것이라고 추측함으로써 이 단계를 무시하거나 건너뛰는 경우가 있다. 리더는 자신의 추측을 100% 믿지 말고 서류로 확인할 수 있는 조치를 취하는 것이 좋다. 이를 위해 회의 내용을 기록한 서기는 회의 종료 후 일정 시간 안에 회의 결과와 업무 그리고 책임자, 지원사항 등 회의 결과를 다시 깨끗이 정리해 리더에게 보고한 후 결제를 받는다. 그리고 그 내용을 회의 참석자들과 업무를 맡은 담당자(비록 회의에 불참하였더라도)에게 배부하여야 한다. 이 업무까지 마무리하는 것이 회의 리더와 서기의 역할이다.

⑫ 시간에 늦게 오는 참석자

■ ■ ▥

리더: 자 회의를 시작합시다. 모두 참석을 하셨나요? 오치만 대리는 왜 참석을 하지 않았죠! 늘 오 대리는 늦는구먼. 기다릴 수 없으니까 시작을 합시다.

(회의 진행 중 오치만 대리가 들어온다.)

오치만 대리: 늦어서 죄송합니다. 업무 처리를 하고 오느라고…….

(자리에 앉으면서 옆의 이 대리에게) 오늘 회의 주제는 뭐야?

이 대리: 오늘 회의 주제는…….

(이 대리의 설명이 끝날 때까지 회의 진행은 멈춰지고, 다른 참석자들은 기다린다.)

리더: 오치만 대리! 자넨 항상 늦게 오는 이유가 뭔가? 자네 때문에 다들 시간을 허비하고 있잖은가? 오늘도 그래. 내가 어제부터 회의 시간과 의제를 알려 줬는데 이게 뭔가? 늦은 것도 그런데 의제조차 파악하지 못하고 들어오면 어떻게 하나?

오치만 대리: 죄송합니다…….

■ ■ ▥

● 발생원인

:: 습관이다

직원들이 업무 중에 보이는 태도는 대부분 그 직원이 가지고 있는 습관에서 나온다. 이러한 습관은 개인과 조직에 도움이 되는 것도 있고, 그렇지 않은 것도 있다. 직원이 회의 시간에 늦게 참석하는 것도 업무가 바빠서 그러할 수도 있지만 회의와 시간에 대한 잘못된 습관이 원인일 경우도 있다. 이러한 습관이 조기에 수정되지 않는다면 결국 그 직원과 조직에 부정적인 영향을 주게 된다.

:: 회의의 중요성을 모른다

회의의 중요성과 자신이 참석하는 것의 필요성을 모르거나 회의 참석을 우선순위에 올려놓지 않았기 때문일 수도 있다. 회의의 중요성을 모르는 것은 조직운영의 중요한 기능인 회의의 가치를 모르기 때문이다. 또는 과거의 경험으로 인해 회의 시간이 늦는 것을 당연하게 생각하거나, 늦어도 별다른 제재가 없었거나 또는 자신의 업무만 중요하다고 생각한다. 또 다른 이유는 자신의 지각이 다른 직원들과 조직업무 진행에 어떤 지장을 초래하는지를 몰라서 발생할 수도 있다.

:: 진짜 중요한 업무 때문일 수 있다

직원이 현재 맡고 있는 업무가 중요한 업무라서 늦을 수도 있음을 리더는 알아야 한다. 이 경우라도 사전에 회의가 미리 통지되었다면 회의 전후 개인적인 피드백(업무 조정, 시간관리 등)을 주거나 제 시간에 회의 참석을 위해 중요한 업무의 해결책을 함께 찾는 것이 좋은 방법이다.

:: 회의 의제에 흥미가 없거나 또는 자신이 관여할 일이 아니라고 생각한다

자신이 회의에 참석해도 회의 의제가 자신의 업무와 관련성이 적거나 없고, 의제에 대한 자신의 아이디어가 없기 때문에 참석을 머뭇거리다 늦게 참석한다.

:: 늦어도 다 설명을 해 주고 제재가 없다

이제까지의 경험으로 판단하건데 회의 시간에 늦게 참석하는 것이 회의에 부정적인 영향을 끼치지는 않는다고 생각하고(그동안의 습관과 누군가 회의 진행내용을 항상 설명해 주는 시간이 회의를 방해하는 것이 아니다), 늦게 참석하는 것에 대한 조직 또는 상사의 제재가 없어서 이러한 것이 습관이 된 경우이다.

:: 회의 분위기가 직원들의 참석을 머뭇거리게 할 수도 있다

회의는 조직 내에서 일어나는 공식적인 커뮤니케이션이 이루어지는 시간이고 공간이다. 이러한 회의의 참석경험이 자신에게 도움이 되지 않았거나, 상호 비난 또는 책임 전가, 논쟁

의 발생으로 부담이 된다면 회의 참석을 꺼리게 되고 이러한 것이 늦게 참석하는 원인이 되기도 한다.

● 부작용

- 다른 사람의 시간을 낭비한다.
- 진행내용을 설명함으로 회의 시간이 길어진다.
- 늦게 참석하는 직원에 대한 제재가 없으면 다른 직원들 사이에 오해가 생길 수 있다. 즉 직원들의 동기부여가 떨어지거나 자신들도 시간을 지켜야 할 필요가 없다고 생각한다.
- 다른 직원들도 회의 시간 준수에 대한 중요성을 잊어버린다.
- 다른 직원에게 전염이 된다.

● 대 책

::출입구를 관리한다

문이 많으면 하나의 문으로만 열어 두고 다른 것은 잠근다. 회의에 늦게 참석하는 직원이 회의실 앞에 있는 문을 통해 들어오면 다른 참석자들의 시선이 집중되고, 의제에의 몰입이 떨어지므로 회의가 방해받는다. 이러할 때는 출입구를 회의실 뒤쪽에 위치시켜서 다른 직원들과 회의 진행이 방해받지 않도록 한다.

::정시에 시작을 한다

회의를 시작하기로 한 시간이 정해져 있으면 그 시간을 철저하게 지키는 것이 좋다. 늦게 참석하는 직원을 기다리는 것도 바람직하지 않다. 늦더라도 자신이 참석해야 회의가 시작된다는 것을 직원이 알게 되면 늦게 참석하는 것이 습관화될 우려가 있다. 따라서 정해진 시간이 되면 일단 회의를 시작하는 것이 좋다. 이는 회의 시간에 맞추어 참석한 직원의 시간을 존중해 주는 것이고, 그들의 태도를 인정해 주는 것이다. 지연된 회의 시작은 직원들에게 나쁜 버릇을 들게 할 우려가 있다.

::지각자를 비난하지 말고 일찍 온 자들에게 칭찬과 감사
─ 긍정적 강화를 제공하라

회의를 진행하는 리더는 늦게 참석한 직원보다는 제시간에 참석한 직원에게 회의 시작, 중간 또는 마무리를 하면서 그들에게 감사를 표하는 것도 좋은 방법이다. 대부분의 리더는 이보다는 늦게 참석한 직원에 대한 부정적인 피드백을 주는 경우가 있는데 이는 회의 분위기에도 영향을 미친다. 부정적인 피드백은 개인적으로 주도록 하는 것도 현명한 방법이다.

::Ground Rule 정하기

회의 진행과 참석에 대한 기본규칙을 전 직원이 합의해서 정해 놓는 것도 하나의 방법이다. 너무 무리한 규칙은 역효과를 낼 수 있지만, 직원들이 합의를 한 합리적인 규칙은 서로에게 자극이 되어서 긍정적인 효과를 발휘할 것이다. 늦게 참석하면 회의 후 회의장을 정리하는 역할을 하도록 하거나 서기가 작성한 회의록의 관련자에게 배부하는 역할 등의 적절한 규칙을 정한다.

::지각자에게는 나중에 진행사항을 설명해 준다

회의에 늦게 참석한 직원에게 그동안의 진행사항을 알려 주는 것으로 인해 회의 시간이 소비된다. 이는 정시에 참석한 직원들의 시간이 낭비되기도 한다. 그리고 이러한 것이 반복되면 늦게 참석하는 것에 대한 부담을 느끼지 못해 반복된 행동이 나올 수 있다. 즉 자신이 늦게 참석해도 그 내용을 다 알 수 있기 때문에 정시에 참석하는 것의 중요성을 잊어버린다는 것이다. 따라서 리더는 늦게 참석한 직원에게는 회의 중간의 쉬는 시간이나 회의 종료 후 개별적으로 피드백을 주는 것이 좋다.

::늘 지각을 하는 직원에게 회의의 역할(서기, 발표, 회의장 준비 등)을 맡긴다

성공적이고 효율적인 회의가 되는 데 자신의 노력이 투입되는 직원은 절대로 회의 참석에 늦지 않는다. 평소 자주 늦는 직원에게 회의의 토의내용을 정리하게 하는 서기 역할이나, 회의 의제와 관련된 중요 내용을 회의에서 보고 또는 발표를 하도록 하거나, 회의 개최를 지원(회의장 확인, 자리 배치, 자료 준비 등)하도록 함으로써 그 직원에게 공헌도를 높이는 기회를 주는 것도 현명한 방법이 될 것이다.

::불참자가 반드시 필요한 참석자가 아니라면 문을 닫는다

아주 극단적인 방법이 되겠지만 회의 시간이 되어 회의를 진행할 때는 회의장의 문을 모두 잠그는 것도 하나의 방법이다. 이러한 조치는 부정적인 영향을 가져올 수도 있겠지만 도저히 고칠 방법이 없는 만성적 지각자에게는 자극이 될 수도 있다. 이러한 조치를 취할 때 리더는 다른 참석자들에게 그 취지를 알려 주는 것이 좋다.

::충분한 시간을 두고 회의 개최를 통지한다

혹 너무 급하게 개최된 회의이거나 미리 통지되지 않은 회의인 경우 직원들이 준비를 할 수 없어서 부득이한 일(외부 출장 등)로 늦게 참석할 수도 있다. 따라서 리더는 가급적 직원들이

준비(시간 조정, 업무 조정, 자료 준비 등)를 할 수 있는 시간적인 여유를 두고 회의를 개최하도록 노력하는 것이 좋다.

::개별 관리를 한다

리더는 회의 시간에 늦은 직원을 공개적으로 비난하고 싶은 욕구를 참아야 한다. 앞에서도 말한 것과 같이 회의 공간은 공식적인 업무 공간이다. 이러한 공간에서 공공연하게 비난을 받은 직원은 동기부여가 되지 않는다. 그리고 부정적인 피드백은 그 직원의 업무 몰입도와 조직 몰입도에 부정적인 영향을 미칠 수 있다. 물론 다른 직원에게도 부정적인 메시지를 전하는 것이다. 습관적으로 지각 참석을 하는 직원에게 리더는 회의를 마친 후 개별적인 피드백을 주는 것이 좋다. 개별적인 피드백을 줄 때에도 리더는 그 직원의 감정에 상처를 주는 말을 해서는 안 된다. 가급적 그 직원의 성장과 발전에 도움이 되도록 긍정적인 피드백을 주는 것이 좋다. 직원의 긍정적이고 장점인 부분이 이런 회의 지각 참석이라는 습관으로 그 가치가 퇴색되지 않도록 피드백을 주도록 하라.

::피드백 요령
- 객관적인 사실을 언급: 직원의 행동만
- 그것이 회의에 미치는 영향을 언급: 회의 성과, 분위기
- 원인을 파악

- 리더의 기대와 직원의 해결법 논의와 합의
- 사후 피드백

⓭ 준비 없는 참석자

리더: 차승민 대리! 1분기 품질 향상을 위해 노력해 온 결과에 대한 발표를 하지!

차승민 대리: 자료 준비를 못 했습니다.

리더: 또? 내가 며칠 전부터 오늘 회의에서 그 결과를 발표해 달라고 했는데…… 왜 준비를 하지 못했나?

차승민 대리: 죄송합니다. 깜빡 잊었습니다…….

리더: ……어쩔 수 없군. 오늘 회의 의제는 품질 향상의 노력 결과를 확인하고 더 나은 아이디어를 찾기 위한 것이니까, 모두들 품질 향상에 대한 좋은 아이디어가 있으리라 생각합니다. 먼저 김민기 대리부터 아이디어를 내보지?

김민기 대리: 우리가 열심히 노력한 결과 품질에 대한 불평들이 많이 줄어든 것 같습니다. 앞으로도 이렇게 노력을 하면 좋을 것 같습니다.

리더: 그것은 모두 잘 알고 있는 내용이고, 우리가 시도해 볼 좋은 아이디어는 없는가?

김민기 대리: 글쎄요…….

리더: 다른 사람들은?

참석자들: !!!!!!!!!

● 발생원인

:: 회의 개최 어젠다(회의 통지서)를 제대로 읽지 않았다

회의를 이끄는 리더의 입장에서 가장 곤란하고 힘들게 하는 것은 회의 참석자들이 의제에 대한 준비가 없거나 부족할 때이다. 참석자들은 준비되어 있지 않기 때문에 리더의 요청에 효과적인 아이디어 또는 의견을 개진하지 못한다. 이는 회의 참석자들이 사전에 배부된 회의 어젠다(회의 통지서)를 충분히 읽어 보지 않았거나 검토를 하지 않고 회의에 참석한 결과이다. 이러한 상황이 반복된다면 리더도 참석자들도 회의를 개최하는 것에 대한 의미를 가지지 못하게 된다.

:: 급하게 회의에 참석한다

리더가 직원들에게 준비할 시간적인 여유를 주지 않고 급하게 개최한 회의의 경우 참석자들은 회의 목적을 모르거나, 알더라도 생각을 정리할 수 있는 시간을 갖지 못하게 된다. 직원들도 자신의 업무 처리를 하다가 참석하게 되는 경우 회의에 대한 준비가 부족하게 된다.

::회의에서 자신의 역할을 모르거나 역할의 중요성을 모른다

자신이 회의에 왜 참석하고 있는지? 회의에서 자신이 해야 하는 일이 무엇인지? 회의 목적이 무엇인지를 모르는 참석자는 리더가 기대하는 답을 하지 못한다. 또한 사전에 통지된 어젠다를 통해 자신이 특정의제에 대한 발표 또는 보고를 해야 하는 것의 중요성을 모르는 경우 이러한 일이 발생한다. 단순한 참석자이든, 회의의 원활한 진행을 위한 발표자이든 자신이 회의에 참석한다면 자신이 회의 시간에 해야 할 역할이 중요하다는 생각을 가지는 것이 필요하다.

::늘 준비 없이 회의에 참석했다

이제까지 늘 준비 없이 회의에 참석해 온 직원은 자신에게 특정한 역할이 주어지더라도 그 중요성을 모를 수 있다. 그리고 이전에도 준비 없이 참석한 것에 대한 개인적인 피드백이 없었거나 부족했기 때문에 회의 준비의 중요성을 모르고 있을 경우 이러한 일이 발생한다.

::자신의 업무와 의제가 관련성이 적거나 없다

회의 주제와 목적에 관련이 없는 참석자는 당연히 아이디어가 없거나 부족하다. 이는 참석자 선정의 실수일 수도 있다.

::그전에 아이디어를 개진하였으나 인정받지 못했거나, 채택되지 않았다

발표자의 역할은 하지 않더라도 회의 의제에 대한 너무나 평범한 그리고 모두가 알고 있는 사실을 이야기하는 것은 회의 진행에 도움이 되지 않는다. 그리고 과거의 경험을 돌이켜 볼 때 자신이 개진한 의견이나 아이디어에 대해 리더가 격려를 하지 않거나, 인정을 해 주지 않은 경험을 한 경우 참석자들은 회의 참석에만 의의를 둔다. 더구나 자신의 아이디어를 리더가 채택하지 않은 심지어 비난이나 아이디어에 대해 혹평을 받은 경험을 가졌다면 회의에서는 더더욱 자신의 의견을 말하지 않는다.

● 부작용

- 회의 목적 달성의 실패
- 시간 낭비
- 업무의 흐름과 진행사항을 공유하는 데 실패
- 리더의 강압적인 진행이 나올 우려가 있음
- 참석자 간 서로 책임을 지우거나 관계가 악화될 우려

● 대 책

::리더는 회의 발표자의 준비를 확인한다

리더는 회의의 원활한 진행을 위해 또는 다른 직원들의 적극적인 참여를 이끌어 내기 위해 회의 중 특정 의제에 대한

발표(보고서, 조사결과 등)를 직원에게 맡겼다면 회의 전 반드시 준비사항을 확인하여야 한다. 시간적인 여유가 있다면 자료를 준비하는 데 리더가 지원을 해 주거나 준비사항에 대해 회의 목적과 관련해 피드백을 주는 것도 좋은 방법이다. 직원이 준비를 잘 할 것이라는 믿음 때문에 사전에 확인하지 않았는데 그 직원이 준비되어 있지 않다면 리더에게나 그 직원 그리고 다른 참석자들에게도 피해를 주게 된다. 이러한 믿음을 갖는 것과 사전에 확인하는 것은 별개의 문제이다.

:: 회의에서 발표를 해야 하는 사람은 준비를 철저하게 한다
  직원의 경우 자신이 회의 시간에 특정한 의제에 대해 상황 발표 또는 브리핑, 보고를 하는 역할을 맡았다면 충실히 그 역할을 수행하여야 한다. 이는 자신의 성장을 위해서뿐만 아니라 조직 또는 부서의 성과를 올리는 데도 아주 필요하고 중요한 업무이다. 그 어떤 이유도 자신에게 주어진 역할을 제대로 수행하지 못한 것에 대한 변명이 될 수 없음을 알아야 한다. 자신의 충실한 준비와 보고 또는 발표는 다른 참석자들에게 동기를 부여하고, 부서원들의 의견과 생각을 하나로 모을 수 있는 중요한 요소이다. 이러한 역할을 성실하게 수행할 때 다른 중요한 역할도 주어질 수 있을 것이다. 그리고 발표자는 자신의 발표를 조직의 공식적 자리에서 공식적인 커뮤니케이션(이때는 발표 또는 보고)을 통해 자신의 능력(발표력, 보고서 작성

능력, 설득력, 자료 준비능력 등)을 보여 줄 수 있는 가장 좋은 기회라고 생각하여 적극 활용할 수 있어야 한다. 필요하다면 회의 리더의 피드백 또는 지원을 요청하는 적극적이고 주도적인 태도를 갖는 것도 좋다.

::다른 사람의 협조를 구한다

발표 역할을 맡은 직원은 다른 업무로 준비할 시간이 부족하거나 정보 수집에 어려움을 겪는다면 다른 직원들의 도움 또는 지원을 받아야 한다. 이러한 지원을 받는 것은 결코 자신의 무능을 드러내는 것이 아니다. 오히려 자신의 인간적인 매력과 영향력을 확인할 수 있는 기회이다. 절대로 다른 직원의 도움과 지원을 자신의 능력 부족이라고 생각하지 말고, 그들의 지원을 얻는 능력도 중요하다는 것을 인식하라. 조직이 있는 이유는 그 조직원들의 상호 협력과 지원 그리고 팀워크에 의해 시너지를 기대하기 때문이다. 이를 위해 평소 다른 조직구성원들과의 관계를 돈독하게 하는 데 게으름을 피우지 말라.

::평소 아이디어들을 잘 정리해 놓는다

조직이나 부서에서 이루어지는 회의는 대부분 구성원들의 업무와 직접적 또는 간접적으로 관련이 있는 것이다. 따라서 일상업무를 하면서 떠오르는 새로운 생각이나 아이디어가 있다면 이를 정리해 놓도록 하라. 이러한 메모가 회의에 참석할 때 중요한 아이디어를 개진하는 기회를 주기도 한다. 이러한 준비가 되어 있는 직원은 자신이 발표를 하든, 의제와 관련된 생각 또는 아이디어를 개진하든 회의 목적을 달성하고 리더의 기대를 충족시켜 줄 것이다.

:: 참석자는 회의는 공식적인 커뮤니케이션의 시간과 공간임을 인식하고 최대한 그 기회를 활용하려 노력한다

앞에서도 강조를 하였듯이 회의는 조직의 공식적인 커뮤니케이션 공간이고 시간이다. 조직구성원들은 이 사실을 가볍게 생각해서는 안 된다. 평소에는 서로 자신의 업무를 진행하느라 원활한 커뮤니케이션이 어렵고 또 특정 의제 또는 업무에 대한 자신의 생각을 공유할 기회가 부족할 수 있다. 따라서 조직구성원들은 회의라는 공식적인 커뮤니케이션 기회를 놓쳐서는 안 된다.

:: 다양한 아이디어 창출기법을 활용한다

브레인스토밍, 브레인라이팅, 명목상기법 등을 활용해 회의 참석자들의 다양한 아이디어를 끌어내는 것도 리더의 능력이다. 리더는 회의 참석자들을 잘 동기부여하고 다양한 기법으로 의견 또는 아이디어를 끌어내는 방법을 배우거나 익혀 활용하여야 한다.

:: 의제와 관련이 있는 사람만 참석시킨다

회의 의제와 관련이 없는 참석자는 회의에 몰입하지 못한다. 이들에게 회의 주제와 관련된 아이디어를 계속 요청한다면 이들은 자신의 존재이유(회의 참석)를 알리기 위해 회의 주제와 관련이 없는 의견 또는 아이디어를 개진할 우려가 있다. 또한 의제가 자신과 직접적인 관련이 없기 때문에 회의의 진행에 도움을 주기보다는 방해가 되는 행동을 하기도 한다. 따라서 리더는 회의 참석자를 선정할 때 신중하게 고려하여야 한다.

14 리더의 단독연설 회의

■ ■ ■

리더: 자! 회의를 시작합시다. 먼저 각자 지난 분기 영업실적이 부진한
이유를 이야기해 보도록 하겠습니다. 먼저 김 대리부터 시작하지요.

김 대리: 예! 고객들이 반대를 하는데 이를 잘 극복할 수가 없습니다.

이 대리: 새로운 고객을 창출하기가 어렵습니다.

박 OO: 상품 설명을 제대로 할 수가 없습니다…….

(모든 직원들이 영업의 어려움을 이야기한다. 이때)

리더: 모두들 너무 편하게 일을 하는 게 아닌가요? 왜 늘 나오는 내용들
만 이야기하는 겁니까? 지금 나온 이야기는 지난번 회의에서도 나온
이야기들인데……. 스스로들 그 해결책을 알기 위해 고민들을 하지 않
나요? 제가 처음 영업을 할 때는……., 고객이 반대를 하면…….

(등 리더는 자신의 경험을 이야기하면서 30여 분간 연설을 하고 직원들은 고개를
떨어뜨리고 조용히 앉아 있다…….)

■ ■ ■

● 발생원인

:: 리더는 직원들의 어려움을 진지하게 경청하지 않았다

리더는 직원들이 업무에서 성과가 낮은 이유를 말할 때 대부분 직원들의 말을 끝까지 경청하지 않거나, 도중에 자신의 생각을 말하려 개입한다. 그리고 직원들이 말하는 의견에 대한 깊이 있는 분석보다는 리더가 기대하지 않은 의견에 대한 불만 또는 반박을 표현한다. 이는 직원들의 수동적인 반응을 유도하고 그 결과 리더는 자신의 불편한 감정 또는 직원들에 대한 부정적인 피드백을 하는 데 많은 시간을 할애하게 된다.

:: 왜 그러한 어려움이 있는지 깊이 있는 질문을 통해 원인을 알아내지 않아서 문제 해결식 회의 진행을 하지 못한다

직원들이 말하는 문제에 대한 깊이 있는 질문을 통해 직원들이 진정으로 말하고자 하는 이유를 찾지 않는다. 직원들 또한 처음부터 자신들이 가진 내면의 원인을 잘 말하지 않는다. 회의에서의 책임 회피 또는 새로운 업무가 주어질까 두려워서 진정한 의견을 말하지 않을 때 리더는 감정적인 반응을 보일 수 있다.

:: 리더는 자신의 경험이 모든 문제의 해결책이라고 생각한다

리더는 자신의 경험이 직원들보다 많고 다양하며, 직원들이 수용을 하든 그냥 듣고 흘리든 조언하고자 하는 욕구를 갖고

있다. 그리고 자신의 경험 또는 지식을 최선의 해결책으로 생각하고 자신이 이야기하는 것을 직원들이 기꺼이 수용하고 가치 있게 받아들일 것이라는 착각과 기대로 자신의 이야기만 한다. 그래서 자신의 의견과 상충하는 직원들의 의견을 경청하지 않고 직원들이 말하는 표면적인 의견에 흥분해서 설교를 하거나 가르치려 한다. 회의를 직원들에 대한 설교 혹은 교육의 시간으로 생각한다.

:: 리더는 자신의 이야기를 할 기회를 찾고 있다

리더가 직원들보다 다양한 경험이 있음은 당연하다. 그리고 리더는 자신의 경험이나 생각을 이야기함으로써 자신의 영향력을 강화하려 한다. 이때 직원들의 침묵이나 기대에 미치지 못하는 의견이 리더의 이러한 욕구를 자극함으로써 리더는 이 기회를 통해 평소 직원들에게 하고자 하였던 피드백(리더는 긍정적인 조언, 직원은 잔소리)을 쏟아놓기 시작한다.

:: 리더는 직원들이 회의에 몰입하지 않는다고 생각한다

리더가 직원들이 회의 의제에 대해 몰입하지 못하거나 아이디어를 창출할 노력을 하지 않는다고 생각하거나 추측하면 직원들의 의견을 듣기보다는 자신의 이야기를 많이 한다. 이는 직원들에게도 문제가 있다. 자신들이 회의 의제에 집중하지 않음 ― 침묵, 통상적인 아이디어 개진 등 ― 으로 해서 리

더의 이야기 시간이 길어짐을 알아야 한다.

:: 참석자들은 어쩌면 자신의 변명을 이야기할 수도 있다

직원들은 리더의 질책성 질문에 대해 자신이 생각하는 근본적인 이유나 원인을 이야기하기보다는 회피하기 쉽거나 책임질 필요가 없는 내용의 의견을 말하기도 한다. 직원들이 이러한 태도를 견지한다면 리더의 개입이 많아질 수밖에 없을 것이다. 그리고 직원들은 리더의 스타일 — 의견 무시, 부정적 피드백, 개인적인 약점 강조 등 — 을 알기 때문에 자신들의 내면에 있는 의견을 말하지 않는다.

:: 늘 같은 이야기가 나오는 것은 그 문제가 심각한 것일 수 있고 뭔가 조직적인 차원에서의 해결책(교육 등)이 필요할 수도 있다

앞에서도 지적하였듯이 문제에 대한 답이나 의견이 늘 동일한 것이라면 뭔가 이면에 근본적인 원인이 있음을 리더는 간파해야 한다. 그러나 그러한 원인을 발견하려는 노력이 부족할 때 리더의 연설은 시작이 된다.

● 부작용

- 리더의 연설은 오히려 직원들의 사기를 떨어뜨릴 수 있다.
- 직원들은 회의 시 리더의 연설 때문에 자신의 생각이나 판단을 이야기하지 않는다. 따라서 리더는 직원들의 내

면에 있는 고민이나 어려움을 이해하지 못한다.
- 직원들의 회의 참여가 의미 없어진다.
- 리더와 직원들은 새로운 해결책을 찾기보다는 리더의 경험에 너무 많이 의존할 수 있다.
- 리더의 직원들에 대한 생각이 부정적으로 바뀔 수 있다.
- 리더는 모든 것을 자신이 처리해야 한다는 독재적인 리더십스타일로 변할 수 있다. 이는 결국 조직에게나 리더에게나 직원들에게나 바람직하지 않은 결과를 초래할 것이다.

● 대 책

∷ 리더는 직원들의 아이디어를 경청하고, 그들이 제기한 문제를 심각하게 받아들이며, 그 의견의 내면에 내포된 원인과 이유를 찾으려는 노력을 해야 한다

리더는 직원들의 반응에 즉각적으로 대처하기보다는 왜 직원들이 그러한 반응을 하고 늘 동일한 의견을 개진하는지를 지혜롭게 파악해야 한다. 리더는 자신의 경험 이야기를 하기 전에 자신의 이야기가 미칠 영향을 고려하여 자제하고 우선 직원들이 생각하는 해결방법을 질문하여야 한다. 이를 위해 효과적인 질문("왜 그렇게 생각하는가? 대안은? 어떻게 하면 좋겠는가?" 등)을 함으로써 직원들이 가진 근본적인 원인을 파악할 수 있을 것이다.

::리더는 자신의 경험이 완벽한 정답이 아닐 수 있다는 것을 인식해야
한다

리더와 직원들 간 커뮤니케이션이 원활하게 이루어지지 않
는 원인 중 하나가 서로가 가진 지식과 가치체계 그리고 경험
이 다르기 때문이다. 특히 업무와 관련된 상황이 리더가 실무
자였던 과거와 다르다는 것을 알아야 한다. 이를 무시하고 그
차이를 인정하지 않으면 곤란한 상황이 발생하기도 한다. 리
더는 자신의 경험을 직원들에게 이야기해 주되 그것을 절대적
인 방법이나 해결책으로 강조하거나 받아들이도록 해서는 안
된다. 그렇지 않으면 직원들이 리더의 의견을 받아들이기 어
렵거나, 리더와는 다른 의견을 말하는 데 고민하게 한다. 비록
리더의 경험과 지식이 옳다고 하더라도 이것을 회의 시간에
연설을 통해서 전하려는 노력보다는 때로는 개인적인 피드백
을 할 때 사용하는 것이 더 효과적일 수 있다. 일반적으로 리
더와 다른 의견을 가진 직원은 그 의견을 자유스럽게 개진하
는 데 부담을 느끼고 적극적인 의견 개진을 망설인다. 그리고
리더는 직원들의 이러한 반응에 흥분해서 일장연설에 들어가
서는 안 된다.

::직원들은 스스로 그 해결방법을 알고 있을 수 있다

따라서 리더는 보다 효과적인 방법으로 회의를 진행해야 한
다. 문제에 대한 해결책은 문제가 발생한 장소와 문제를 야기

한 사람에게 있다. 따라서 직원들은 자신들이 어떤 문제에 부딪혀 있고 원인이 무엇이며 그 해결방법으로 좋은 아이디어를 갖고 있을 수 있다. 이러한 아이디어를 적극적으로 개진하도록 하는 것이 회의를 이끄는 리더의 역할이다. 리더는 직원들이 자신들의 의견을 자유롭게 개진하도록 진행을 다른 직원에게 맡기고 자리를 비우거나, 브레인스토밍 기법을 활용하거나 해서 직원들이 다양한 의견을 말하도록 할 필요가 있다.

:: 때로는 직원들 각자에게 개인적인 코치 또는 피드백을 주는 방법도 좋다

직원들의 성과 부진에 대한 책임을 회의석상에서 공식적으로 질책해서는 안 된다. 직원들의 성과가 부진한 사실을 파악하고 그 원인을 찾는 회의는 그 목적에 충실해야 한다. 부정적인 피드백을 시작하면 결국 직원 개개인에 대한 비난 혹은 질책으로 진전될 수 있다. 리더는 직원들의 성과에 대한 피드백을 할 때는 개별적 ─ 사실과 문제 중심으로 ─ 으로 하도록 하고 회의에서는 그 해결방안을 찾거나 때로는 직원들을 동기부여하는 방향으로 메시지를 전해야 한다.

:: 리더는 회의 진행을 다른 직원에게 맡기고 자신은 참관 혹은 그 결과의 보고만을 받는다

리더는 부서의 책임을 맡고 있는 부담 때문에 직원들에 대

한 부정적인 생각을 가질 수 있고, 이러한 생각이 때로는 회의가 건설적인 토론이 되기보다는 리더의 감정을 표출하는 시간이 될 우려가 있다. 리더는 스스로 자신의 회의 진행 스타일과 직원들의 반응을 관찰해서 적절히 활용하면 좋다. 특히 자신이 없을 때 직원들의 다양한 의견들이 나옴을 안다면 민감한 주제에 대해서는 다른 직원에게 회의를 주재하도록 하고 그 결과를 보고받는 것도 좋은 방법이다. 회의석상에 있더라도 개입하지 않도록 해야 하다. 이러한 것도 훌륭한 리더의 자질을 보여 주는 것이다.

:: 리더는 스스로 말하는 시간을 정해서 그 시간을 넘기지 않도록 한다

리더는 회의를 진행하면서 자신이 미리 준비한 메시지만 전한다. 이때 시간을 정해 이야기한다. 리더는 자신의 지식이나 생각대로 회의를 이끌고 원하는 결과만을 얻고자 하는 욕구를 자제할 수 있어야 한다.

:: 리더는 자신의 경험을 이야기하려면 사전에 충분한 준비를 해서 회의가 아닌 교육으로 자신의 경험을 이야기한다

리더의 다양한 경험은 조직의 업무성과 달성에 매우 가치 있는 노하우이다. 직원들 또한 자신보다 경험이 많은 리더의 이야기를 듣고 자신의 업무에 활용할 수 있을 것이다. 중요한 것은 리더의 이러한 경험과 노하우를 직원들이 잔소리가 아

닌 유익한 지식과 노하우로 받아들이게 해야 한다는 것이다. 따라서 리더는 직원들에게 도움이 되는 자신의 경험을 전하기 위해서는 준비를 해야 한다. 준비가 되어 있지 않으면 직원들은 그 경험과 노하우를 잔소리로 받아들일 수 있다. 회의시간과 자신의 노하우를 전하는 시간을 구분해서 활용하라. 그리고 이러한 노하우의 전달 기회를 리더만 갖지 말고 다른 직원들에게도 자신들의 노하우를 발표하고 공유할 수 있는 기회 — 정기적인 공유시간을 마련 — 를 제공하라.

⑮ 질질 끌기만 하는 회의

■ ■ ■

참가자 1: (속으로) 벌써 몇 시간째야! 언제 회의가 끝나지?

참가지 2: 급한 일을 처리해야 하는데…… 벌써 2시간이나 흘렀군.

리더: 자! 다음은 ____에 대해서 각자의 생각을 이야기합시다.
OOO 씨는 어떻게 생각합니까?

참가자 3: (속으로) 앞에 것도 결론이 나지 않았는데 또 다른 이야기구먼.
오늘은 회의하다가 하루가 끝나겠구먼!

참가자 1: 늘 이런 식이군. 도대체 회의를 개최하시는 목적이 뭐야?
하나의 문제라도 제대로 결론을 내려야지!

리더: 왜 아무런 의견들이 없습니까? 지쳤나요? 잠시 쉬었다 다시 할
까요?

참가자들: !!!!!!!!!!!!!!!!

■ ■ ■

● 발생원인

:: 리더는 회의 개최를 자신의 업무 중 하나라고 생각한다

회의를 진행하는 것이 자신의 일일 업무라고 생각하는 리더는 다른 참가자들의 시간의 중요성과 업무 진행에 초래될 지장에 대해서는 그다지 신경을 쓰지 않는다. 리더는 자신의 업무를 한다는 생각을 갖는다. 따라서 하루에 한 번이라도 회의를 개최해야 한다는 생각을 가진 리더이거나 회의를 자신의 중요한 업무라고 믿는 리더는 그 생각을 고쳐야 할 것이다. 리더의 업무는 직원의 업무 성과를 지원하고 도와주는 것이다.

:: 리더는 회의 개최 목적을 명확하게 가지고 있지 않다

리더 스스로가 회의 개최에 대한 목적과 의제가 분명하지 않으면 회의는 길어진다. 리더는 진행을 하면서 그때그때 떠오르는 생각들을 의제로 올리게 된다. 물론 그 의제에 대해 토의할 준비가 리더도 참가한 직원들도 되어 있지 않다. 따라서 이러한 회의가 길어지는 것은 당연한 것이 아니겠는가?

:: 리더는 회의에서 어떤 결정을 내리기를 원하지 않는다

리더는 회의에서 어떤 결정을 내리기를 두려워하거나, 이것저것 업무에 대해 충분한 토의를 하게 되면 직원들이 알아서 회의 내용과 자신의 업무를 잘 조화해 진행하기를 바라는 경우 의제에 대한 결론을 주저하게 되고 그 회의는 길어지게

된다. 또 리더는 업무와 관련된 다양한 의제를 올려서 토의를 하는 것이 회의 목적이라는 생각을 갖고 있을 수 있다.

:: 참가자들 또한 회의에서 자신의 의견을 명확하게 말하지 않는다

회의 참가자들이 회의 의제에 대한 다양한 의견들을 말하지 않는다. 리더는 이를 참가자들이 의제의 내용과 중요성을 잘 몰라서 그렇다고 생각하고 의제를 처음부터 설명을 하거나, 시간을 주면서 참석자들이 자신들의 생각을 회의장에서 이야기하기를 바라면서 회의를 느슨하게 진행한다. 회의의 성공은 리더에게만 달려 있는 것이 아니고, 참가자들에게도 달려 있음을 알아야 한다.

:: 가끔 리더는 직원들의 다양한 의견을 듣고자 오랜 시간 회의를 개최한다

리더는 자신이 만족하는 수준의 의견들이 나오지 않으면 원하는 만큼의 의견과 원하는 수준의 의견을 듣고자 하는 자신의 목표를 달성하기 위해 회의를 지속시킨다. 회의 시간을 길게 끈다고 해서 유용하고 다양한 의견이 나오는 것은 아니다. 리더는 참가자들로부터 많은 의견을 듣기를 원한다면 참가자들의 다양한 의견을 끌어내는 회의 진행과 새로운 진행기법의 적용이 필요할 것이다. 그리고 다양한 의견 수는 리더의 주관적인 판단임을 알아야 한다.

::리더는 모든 사안들을 모았다가 한꺼번에 다 처리하려 한다

리더는 한 번의 회의를 통해 자신과 조직의 다양한 문제와 사안들 그리고 업무를 처리하려 할 때 회의 시간을 신경 쓰지 않고 자신이 만족할 때까지 회의를 진행한다. 물론 조직의 업무가 바빠서 잦은 회의를 하지 못할 수도 있고, 직원들이 한자리에 모여 현안들을 토의할 수 없을 수도 있다. 그렇다고 해서 리더가 한꺼번에 모든 의제들을 처리하려 한다는 것은 무리이다.

::리더는 오래 회의를 진행하는 것이 중요하다고 생각한다

회의 시간은 무조건 길어야 한다는 과거의 패러다임을 갖고 있는 리더는 지금부터라도 그 패러다임을 바꾸어야 한다. 회의는 중요한 업무 진행의 도구이고 기술이다. 이 도구와 기술은 업무성과를 위한 것이다. 도구와 기술을 위해 업무 성과가 희생을 당하거나 불이익을 당해서는 안 된다. 특히 직원들의 시간과 기회비용을 생각하지 않으면 안 된다.

::리더는 회의를 부서의 커뮤니케이션 방법으로 생각한다

맞다. 하지만 부서 또는 조직의 커뮤니케이션은 회의에서만 이루어지는 것은 아니다. 일상업무를 하면서 수많은 커뮤니케이션이 이루어진다. 단 회의는 목적이 있고 달성해야 하는 과제가 있는 특별한 그러면서도 공식적인 커뮤니케이션 기회이

다. 일상에서 필요한 커뮤니케이션이 원활하게 이루어진다면 커뮤니케이션을 위한 회의는 하지 않아도 될 것이다.

● 부작용

- 직원들이 지친다. 그래서 업무에 집중하지 못한다.
- 의견들을 개진하지 않음에 대해 리더는 직원들에게 불만을 가질 수 있다. 이러한 불만의 표현은 직원들의 동기를 저하시킨다.
- 리더의 요구에 대응하느라 예기치 않은 이야기 혹은 의견으로 부서 내 갈등을 일으킬 수 있다.
- 조직의 팀워크와 시너지에 부정적인 영향을 미친다.
- 직원들이 다음 번 회의에 대해 기대감을 갖지 않는다.
- 리더십에 대해 의문을 가진다.
- 직원들의 업무 진행에 지장을 초래한다.

● 대 책

::리더는 회의 개최 목적을 분명히 한다

회의는 리더든, 직원이든 일상의 업무 중 하나이다. 문제해결 또는 새로운 정보의 공유, 업무 흐름의 파악 및 조정, 지시를 위해서 회의가 개최된다. 각각의 회의 목적에 따라 리더는 회의 시간을 정해서 그 시간을 지키도록 하여야 한다.

직원들이 자신의 업무에는 손을 놓고 회의에만 집중할 수도 없고 해서도 안 된다. 따라서 리더는 회의 목적을 분명히 하고 그 목적을 달성하는 데 가장 효율적인 방법으로 진행하고 회의 목적이 달성되면 곧 회의를 마쳐야 한다. 직원들과의 토론을 통해 가끔은 회의 의제가 리더가 생각하는 것보다 중요한 사안임을 발견할 수도 있다. 이러한 경우에도 그 의제의 중요성을 확인하고 이번 회의에서 토의할 것인지 아니면 다음 회의에서 다룰 것인지를 회의 참가자들과 합의해야 한다. 그래야만 회의 시간이 길어져도 직원들의 불평을 줄일 수 있고, 그들의 참여를 끌어낼 수 있다.

:: 리더와 직원들은 회의 시간(특히 종료시간)을 지킨다

정해진 회의 종료시간이 되면 리더는 일단 회의를 마친다. 설령 회의 의제에 대한 충분한 토의가 이루어지지 않았거나, 바람직한 결론을 내리지 못하였더라도 정해진 시간에 회의를 마쳐야 한다. 그래야만 직원들의 업무시간을 방해하지 않는다. 그리고 중요한 사안인데 토의가 부족함을 느낀다면(이는 직원들도 느낀다), 직원들 또한 다음 회의에서 준비를 좀 더 철저하게 할 것이고, 이에 따라 의제도 충분하게 다룰 수 있을 것이고, 좋은 결론을 내릴 수 있을 것이다. 물론 중요하고 급박한 사안은 회의 시간이 종료가 되어도 토의해야 한다. 이럴 때 리더는 일단 앞의 회의를 종료한 후 중요한 사안에 대한 회

의 지속을 회의 참가자들과 합의하는 것이 좋다. 중요한 의제와 관련이 없는 직원은 자신의 업무를 위해 회의장을 벗어나도록 조치를 취하는 것도 훌륭한 리더십이다.

:: 회의 시간과 의제 수를 잘 정한다

회의 시간이 길어지는 여러 가지 이유 중 하나가 회의 시간과 의제 수의 부조화이다. 리더는 의제 수와 내용에 따라서 회의 시간을 정하든, 정해진 회의 시간에 맞도록 의제 수를 제한하든 둘 중 하나의 방법을 채택하여야 한다. 이를 위해서는 앞에서 설명한 어젠다 벨을 활용하는 것이 좋다. 회의의 전체적인 시나리오를 그려 보면서 회의를 준비하는 것도 하나의 방법이다.

:: 참석자들은 회의의 문제에 대해 리더에게 이야기한다

회의 참가자로서는 어려운 일이지만 리더가 회의를 장시간 진행하는 것의 불리한 점(업무 진행에 미치는 부정적인 영향 등)을 개인적으로 피드백을 준다. 이럴 때 리더가 고쳐야 할 점만을 이야기하지 않고 바람직한 방법들도 제시하는 것이 좋다. 물론 직원의 입장에서 보면 쉬운 일은 아닐 것이다. 하지만 리더는 자신의 실수를 잘 모르기 때문에 같은 실수(회의의 장시간 개최)를 반복한다. 이러한 리더에게 건설적인 피드백을 주는 직원들이 있을 때 리더도 성장할 수 있을 것이다.

:: 준비시간을 충분히 준다

리더는 참석자들의 적극적인 참여를 기대한다면 사전에 의제를 알려 주어서 참석자들의 업무를 조정하도록 하고, 의제에 대해 생각할 시간을 충분히 준다. 긴급회의 또는 비상회의가 아닌 한 리더가 이러한 결정을 내리기 위한 시간은 있을 것이다. 그리고 필요하다면 중간에 리더 또는 회의 진행 담당자가 직원들에게 회의 어젠다를 강조해 준비를 하도록 자극한다. 준비 부족으로 인한 회의 시간의 지연은 조직 전체의 시간 낭비이고 비효율적인 시간이다.

:: 리더는 회의에 대한 시각을 바꾼다

회의는 리더의 일과 중 반드시 해야 하는 업무는 아니다. 또한 조직에서 발생하는 모든 사안은 반드시 회의를 필요로 하는 것도 아니다. 회의는 무조건 오래 진행해야 바람직한 회의가 되는 것은 더더욱 아니다. 한 번의 회의에 모든 사안을 처리할 수도 없다. 때로는 직원들과 개별적인 대화나 피드백을 통해서 해결할 수 있는 사안들도 많다는 시각을 갖도록 하는 것이 중요하다.

:: 다양한 커뮤니케이션 채널을 가동한다

다양한 채널을 통해 조직원들과 리더, 조직원들 간의 원활한 커뮤니케이션이 이루어진다면 상당한 정도의 회의 시간과 개최 횟수를 줄일 수 있을 것이다. 직원들 간 비공식적인 모임을 갖는 것도 좋다. 업무와 관련된 공식적 토론모임, 발표회 등의 행사를 정기적으로 진행하는 것도 하나의 방법이다.

:: 불가피하게 장시간 회의를 진행해야 한다면 다양한 방법으로 회의를 진행하라

가끔 너무 바쁜 업무들로 회의를 장시간 개최하지 못해서 부서 내의 정보 공유(업무 진행사항을 포함해서)가 필요하거나 직원 상호간의 커뮤니케이션이 필요할 때는 사전에 충분한 준비를 해서 다른 업무에 영향을 주지 않도록 한다. 이는 회의 목적이 정보 공유와 부서 또는 조직의 팀워크를 올리고 상호 이해와 협조의 분위기를 만드는 것이기 때문이다. 이러한 회의는 잘 준비된 장소에서 참가자들이 편하게 참여할 수 있도록 유도해야 한다. 회의 장소를 바꾸는 것도 좋고, 간식을 준비하는 것도 좋으며, 리더 역할을 다른 직원에게 맡겨 회의 목적을 보다 쉽게 달성하도록 하는 것도 좋다.

:: 리더는 평소 직원들 간의 개인적인 커뮤니케이션을 통해 특정 업무에 대한 의견과 아이디어를 묻거나 업무의 진행사항을 파악한다

직원들과 리더의 원활한 커뮤니케이션은 리더에게나 직원에게 필수적인 중요한 일이다. 개별적이면서도 편안한 커뮤니케이션을 통해 리더는 직원들을 동기부여하고, 그들의 업무를

파악해 필요한 지원을 해 주고, 장애물을 제거하는 데 도움을 주며, 동기부여를 하고 직원들의 다양한 의견들을 들을 수 있다. 이를 통해 회의를 진행하지 않고도 많은 문제를 해결하고, 정보 공유가 가능해진다. 그리고 이러한 개별적인 커뮤니케이션이 원활하게 이루어지는 리더와 직원은 회의에서도 원활한 커뮤니케이션을 보장한다.

16 불평, 불만만을 이야기하는 참석자

■ ■ ▪

(회의 시간이 되자 하나 둘씩 회의장으로 참석자들이 들어온다. 그중)

홍명성 대리: 또 회의야! 늘 회의만 열면 뭐 해! 결론이 나지 않는데…….

참석자 1: !!!!!!!

홍명성 대리: 오늘은 또 얼마나 오랫동안 부장님의 잔소리를 들어야 하나! 참 OOO 씨 지난번 회의에서 부장님으로부터 잔소리를 들었지? 너무 실망하지 마, 그리고 심각하게 받아들이지도 말고…… 늘 있는 일이야. 조금 지나면 OOO 씨도 이해할 거야! 그리고 우리가 대단하다는 생각을 하게 될 거야!

OOO 씨: ??!!!!!!

리더: (회의장에 들어오면서) 자! 회의를 시작합시다. 오늘은 그동안 각자가 진행해 온 업무에 대한 진행사항을 이야기하고, 지원 또는 도움이 필요한 일이 있으면 이야기합시다.

홍명성 대리 (속으로): 또 시작이군! 조용히 있어야지. 괜히 말을 했다가 부장님으로부터 잔소리를 들을지도 모르니까!!!!

■ ■ ▫

● 발생원인

::홍명성 대리는 회의에 대해 부정적인 생각을 갖고 있다

회의의 가치를 모를 때, 회의의 중요성을 모를 때, 그리고 회의에서의 자신의 역할이 없거나 모호할 때, 자신의 의견이 받아들여지지 않는다고 생각하거나 그리고 조직과 다른 구성원들에 대한 부정적인 생각을 가질 때 회의를 싫어한다. 따라서 회의에 참석하면서도 그 결과를 기대하지 않고 발생할 부정적인 분위기를 상상하면서 불평불만을 갖게 된다.

::좋은 회의 경험을 한 적이 없다

과거의 경험은 현재의 상황에 대한 개인의 판단에 영향을 미친다. 그 원인이 무엇이든 과거의 부정적인 회의 경험은 회의에 대한 부정적인 생각을 갖게 된다.

::회의 장소를 개인이 가진 조직과 상사에 대한 부정적인 말을 하는 기회라고 생각한다

즉 이러한 불만을 공개적으로 말하는 공간과 장소가 아니라는 것이다. 특히 새로 입사한 후배직원에게 또는 다른 동료들에게 개인적으로 이러한 말을 회의 시작 전이나 회의 중 그리고 회의를 마친 후에 이야기함으로써 그들에게도 부정적인 사고를 하도록 자극을 주어서는 안 된다. 결국은 그러한 조직에서 일하는 자신의 얼굴에 침을 뱉는 격이 된다.

::가끔 자신의 의견을 수용해 주지 않는 회의 분위기 때문에 이러한
  태도가 발생할 수도 있다

자신의 의견 또는 아이디어가 무시를 당했거나 채택되지
않은 경험은 결코 그 직원에게 유쾌한 경험이 아니다. 물론 그
이유는 다르겠지만 의견을 말하는 직원의 입장에서는 최선의
의견이다. 이러한 의견이 부정되거나 무시될 때 직원은 리더
에게 또는 다른 직원들에 대한 부정적인 생각을 갖게 된다.

::상사와의 관계가 원만하지 않다

이를 계기로 상사가 진행하는 회의에의 참석을 꺼리게 된다.
어떠한 이유든 이 원만하지 못한 관계를 빨리 해결하여야 한다.

● 부작용

- 직원들 사이에 갈등이 발생한다.
- 리더의 리더십에 상처를 받는다.
- 회의 참석을 피하려 한다.
- 중요한 회의를 진행할 수 없게 된다.
- 한두 사람의 불평이 전체 분위기에 부정적인 영향을 미
  친다.
- 다른 직원들에게 전염된다.

● 대 책

:: 리더는 누가 불평을 하는지를 파악해 개인적인 코칭 또는 피드백을 한다

리더는 직원들 중 회의에 대한 부정적인 시각을 가진 직원을 파악해 왜 그렇게 행동하는지, 어떤 회의 분위기나 진행방법을 원하는지 등에 대한 의견을 듣는 기회를 갖는 것이 좋다. 그리고 그에게 회의의 중요성을 강조해서 그 직원이 회의가 주는 기회를 놓치지 않도록 조언을 주는 것이 좋다. 이러한 피드백은 개인적으로 하도록 하라.

:: 불평하는 직원에게 회의 진행을 맡기거나 중요한 역할을 맡긴다

회의 진행에서 중요한 역할을 맡은 직원은 그 역할의 성공적인 수행을 위해 노력한다. 특히 회의에 대해 부정적인 시각을 가진 직원에게는 그 시각을 긍정적으로 바꿀 수 있는 좋은 기회가 된다. 서기 또는 전체 진행 조율, 주제 발표 등등의 역할이 있을 것이다.

:: 불평의 원인을 파악한다

리더는 직원들이 가진 회의에 대한 불평내용을 파악하려는 노력을 하여야 한다. 이를 위해 리더 자신이 직원의 입장이었을 때 회의를 바라보았던 시각을 생각해 보는 것도 좋은 방법이다. 개인적인 관계상의 불평인지, 조직에 대한 불평인지,

업무에 대한 불평인지를 파악하도록 하라. 그리고 필요한 조치를 재빨리 취하도록 하는 것이 좋다. 그리고 이러한 직원에 대한 피드백은 공개적인 질책보다는 불평을 가진 직원과의 개별적인 대화를 나누는 것이 현명한 방법이다.

:: 다른 직원들에게 영향이 미치지 않도록 한다

한 직원이 가진 회의에 대한 부정적인 시각이 다른 직원들에게 전염되지 않도록 해야 한다. 이것을 방치한다면 그 파급효과는 엄청나게 빠르게 확산된다. 빠른 시간 내 부정적인 시각을 가진 직원과의 개별적인 접촉을 통해 그 근본원인을 제거하도록 하라.

:: 다른 대안이 없을 때는 불평하는 직원을 회의에서 배제시킨다

이는 리더의 현명한 지혜가 요구되는 방법이다. 최악의 상황에만 실행을 고려하는 것이 좋다. 이 조치는 신중하게 결정하여야 한다. 이러한 결정의 결과는 그 직원에게뿐 아니라 다른 직원에게도 영향이 미치게 되기 때문이다. 만일 이 방법을 사용할 경우에는 그 직원에게 충분한 설명(회의 전이든 회의 후든 자신이 배제된 이유)을 하는 것이 좋다. 불평하는 직원의 업무와 관련된 회의라면 사전에 준비(브리핑, 자료 준비 등)를 시키는 것이 좋다. 회의 결과가 그 직원에게 미치는 긍정적인 요인을 인식시키는 것도 좋은 방법이다.

:: 직원에게 개인적인 피드백이나 코칭을 할 때는 그 직원의 행동이 회의 분위기와 성과에 미치는 영향만 이야기하라

개인적인 감정이나 인격모독 등의 부정적인 피드백은 자제해야 한다. 긍정적인 분위기 속에서 직원의 장점을 강조하면서 스스로의 경력 개발과 가치를 올리기 위해 무엇인가 다른 행동을 해야 할 필요성이 있다고 하면서 접근하라. 그리고 리더가 원하는 행동을 구체적으로 표현하라.

:: 코칭의 방법으로는

i. 직원의 행동을 사실 그대로 묘사한다. 개인적인 평가나 감정을 건드리지 않는다.

ii. 리더의 해석을 설명한다.

iii. 직원의 행동이 미친 영향 — 업무 수행상, 분위기 등 — 을 이야기한다.

iv. 왜 그러한 행동을 보이는지 묻는다.

v. 리더가 원하는 것을 명확하게 제안한다.

vi. 대안을 묻고 리더의 대안도 이야기하면서 조치를 합의한다.

vii. 사후관리 방법을 합의한다.

⑰ 대안이 없는 참석자

■ ■ ■

리더: 자! 오늘 회의 의제를 토의합시다. 조직의 분위기를 바꾸고 팀워크를 향상시키기 위한 좋은 생각들이 있으면 의견을 발표하기 바랍니다.

참석자 1: 부서원들 간 대화가 원활하게 이루어지지 않는 것이 문제입니다.

리더: 그것은 모두가 잘 알고 있는 것이죠. 그러면 어떻게 하면 부서원들 간 대화가 원활하게 이루어질 수 있겠습니까?

참석자 1: 글쎄요. 모두들 자기 일에만 중요성을 두고 다른 사람의 일의 중요성을 인정하지 않는 것 같습니다.

리더: 좀 더 구체적으로 설명해 주시겠어요?

참석자 1: 외부에서 전화가 와도 자기 책상의 전화가 아니면 받아 주질 않습니다. 따라서 중요한 고객의 전화를 받지 못하는 경우도 생깁니다.

리더: 좋습니다. 우리 모두가 다 잘 알고 있는 문제들을 이야기해 주었는데 그러면 그 문제들에 대한 OOO 씨가 생각하는 해결안은 어떤 것이 있습니까?

참석자 1: 글쎄요…….

리더: 의제와 관련된 다양한 의견을 말해 주어서 고맙습니다. 중요한 것은 문제만 말하지 말고 해결안에 대해서도 의견을 개진해 주면 좋겠는

데…….

참석자 1: !!!!!!!!!!!!!!!!!!!!

■ ■ ■

● **발생원인**

::참석자는 회의를 평소 자신이 가진 조직과 업무에 대한 불평, 불만
들을 토로하는 시간으로 생각한다

대안 없이 현재의 상황만 나열하거나 자신이 가진 불평(때로
는 이것이 문제일 경우도 있다)을 이야기한다. 그에 대한 구체적인 대
안이나 해결안은 준비하지 않은 채…….

::리더가 제의한 의제가 너무 광범위하다

리더가 회의 의제를 너무 광범위하게 제시하면 참가자들은
어떤 부분에 집중을 해야 할지를 몰라서 자신이 생각하는 현
상과 문제 또는 불평불만만 이야기한다. 의제가 애매하면 그
의제에 대해 나오는 의견들 또한 애매해진다.

::참석자가 제기하는 문제들을 사전에 리더가 정리하지 않았다

참석자들이 말하는 의견이 문제인지, 원인인지 또는 해결안
인지를 리더는 정리를 해 주어야 한다. 참석자들이 개진한 의
견과 아이디어가 때로는 리더가 회의를 진행하는 흐름을 앞서
거나 뒤처진 의견일 수 있다. 이럴 때 리더는 참석자들에게 현

재 회의의 진행단계가 어디인지, 어떤 의제를 다루고 있는지
를 명확히 해 줄 필요가 있다.

:: 참석자들이 문제의 원인만을 이야기할 때 리더가 적절하게 제지하
   지 못했다

문제에 대해서 이야기하는 것이 해결안에 대해 이야기하는 것
보다 쉽다. 해결안을 이야기하는 것은 그 안에 대한 책임이 따르
기 때문이다. 평소 회의에서 리더가 참석자들의 의견을 어떻게
받아들이고 처리를 하였는가에 따라 참석자들은 반응을 보인다.

:: 의견을 발표하는 사람을 비난한다

이래서는 다른 참석자들 또한 침묵 모드로 들어간다. 리더
가 원하는 의견이 아닐지라도 리더는 의견을 개진해 준 것에
감사를 표하고 인정해 주는 것이 중요하다. 참석자의 의견을
인정하는 것은 의견에 대한 감사와 의견 그 자체의 가치를 확인
해 주는 것이다. 직원의 의견과 아이디어(비록 황당할지라도)를 인
정해 준다면 다른 참석자들이 회의에 몰입할 것이다.

● 부작용

- 회의 장소가 문제만을 제기하는 곳으로 된다.
- 해결책이 없는 문제 제기는 불평으로 인식될 수 있다.
- 다른 직원들도 동조하는 위험이 발생한다.

- 부서에 문제가 많다는 것만 인식하게 된다.
- 회의 목적을 달성할 수 없거나 다른 곳으로 흐른다.
- 몇몇 참석자들만 이야기하게 된다.

● 대 책

:: 회의 규칙을 정한다

예를 들어 '하나의 현상이나 문제점을 이야기할 때는 반드시 그 해결안을 함께 이야기할 것' 등의 규칙을 정하는 것이 때로는 도움이 된다. 또는 하나의 문제를 해결하기 전에 다른 문제를 추가하지 않는다 등의 규칙을 회의 목적과 참석자들의 능력에 맞추어 정하도록 하라.

:: 참석자들의 의견에 대해 리더는 구체적인 답을 이끄는 커뮤니케이션기술을 활용한다

참석자들이 자신들의 생각이나 의견을 말할 때 리더는 그 의견을 주의 깊게 듣고 구체적이지 않은 문제를 이야기하면 좀 더 자세한 내용을 말하도록 유도해야 한다. 이를 위해서는 효과적인 질문을 통해 의견을 말한 참가자가 가지고 있는 대안이나 추가적인 좋은 아이디어를 개진하도록 한다. 참석자들이 처음에 의견을 말할 때는 리더와 다른 참가자들의 반응을 보기 위해서일 수도 있다. 어떠한 의견이라도 존중받는다는 분위기를 참석자들이 믿도록 하는 것이 중요하다.

:: 회의 목적을 강조한다

회의 의제의 중요성과 회의를 통해 도출할 결과물이 조직의 성과 향상과 분위기 쇄신 등에 기여하는 것을 강조하면서 모든 참석자들이 회의에 집중하도록 한다. 회의는 리더만이 책임지는 것이 아님을 참석자들에게 인식시키도록 하라.

:: 발표자의 의견을 무시하지 말고 일단 수용/인정을 한 뒤 회의에서 처리할 것인가 아니면 다음 회의에서 다룰 것인가를 결정한다

어떤 의견이든 인정하는 습관을 갖도록 하라. 리더가 회의 참석자들의 의견을 인정하는 융통성을 갖는다면 회의 참석자들은 엄청난 동기부여를 받게 되고 회의에 재미를 느끼며 그러면 자연스레 준비하는 데도 더 많은 에너지를 쏟을 것이다.

이를 위해 서기는 회의장에서 나오는 모든 의견이나 아이디어를 기록한다. 회의 중간중간에 리더는 이 메모 내용을 언급하면서 그 의견들을 어떻게 처리할 것인지 결정한다. 이때에도 메모된 의견과 아이디어에 대해서는 인정을 하되 부정적인 피드백은 삼간다.

:: 참석자의 다양한 아이디어를 내는 능력을 건설적인 방향으로 전환시킨다

회의에서 자신의 의견을 적극적으로 이야기하는 참석자는 조직과 업무에 관심이 있고 자신이 기여하고자 하는 의욕이

있음을 나타내는 것이다. 따라서 리더는 이러한 참석자들이 자신의 적극성과 의욕을 효과적으로 사용하고 조직의 성과와 개인의 발전에 활용하도록 동기부여를 해야 한다. 작은 소의제 또는 그 참석자가 말한 문제에 대한 회의 진행을 맡겨 본다. 참석자가 말한 문제에 대해 다음 회의에서 자세한 보고를 하도록 하는 등등의 책임 있는 일을 하도록 해서 의욕을 활용할 수 있는 기회를 주는 것이 좋을 것이다.

⑱ 다른 사람의 말을 경청하지 않는 참석자

■ ■ ■

리더: 자! 다음은 박진명 대리가 이번 프로젝트 실행 중 부딪힌 문제에 대한 해결안으로 어떤 아이디어가 있는지 의견을 말하지!

박진명 대리: 예! 저는 이번 프로젝트를 시작하면서 전반적인 업무의 진행계획에 차질이 있다고……

(이때 홍병호 대리는 박진명 대리의 이야기를 듣지 않고 옆 사람과 속삭인다.)

리더: 다들 박진명 대리의 의견에 귀를 기울입시다. 계속하세요.

박진명 대리: 예! 따라서 이번 프로젝트를 진행하면서 홍병호 대리에게 너무 과중한 업무가 부여된 것이 아닌가 생각합니다.

(이때까지도 홍병호 대리는 다른 행동을 한다.)

리더: 홍병호 대리! 자네의 업무가 너무 과중하지 않나?

홍병호 대리: (그제야 말을 멈추며) 무슨 말씀이신지요? 저는 아직 업무를 시작조차 하지 않았는데…… 누가 제 업무가 많다고 이야기를 했습니까?

리더와 다른 모든 참석자들: !!!!!!!!!!!!!!!

(황당해하면서 박진명 대리를 쳐다본다.)

■ ■ ■

● 발생원인

::참석자들이 회의 목적을 모른다

참석한 회의 목적을 모른다면 의제에 대한 흥미가 없음은 당연한 것이고 회의를 방해하는 행동을 하게 된다. 자신의 행동이 회의에 미칠 영향을 생각하지 않음으로써 다른 사람들의 회의 참여를 방해하거나 집중력을 떨어뜨린다.

::다른 참석자들의 의견에 가치를 두지 않는다

회의에 함께 참석한 다른 구성원들의 의견에 가치를 두지 않으며 집중해서 경청하지 않고 그 노력을 다른 곳에 쓴다. 옆 사람과 개인적인 이야기를 하거나, 발언하는 사람 또는 발언 내용에 대해 비판하는 말을 한다. 다른 참석자의 발언내용과는 다른 이야기를 함으로써 회의 분위기를 엉망으로 만든다.

::참석자가 회의에 집중하기보다는 사적인 이야기에 더 흥미를 갖고 있다

회의 장소를 개인의 사적인 대화를 나누는 시간과 공간으로 생각한다. 평소 개인적인 대화를 나누지 못한 동료와의 관계 구축을 회의 시간을 통해서 하려 한다. 이는 개인적인 성격(사교형 등)에서 비롯되기도 한다.

::리더의 적절한 개입이 부족하거나 없다

리더가 회의에 집중하지 않고 다른 행동을 하는 참석자들을 방관 또는 허용을 해 왔다면 참석자들의 바람직하지 않은 행동이 반복될 수 있다. 리더가 적극적으로 개입하지 않은 이유는 여러 가지가 있을 수 있다. 중요한 것은 이러한 방관 또는 허용이 회의에 부정적인 영향을 끼친다는 사실이다. 위의 사례에서도 리더의 개입이 좀 더 적극적(사담을 자제해 달라 등)이었다면 더 나은 결과를 가져왔을 것이다.

::의견 발표자에 대한 개인적인 감정이 나쁠 수 있다

의제와 관련을 해 발언을 하는 사람과의 개인적인 관계가 원만하지 않을 경우에도 발언에 집중하지 않을 수 있다. 조직은 다양한 사람들이 모여서 함께 일하는 공간이다. 따라서 사람들 간의 가치관·관점·경험·생각 등의 차이로 갈등이 발생할 우려가 있으며, 이러한 갈등이 회의 분위기에 부정적인 영향을 미치게 된다. 이것이 원인이라면 리더는 빨리 이 문제를 해결하는 데 노력을 집중하여야 할 것이다.

::커뮤니케이션의 기본 예의를 모른다

개인적인 사회생활의 관계든 조직에서의 인간관계든 무례한 커뮤니케이션은 상호간의 관계를 깨는 중요한 원인이 된다. 특히 상대방의 말을 경청하지 않고 무시하거나 선택적으로 듣거나 듣는 척만 하는 것은 그 사람의 인격과 존재가치를 인정하지 않는다는 것을 보여 주게 된다. 그러면 그 상대방도 그렇게 대할 것이다.

● 부작용

- 회의 분위기가 어수선해진다.
- 참석자 간 관계가 악화된다.
- 회의 시간이 많이 걸린다.
- 서로의 의견을 부정하거나 무시하는 분위기로 전환된다.
- 합의를 이끌어 내는 데 어려움이 생긴다.

● 대 책

::회의 규칙을 정한다

다양한 의견을 가진 사람들을 모아서 회의를 하고 토론을 하는 데는 서로가 지켜야 할 규칙이 필요하다. 여러 가지 중요한 규칙들이 있지만 그 중 다른 사람의 발언을 경청하는 규칙도 매우 중요한 것이다. 따라서 리더는 회의를 시작하면서 서로가 합의한 규칙을 만들어 회의 도중 그 규칙을 어기는 참석자에게 직접적인 피드백을 줄 수 있어야 한다.

:: 개인적인 피드백을 준다

습관적으로 다른 참가자의 발언을 경청하지 않고 사적인 대화를 하는 참석자에게는 리더의 개인적인 피드백이 필요하다. 회의 중이든 회의 전 또는 후에 개인적인 미팅을 통해 회의에서 사적인 대화를 하는 이유를 파악하고 그러한 행동이 회의 분위기와 성과 그리고 다른 참석자들에게 미치는 영향을 함께 이야기함으로써 나쁜 회의 태도를 바꾸도록 해야 한다. 이러한 개인적인 피드백을 할 때는 부정적인 단어나 그 사람의 부정적인 태도를 언급하여 감정에 상처를 주는 것보다는 긍정적인 면을 강조하면서 그 사람이 가진 태도가 자신의 긍정적인 장점에 미치는 부정적인 태도의 영향을 인식하도록 한다. 때로는 자신의 이러한 태도를 인식하지 못하는 경우도 있으므로 스스로 인식하는지 여부를 파악해 대안을 이야기하면서 스스로 그런 태도를 고치도록 하는 것이 좋다.

:: 경청의 중요성을 사전에 교육하거나 강조한다

경청은 개인 간이든 조직생활이든 사람들과 함께 일하고 좋은 인간관계를 구축하고 유지하는 데 가장 중요한 요소 중 하나이다. 자신의 의견을 경청하지 않는 사람에게는 누구나 부정적인 느낌과 반응을 보이게 된다. 반대로 자신과 다른 의견에 대해서도 경청을 하면 타인의 마음을 얻을 뿐 아니라 자신의 의견도 인정받을 수 있다는 것을 알도록 한다. 그리고 다른 사람들이 자신과 얼마나 다른 의견을 갖고 있는가를 알게 되면 그들을 이해시키거나 설득할 수 있는 발언을 준비할수 있는 장점도 있다. 따라서 리더는 기회가 있을 때마다 직원들에게 경청의 중요성과 방법에 대해 이야기하도록 해야 한다.

:: 상호 존중하는 마음을 갖도록 한다

조직은 서로의 장점을 잘 활용하여 개인적인 활동보다는 더 나은 성과를 올리기 위해 모인 인간조직이다. 따라서 상호간의 능력 차이와 역할을 인정하지 않는다면 그 조직은 훌륭한 성과를 올릴 수 없다. 때로는 다른 사람들이 가진 부족한 부분을 자신의 장점으로 보완해 주어야 하며, 자신의 단점으로 인해 발생할 부정적인 결과를 다른 사람들의 장점으로 긍정적인 결과로 만들어야 하는 것이 조직이다. 따라서 조직의 구성원은 서로를 존중하고 역할을 인정하며, 차이를 수용하고 능력을 신뢰하는 마음을 가지는 것이 중요하다. 리더는 이러한 것을 구성원들이 이해하고 조직생활에 적용하도록 끊임없는 피드백과 자극을 주어야 한다.

:: 직접적인 피드백을 준다

회의 중 지나치게 사적인 대화를 나누는 참석자에게 리더는 필요하다면 직접적인 피드백(이름을 부르거나, 잘못을 지적하는 등)을 준다. 그렇지 않으면 다른 참석자들에게까지 사적인 대화를 나누는 것이 전염될 우려가 있다. 그리고 리더는 회의를 자신이 주재(회의 성과에 책임을 지는)하고 있음을 인지하고 회의 성과를 위해 자신의 영향력을 강하게 보여 줄 필요도 있다. 이러한 피드백을 할 때도 지나친 부정적인 언어(비난하는)보다는 가능하면 긍정적인 단어(원하는 행동)를 사용하는 것이 좋다.

:: 의견이 있으면 공개적으로 말하라고 한다

개인적인 대화를 나누는 참석자를 리더는 호명하면서 좋은 의견이나 의문이 있으면 전체가 듣도록 이야기하라고 하면서 직접적인 개입을 한다. 이때 그 참석자가 좋은 아이디어를 갖고 있다면 자신의 의견을 말할 수 있는 기회를 갖게 되고 회의 성과에 긍정적인 영향을 줄 수도 있다. 또한 의견이 없다고 하면 의제와 회의 목적을 다시 한 번 강조하고, 회의 규칙을 상기시켜 준다.

:: 구성원 간의 갈등을 파악하고 해소한다

직원들 간의 개인적인 갈등은 평소에는 잘 나타나지 않는다. 서로의 업무에 집중하기 때문에 갈등으로 인한 지장을 크게 받지는 않는다. 하지만 그러한 갈등은 회의와 같은 공식적인 업무를 하는 때에 자연스럽게 나오기도 한다. 리더는 이러한 직원 간의 갈등을 잘 파악해서 평소에 해소시키려는 노력을 해야 하며, 회의에서는 그러한 갈등이 나오지 않도록 해야 한다. 그리고 개인 간에는 어떠한 이유로 갈등이 발생하더라도 그 갈등을 자신의 인간적인 매력(영향력 — 갈등을 해소하는 능력, 갈등이 있더라도 상대의 의견을 인정하는 태도 등)을 보여 줄 수 있는 기회로 생각하는 것이 좋다. 갈등은 어쩌면 다양한 사람들로 구성된 조직 내에서는 당연한 것일 수 있다. 모든 사람들이 같은 생각과 가치관 등을 갖고 있지는 않기 때문에……. 중요한 것은 그러한 갈등을 긍정적인 에너지로 전환시킬 수 있어야 한다는 것이다.

::이러한 태도가 습관화된 사람에게는 회의의 역할(서기, 브리핑 등)을 맡기거나 회의에서 배제시킨다

회의에 참석한 자신의 몰입과 바람직한 태도가 회의의 성공적인 진행을 위해 반드시 필요하다는 생각을 가질 때 참석자들은 회의에서 개인적인 행동을 하지 않게 된다. 따라서 회의에서 사적인 대화를 하는 것이 습관화된 직원에게는 회의 진행의 역할(발표, 보고, 서기, 준비 등)을 하도록 한다. 이러한 조치를 취했는데도 불구하고 그 사람의 태도가 바뀌지 않는다면 회의에서 배제하는 방법도 있는데 이는 가급적 사용하지 않는 것이 좋다. 배제시키는 방법보다는 최근에는 사내 인트라넷이 잘 발달되어 있으므로 이 시스템을 이용하여 회의를 진행하는 것도 하나의 방법이다.

⑲ 자기주장만 하는 참석자

■ ■ ■

이진대 과장: 이번에 이러한 문제가 발생한 것은 서로에 대한 배려와 관심이 없기 때문이라고 생각을 합니다.

리더: 의제와 어떤 관련이 있나요? ……이 과장.

이진대 과장: 예. 저는 이것이 가장 중요한 핵심이라고 생각합니다. 서로를 인정하지 않고 자신의 업무만 중요하게 생각하기 때문에 이번 문제가 발생했다고 생각을 합니다. 따라서…….

참석자 1: 이진대 과장의 말도 이해는 하지만 이번 문제의 원인은 거기에 있는 것이 아니라 업무 프로세스가 잘못되어서 발생한 것이라 생각을…….

이진대 과장: 그게 아니라 (하면서 참석자 1의 말을 가로막고) 다른 사람이 하는 업무의 내용에 관심이 없고, 따라서 지원과 도움도 주고받지 않으며 자신의 업무에만 관심을 갖는 것이 문제라고 생각합니다. 특히 업무 중 전화가 오면 자신의 전화가 아니면 받아 주는 사람이 없어 많은 문제가 야기되고 있습니다.

참석자들: !!!!!!

리더: 이진대 과장! 자기 이야기만 하지 말고 다른 사람의 의견에 대해

서도 고려합시다.

이진대 과장: 예! 그런데 이번의 문제는 서로가……

(하면서 이진대 과장은 계속 자신의 생각만 강조한다.)

● 발생원인

:: 자신이 가진 의견이 최선이라고 생각한다

자신의 생각이나 의견이 회의에서 채택되기를 바라며 또 다른 사람의 의견보다 중요하다고 생각한다. 따라서 자신의 발언을 리더를 포함하여 다른 참석자들이 적극적이며 긍정적으로 받아들이지 않는다고 판단하면 자기주장을 반복하면서 강조한다.

:: 다른 사람의 의견은 가치가 없다고 생각한다

다른 사람의 의견에 가치를 두지 않고 있기 때문에 그들의 의견을 들으려는 마음보다 자신의 주장만 밀어붙인다. 따라서 다른 참석자들이 자신의 의견을 수용할 때까지 반복에 반복을 한다.

:: 다른 사람의 의견을 경청하는 마음이 없거나 경청하는 방법을 모른다

회의에서 경청의 중요성을 모르거나 그 방법을 모른 채 회의에 참석하였다면 자신의 의견만이 중요하고 또 자신의 의

견을 어떠한 일이 있더라도 관철시키려는 마음을 갖는다. 자신이 다른 참석자들의 의견을 경청하지 않기 때문에 다른 사람들도 자신의 의견을 경청하지 않을 수 있다는 심리적인 현상을 모른다.

:: 자신의 의견을 다른 사람들이 이해하지 못한다고 생각한다

따라서 같은 의견을 반복하고, 다른 방법으로 표현하려고 한다. 이것은 자신의 의견을 다른 참석자들이 이해하지 못하는 것이 자신의 표현방법과 능력 문제가 아니고 그들의 이해력과 능력에 문제가 있다고 생각하기 때문이다.

:: 회의에서 자신의 역할과 존재감을 확인받고자 한다

회의에서 자신의 역할과 존재가치를 인정받고자 하는 욕구가 강할 때 자신의 주장이 강해지고 다른 참석자들의 의견을 무시하게 된다. 이 욕구는 누구나 갖고 있다. 회의 분위기가 서로를 인정하고 존중하는 것으로 만들어진다면 이러한 욕구에 의한 문제는 저절로 해결될 것이다. 때로는 평소의 업무를 하면서 개인적인 대화를 통해 해결할 수 있는 사안들을 회의에서 발언함으로써 자신이 업무에 얼마나 집중하는지를 보여주고 싶은 욕구 또는 자신이 이룬 성과에 대해 인정을 바라는 욕구에 의해 자기중심의 발표를 한다.

● 부작용

    - 회의 참석자들 간 갈등이 발생한다.
    - 회의가 정상궤도에서 이탈된다.
    - 리더의 역할이 약화된다.
    - 다른 참석자들의 사기를 저하시킨다.
    - 회의 시간이 길어진다.

● 대 책

::직접적인 피드백을 한다

  회의 참석자가 의제와는 다른 발언을 할 때 리더는 적절한 때에 직접적인 개입을 한다. 잘못된 행동을 지적하거나, 발언을 막고 의제를 강조한다. 또한 회의에서 달성해야 하는 회의 목적을 언급함으로써 의제와는 다른 의견들이 나오는 것을 막아야 한다.

::중요한 의견이라고 생각하면 리더는 좀 더 자세하게 물어본다

  참석자가 의제에서 벗어난 이야기를 할 때는 왜 그 의견이 중요한지, 회의 목적과는 어떤 관련성이 있는지를 질문한다. 이러한 질문을 통해 자신의 의견에 집착하는 참석자 스스로 자신의 의견이 가진 중요성과 관련성을 판단하도록 한다.

::발언시간과 순서 등 발언 규칙을 정한다

개인이 회의에서 발언할 시간을 정해서 그 시간을 지키도록 한다. 시간이 길어지면 적절한 신호를 보내서 빨리 정리하도록 한다. 그리고 의견을 말할 때는 한 번에 하나의 의견을 말하도록 하고 두 번째 의견이 나오면 리더는 개입해서 다른 사람의 의견을 먼저 듣고 다음에 두 번째 의견을 말하도록 한다. 그러나 다른 참석자들이 의견을 말하지 않을 경우에는 다시 의견을 말하도록 기회를 준다.

::의견 개진 방법을 바꾼다

자신의 의견만 주장하는 참석자는 어느 조직에나 존재한다. 문제는 이 참석자 때문에 다른 참석자들의 아이디어나 의견을 듣는 데 지장을 준다는 것이다. 이런 참석자의 방해를 제거하거나 약하게 하기 위해서는 의견 개진의 방법을 바꾼다. 정해진 시간 동안 메모지에 자신의 의견을 적어 모두 모은 다음 리더 또는 서기가 하나씩 메모지의 의견을 읽는 방법도 좋다. 또는 종이에 자신의 의견을 적고 옆 사람에게 전달을 해 그 종이에 적힌 아이디어에 추가로 자신들의 의견을 적도록 한 후 한 바퀴가 돌았으면 리더가 모아서 발표하는 방법 등 다양한 방법을 사용한다.

::회의 목적을 다시 강조한다

회의의 주제와 목적을 강조함으로써 회의 의제와는 상관없는 발언을 자제하도록 한다. 리더가 회의를 개회할 때 이 점을 명확하게 주지시킨다. 그리고 이 주제와 목적에서 벗어난 의견을 강조하는 참석자에게 회의 의제에 집중해서 좋은 의견을 말해 달라고 한다. 혹 리더가 생각하지 못한 중요한 의제가 나올 수 있으므로 회의장에 아이디어 함 또는 아이디어 게시판을 마련하여 주제와 벗어난 의견을 따로 모으는 방법도 있다. 이는 의견을 발표한 사람에게도 자신의 의견이 인정받았다는 느낌을 줌과 동시에 중요한 아이디어를 얻는 효과적인 방법이 된다.

::리더가 가치가 있다고 생각하면 의제로 다룰 것인지를 판단한다

리더는 자기주장을 강조하는 참석자의 의견이 중요하다고 판단되면 다른 참석자들의 동의를 구해 회의 의제에 올리는 것도 하나의 방법이다. 아니면 다음 회의에 의제로 올리겠다는 결정을 할 수도 있다.

::아이디어 함 또는 아이디어 수집 장소를 마련해 둔다

회의장 한곳에 다양한 의견들을 수집하는 함을 준비해 놓거나, 포스트잇에 자신의 의견을 정리해서 붙일 수 있는 장소를 정해 놓는다. 그리고 리더는 의제와는 다른 의견이 있는

사람은 그 의견을 메모해서 정해진 장소에 제출하도록 하고 회의 종료 시 그 의견들을 정리해서 발표한다. 이때 중요한 의견은 다음 회의 의제로 올린다. 이렇게 함으로써 모든 참석자들의 의견과 아이디어가 존중받는다는 믿음을 줄 수 있다.

:: 개인적인 논쟁/말싸움이 되지 않도록 한다

서로가 자신의 의견을 강하게 주장하다 보면 토론을 위한 회의가 논쟁 또는 말다툼으로 진행될 우려가 있다. 이때 리더는 적절한 수단을 동원해서 논쟁으로 진전되지 않도록 하는 것이 중요하다. 또 서로에게 민감한 사안에 대해서는 말보다는 글로 의견을 표현하거나, 발언 도중 다른 참가자의 감정을 건드리는 용어 또는 내용이 나오면 리더는 즉시 개입한다. 논쟁이 예상되는 중요하고 심각하면서 섬세한 주제를 다룰 경우 회의를 개최하면서 서로가 지킬 규칙 — 토론규칙, 부록에 정리되어 있음 — 을 정하는 것도 하나의 방법이 된다.

㉑ 의제와는 다른 이야기를 하는 참석자

리더: 오늘 회의의 의제인 고객 불만 처리에 대한 아이디어들을 제안하기 바랍니다.

참석자 1: 영업을 올바로 하면 고객들이 불만을 표시하지 않을 것입니다.

참석자 2: 영업을 할 때 새로운 고객을 발굴하고 만나는 것이 너무 힘듭니다. 그리고 금년의 목표 달성을 위해서 영업사원을 더 채용해야 합니다.

리더: 알고 있습니다. 오늘 회의 의제와는 다른 내용이군요. 그 문제는 다음에 이야기합시다.

참석자 2: 영업사원들에 대한 추가적인 교육이 필요합니다. 협상스킬과 또 프레젠테이션 교육도 필요하다고 생각합니다.

리더: 그것도 오늘의 의제와는 다른 내용이군요. 오늘의 의제는 고객들이 가진 불만을 어떻게 하면 최소로 줄이고 효과적으로 대응할 것인가입니다.

참석자 2: 예! 그래서 새로운 직원과 교육이 필요하다고 생각합니다.

리더와 다른 참가자들 : !!!!!!!!!!!!!!!!!!!

● 발생원인

:: 회의의 의제에 대해 잘 모르거나 효과적인 아이디어가 없다

회의 의제와 관련된 아이디어 또는 의견의 발언보다는 자신이 가지고 있던 평소 생각을 표현하는 것으로 회의 참석의 의의를 두려고 한다. 게다가 의제를 잘 모르고 참석하였거나, 의제에 대한 효과적인 아이디어가 없다. 더욱이 자신의 의견이 더 중요하다고 생각한다.

:: 자신을 과시하려는 경향이 있다

자신이 생각하는 의견을 회의 의제와는 상관없이 이야기함으로써 자신의 능력과 창의적인 생각을 과시하려는 경향이 있다. 또는 평소에는 업무를 처리하느라 대화를 많이 나눌 수 없기 때문에 회의가 개최되면 자신의 이러한 능력을 발휘할 수 있는 좋은 기회라 생각하고, 회의 목적과 의제보다는 자신의 생각이나 의견을 말하고 그 의견이 회의에서 채택되기를 바라고 있다.

:: 과거 경험에서 의제와는 다른 의견을 제시하여도 채택이 된 적이 있다

지금까지 진행된 회의에서 의제와는 다른 의견을 개진하였는데 리더가 그 의견을 회의 의제로 채택하여 회의가 진행된 경험이 있기 때문에 항상 자신의 의견이 의제와는 상관이 없더라도 채택될 것이라는 기대를 가지고 있다. 그래서 계속 자

신의 의견만 주장한다.

:: 리더의 리더십이 너무 약하다

이는 리더가 참석자들의 자유분방한 의견 개진을 지나치게 허용하거나 방관하는 경우이다. 물론 참석자들의 다양한 의견을 듣는 것도 중요하고 가치 있는 일이지만, 회의를 개최하는 목적을 달성하는 것이 더 중요하다. 이러한 행동의 지나친 허용 또는 방관은 회의 시간을 길게 만들 뿐 아니라, 회의 의제와는 다른 의제에 많은 시간을 빼앗기게 되고 처음 의제의 중요성을 떨어뜨릴 우려도 있다. 처음 의제보다 직원의 의견이 더 중요하다면 회의 준비 단계부터 실수가 발생하였다고 볼 수도 있다.

:: 부서 전체적인 시각보다는 자신의 시각에 머물러 있다

개인적인 문제를 해결하기 위해 모든 회의가 개최되는 것은 아니다. 회의에서의 자신의 의견 개진은 개인의 관심사 중 하나이지만, 회의 의제는 전체 부서의 업무와 부서원들과 관련이 있다. 부서 또는 조직 전체적인 시각보다는 개인의 시각으로 회의를 본다면 자신의 생각에만 몰입하고 발언하게 된다.

::가끔 이러한 참가자는 업무 성과가 좋을 수 있다

따라서 리더는 적절한 제지를 하지 못하고 또 그 참가자는 자신이 최고라는 생각으로 의제를 무시한 발언을 한다. 업무에서 뛰어난 성과를 올리는 참석자의 발언은 의외로 무게가 있다. 하지만 그 참석자의 의견과 회의 의제가 관련성이 없을 때 리더는 이를 방치해서는 안 된다. 리더의 리더십을 의심받을 수도 있고, 다른 참석자들과의 위화감을 조성할 수도 있다.

● 부작용

- 회의가 정상적으로 운영되지 않는다.
- 다른 참가자들의 집중력이 떨어진다.
- 리더의 리더십에 큰 도전이 된다.
- 이러한 참가자들의 의견을 모두 수용하다 보면 회의 시간이 길어진다.
- 다른 참가자들의 의견이 무시될 가능성이 있다.
- 의견은 많으나 바람직한 회의 결과를 얻을 수 없게 된다.

● 대 책

::리더는 회의의 규칙과 목적을 명확하게 이야기한다

사람들은 하나의 상황에 대해 자기 나름대로 해석을 하고 자기 나름대로의 해결에 대한 의견을 가진다. 그리고 회의에 참석한 참석자는 회의 의제보다는 자신의 의견을 더 중요하게 생각하고 인정받기를 바란다. 즉 리더가 생각하는 만큼 회의 의제에 중요성을 두지 않는다. 따라서 자신의 의견 또는 해결책을 강조한다. 이를 막기 위해 리더는 회의를 시작하면서 회의의 의제와 달성할 목적을 강조하고 규칙을 만들고 각자의 역할을 명확하게 하면서 회의가 궤도에서 벗어나지 않도록 해야 한다.

:: 의제와는 다른 이야기를 하는 참가자에게 직접적인 피드백을 준다

회의 중이더라도 의제와는 다른 자신의 의견을 발언함으로써 회의의 궤도가 의제에서 벗어나게 하는 참석자에게는 직접적인 피드백을 준다. 오늘 회의 의제 또는 목적을 아는지 질문하거나, 그 의견이 회의 목적과 어떤 관련성이 있는지를 질문함으로써 스스로 의제에서 벗어났음을 인식하도록 한다. 그리고 그 의견이 중요하다면 다음 회의의 의제로 올리겠다고 유연성을 보여 주면 된다.

:: 회의 후 그 참가자에게 그의 의견과 행동에 대한 개인적인 대화를 통해 적절한 피드백을 한다

회의를 마친 후 리더는 회의 성과를 피드백할 때 의제와는 관련성이 없는 자신의 의견을 항상 이야기하는 참석자와는 개별적인 미팅을 통해 그의 행동과 의견이 회의 진행과 성과

에 어떤 영향을 미쳤는지를 이야기한다. 그리고 그 사람이 회의에서 발언한 의견이 채택되지 않은 원인도 이야기를 한다. 이러한 피드백을 할 때는 항상 부정적인 단어 ― 상대방을 비난하는 ― 를 사용해서는 안 된다.

::의제와는 다른 의견을 무시하지 말고 다음 회의의 의제로 돌린다

의제를 벗어난 다른 의견이 나오면 대부분의 리더는 그 의견을 무시하거나 그 의견을 낸 참석자를 비난하는 실수를 저지른다. 리더가 참석자들의 의견을 무시하면 참석자들의 자유로운 의견 개진이 줄어든다. 따라서 리더는 주제에서 벗어난 참석자의 의견에 대해서 일단 수용하고(그 의견이 어떠한 의견이든 의견 자체로서 인정을 해 주고 의견 개진에 감사를 표하는) 그 의견을 다음 회의 의제로 삼거나 회의를 종료하면서 의견의 중요성을 판단해서 하나하나 피드백을 주어야 한다. 이러한 리더의 유연성은 회의 참석자들을 동기부여하는 좋은 기술이다.

::업무성과가 뛰어난 참석자가 항상 발언을 많이 하고 의제에서 벗어난 의견을 말할 때 리더는 적절한 개입을 하여야 한다

의제를 강조하거나, 회의 진행 전 개인적 대화를 통해 의제에 집중하고 회의 목적을 달성하는 데 그 참석자의 능력을 발휘해 달라는 부탁을 한다. 사전에 직원의 의견을 듣고 의제를 재조정하는 것도 리더가 발휘할 수 있는 유연성이다.

㉑ 발언이 장황한 참석자

■ ■ ■

참석자 1: 이번의 고객 불만 문제는 늘 우리 부서의 고질적인 문제로 대두되었던 것입니다. 고객들이 원하는 것을 제대로 파악해서 정확하고 효율적으로 대응을 해야 한다고 생각합니다. 그래서 첫 번째는……, 둘째는…… 셋째는…… 아울러 이 문제를 우리만의 문제로 보지 말고 다른 부서, 즉 생산부와는 ……한 부분과 협조를 해야 하고, 개발부와는 ……한 협조를 그리고 마케팅부와는 ……한 협조를……(혼자 거의 5분 이상을 이야기한다).

리더: 너무 장황하게 이야기를 하지 말고 하나씩 논리적으로 이야기하세요!

참석자 1: 예! 그러니까……(앞의 이야기를 다른 말로 반복하면서 또 5분 이상을 이야기한다).

리더와 다른 참가자들: !!!!!!!!!!!!!!!!!!!!!

■ ■ ■

● 발생원인

::자료 준비가 너무 많다

회의 참석을 준비하면서 좋은 참석자가 되기 위해 또는 회의 의제가 평소 자신이 생각한 문제이기 때문에 의제와 관련된 준비를 지나치게 많이 한 경우 자신이 준비한 내용을 먼저 모두 다 이야기하려 한다. 충분한 자료 준비는 긍정적인 영향을 주지만 발언이 너무 길어지게 되면 다른 참석자들에게도 리더에게도 지루한 느낌을 주게 되고 오히려 그 효과가 떨어진다.

::논리적인 의견 개진 능력이 부족하다

자신의 의견을 간단하면서도 논리적으로 발언하는 능력이 부족할 경우 발언이 길어지게 되고 심지어 같은 내용이 반복된다. 논리적이고 설득력 있는 의견 개진은 비즈니스 커뮤니케이션의 필수 능력이다.

::회의 시간을 자신의 지식을 자랑하는 기회로 생각한다

자신이 업무와 관련해 충분한 지식을 갖고 있다는 것을 자랑하고자 회의 시간을 이용하려 한다. 설령 자신의 의견이 의제와 관련성이 있더라도 지나친 장황설은 다른 참석자들의 동기를 떨어뜨리고, 집중과 참여도를 떨어뜨린다. 물론 너무 말이 없는 것도 문제이지만 그렇다고 너무 긴 발언도 결코 바람직하지 않다.

:: 다른 사람들의 의견에는 가치를 두지 않고 있거나 심지어 들을 이유
가 없다고 생각한다

다른 사람이 가진 의견이나 아이디어보다는 자신이 가진
의견 또는 아이디어에 더 많은 가치를 두고 있을 경우 다른
사람들의 발언기회를 빼앗거나, 경청할 이유가 없다고 판단해
자신의 의견만 이야기하려 한다.

:: 회의에서 자신이 발언을 시작하면 자신의 의견을 한꺼번에 모두 이
야기해야 한다는 생각을 갖고 있다

이는 시간이 부족해 자신의 발언기회가 없어지거나 다른
참석자들의 방해로 의견 개진을 하지 못하면 어쩌나 하는 불
안을 갖고 있기 때문이다.

● 부작용

- 다른 참가자들의 좋은 아이디어를 듣지 못한다.
- 다른 참가자들의 사기가 떨어진다.
- 한 사람의 의견 또는 주장에 의해 회의가 진행된다.
- 의제와는 다른 발언이 회의 의제로 채택될 수도 있다.
  이는 본래의 의제에 대한 의견을 준비하고 참석한 참석
  자들에게 실망감(리더에 대해, 회의 분위기에 대해, 회의의 가치에 대해)

을 안겨 준다.

- 회의를 옆길로 빠지도록 할 우려가 있다.

● 대 책

::발언시간을 정한다

　조직에서 진행하는 회의는 한 사람을 위한 독무대가 되어
서는 안 된다. 업무와 관련된 참석자들의 다양한 의견을 듣기
위한 것이 회의이다. 따라서 리더는 회의를 시작하면서 개인
의 발언시간을 정해서 그 시간을 준수하도록 하여야 한다. 그
리고 시간을 초과할 때는 리더가 개입할 수 있음을 알리고, 때
로는 참석자 중 한 명에게 시간을 확인하는 역할(Time Keeper)
을 맡기는 것도 좋다.

::한 번에 한 가지씩 이야기하도록 한다

　아무리 좋은 의견이라도 한꺼번에 여러 가지 의견을 개진
하면 듣는 사람들의 집중력과 기억에 지장을 초래한다. 따라
서 리더든 참석자이든 자신의 의견을 이야기할 때는 한 번에
하나의 아이디어만 이야기하는 것이 좋다. 그 후 다른 참석자
들의 의견을 들으면서 자신의 또 다른 아이디어를 정리해서
발언하도록 해야 한다. 리더 또한 이러한 규칙을 회의 전에
충분히 알리고 그 규칙대로 진행하는 것이 좋다.

::리더는 발언을 장황하게 하는 사람에게 사전에 피드백을 주거나 다른 사람들의 의견도 중요하다는 것을 주지시킨다

따라서 이러한 참석자는 다른 사람의 의견을 먼저 듣고 난 다음 자신의 의견을 이야기하도록 함으로써 다른 참석자들의 의견과 참석자들을 존중하는 태도를 갖도록 한다. 그리고 다른 참석자들의 의견을 기록하는 서기 역할을 맡기거나, 다른 참석자들이 의견을 말하지 않을 경우 그들을 동기부여하기 위해 의견을 개진하는 역할을 맡김으로써 자신의 발언과 역할이 회의에 중요하다는 것을 인식시키도록 한다.

::논리적인 발언요령에 대한 훈련 기회를 준다

자신의 생각을 논리적이고 설득력 있게 표현한다는 것은 중요한 커뮤니케이션 능력이다. 따라서 리더는 직원들에게 이러한 기술을 습득할 수 있는 기회를 주거나, 직원들 스스로 개발하는 데 노력하도록 동기부여해야 한다. 직원의 발언이 길어지게 될 경우 리더는 직권으로 개입해 회의 의제와 관련된 발언만 정리하고 나머지는 관련의제 때 듣기로 교통정리를 해 준다. 그리고 장황한 발언은 원론적일 가능성이 크기 때문에 의견의 타당한 근거나 사례, 증거를 제시하도록 요구하는 것도 좋은 방법이다.

::발언이 긴 사람에게는 서류로 보고 또는 아이디어를 발표하도록 한다.

평소 회의 시간에 발언을 길게 하는 참석자에게는 회의 의제와 관련된 자신의 의견을 서류로 작성해 보고하거나 배부하도록 하는 것도 하나의 방법이다. 회의 의제와 관련된 주제 발표 또는 상황보고를 정해진 시간에 하도록 하는 것도 좋은 방법이다.

::리더는 참석자들에게 의견 개진의 프로세스를 따르도록 한다

리더는 회의를 오프닝한 후 본론으로 들어가기 전 참석자들에게 의견 개진의 논리적인 흐름을 이야기하고 그 흐름에 따르도록 한다. 그 흐름을 어기는 참석자는 리더가 개입을 해, 질문(5W1H)을 함으로써 그 흐름에 맞춰 의견을 개진하도록 한다.

● **의견 발표구조 1**

① 결론(의견/아이디어) :

② 결론의 이유 :

③ 근거 :

④ 기대되는 이익 :

⑤ 요구되는 행동 :

● 의견 발표구조 2

① 주장 :

② 이유 :

③ 근거, 사례, 증거 :

④ 행동 요구 :

⑤ 반대 시 옵션(대안) 제안 :

⑥ 대안의 이유와 근거 :

⑦ 선택요구 :

찬성을 하지만 주관이 없는 참석자

리더: 자! 다음으로 영업목표를 달성하기 위한 방법을 찾도록 합시다. 각자와 부서의 목표를 달성할 수 있는 좋은 아이디어들을 제안하기 바랍니다.

참석자 1: 예! 각자가 관리하는 고객들을 공유해서 전체가 알면 상호 지원이 가능할 것 같습니다.

참석자 2: 좋은 생각이라 생각합니다.

참석자 3: 각자 자신들의 고객에 대한 정보와 니즈를 제대로 파악한 후 올바른 제안서를 만들어 제안하는 것이 필요하다고 생각합니다.

참석자 2: 맞습니다. 제안서는 중요한 것이죠!!

참석자 4: 기존 거래고객 중 우리 상품의 일부만을 사용하는 고객에게 다른 상품의 가치를 알리는 것은 어떻겠습니까? 지금 우리와 거래를 하고 있기 때문에 보다 쉽게 접근하고 계약도 가능하다고 생각하는데…….

참석자 2: 맞습니다. 지난번에 A 고객으로부터 그러한 제안을 요청받은 경험이 있었습니다.

리더: (참석자 2에게) 다른 사람들의 의견에 동조만 하지 말고 자신이 생각하는 좋은 아이디어를 내세요!

참석자 2: 예! 그런데 이들의 아이디어가 모두 제가 생각하고 있는 것과 차이가 없어서 동의를 한 것인데요…… 제가 생각해도 모두 좋은 아이디어라 생각합니다.

리더: !!!!!!!!!!!!

● **발생원인**

:: **자신의 의견이 없다**

회의 의제에 대해 자신의 생각이나 아이디어가 없는 것은 아마도 사실이 아닐 것이다. 중요한 것은 자신의 의견에 확신을 갖지 못하기 때문에 먼저 의견을 꺼내지 않는 것이다. 그리고 다른 사람이 자신의 의견과 같은 의견을 말하면 재빨리 동의해 마치 자신도 같은 의견을 주장하는 것처럼 함으로써 확실한 의견을 표명하는 것으로 대치한다. 그리고 이를 통해 회의에서 아이디어와 의견을 개진해야 한다는 부담을 덜어버리려 한다.

:: **다른 사람들의 반대가 두려워 의견을 내지 않는다**

다른 참가자들이 자신의 의견을 인정하지 않거나 동의하지 않으면 어쩌나 하는 두려움이 의견 개진을 막는다. 또는 다른 참석자들이 자신의 의견에 대해 반박할 때 마땅한 대응방법이 없기 때문이 자신의 의견을 말하는 대신에 다른 참석자의 의견에 대한 다른 참석자들의 반응을 보고 재빨리 동조한다. 그리고 자신의 의견에 대한 확고한 근거자료나 사례 등이 부족하기 때문에 자신의 의견과 동일한 다른 참석자의 의견에 동조한다.

:: 회의에 준비 없이 참석했다

여러 가지 상황으로 회의에 준비 없이 참석했는데, 자신의 참석가치를 확인하기 위해서라도 자신이 가진 평소 생각과 같은 다른 사람의 의견에 동조한다. 특히 그 의견이 자신이 생각하지 못한 창의적인 의견이라면 자연스레 편승효과를 노리고 동의한다.

:: 좋은 의견에 편승함으로써 자신의 가치를 높일 수 있다고 생각한다

자신과 리더 그리고 다른 참가자들이 인정하는 의견에 자신도 동의함을 보여 줌으로써 자신도 회의 의제에 대한 준비를 하였음을 보여 주고자 한다. 또 평소 업무를 하면서 업무에 대해 많은 아이디어를 갖고 있음을 나타내고자 일단 다른 사람의 의견에 동의한다. 물론 좋은 의견에 대해서 동의하는 것은 당연하다. 하지만 동의하면서도 자신의 생각과 기준이 있느냐 없느냐가 중요하다.

:: 평소 문제의식이 약하다

일상업무를 하면서 개선에 대한 아이디어 또는 보다 나은 성과를 올리기 위한 아이디어를 생각하지 않고 주어진 일만 수행한다. 이는 개인의 능력 때문일 수도 있고, 부서의 리더십 또는 분위기 때문일 수도 있다. 문제의식이 부족하고 창의적인 생각과 업무추진을 허용하지 않는 조직에서 어떻게 좋은 의견이나 아이디어가 나올 수 있겠는가?

● 부작용

- 창의적인 아이디어 창출이 제약받는다.
- 자신의 의견을 소신 있게 발표하지 못함으로써 항상 비주도적이 된다.
- 예스맨적인 분위기가 된다. 몇몇이 회의 의견을 주도한다.
- 중요한 검토사항 또는 정보를 놓칠 우려가 있다.
- 나중에 자신의 중요한 의견을 설득력 있게 개진하지 못한다.
- 개인적인 영향력이 줄어든다.
- 집단 사고의 부작용에 빠질 우려가 있다.

● 대 책

:: 리더는 이러한 참가자들을 사전에 만나서 준비와 의견 개진을 요청
  한다

　항상 회의에 참석해 자신의 의견은 개진하지 않고 다른 사
람의 의견에 동조하는 참석자에게는 리더가 개인적인 접촉을
통해 원인을 파악할 필요가 있다. 따라서 그 사람의 개인적인
성격(말을 하지 않음, 논리적인 의견 개진의 어려움 등) 때문인지, 아니면 조
직적인 이유 때문인지를 파악한다. 그리고 그 원인이 무엇이
든 회의에서 자신의 의견을 개진하는 것이 얼마나 중요하고
가치 있는 일인가를 인식시킨다. 필요하다면 회의 시작의 기
조 발표 또는 브리핑을 요청하면서 의견과 아이디어를 개진
하도록 유도한다.

:: 이들이 독자적인 아이디어를 개진하면 인정해 주고 회의에서 역할
  을 부여한다

　평소 자신의 의견을 잘 개진하지 않고 다른 사람의 의견에
무임승차만 하던 참석자가 회의에서 자신의 의견을 먼저 발
언하면 이를 재빨리 인정해 준다. 이러한 인정이 동기부여를
해서 그 사람의 회의에 대한 생각을 바꿀 수 있다. 때로는 이
러한 사람에게 회의 진행의 일부 역할(서기, 기조 발언 등)을 하도
록 하여 회의에 자연스레 몰입하도록 하는 것도 좋은 방법이다.

::직원들이 자신의 생각을 표현하는 데 어려움이 있다면 다른 방법으로 아이디어를 끌어낸다

브레인라이팅(Brain writing) 기법을 활용해서 자신의 생각을 기록, 표현하도록 한다. 또는 회의 전 리더가 개인적으로 만나 회의에 대한 의견을 듣거나, 의제와 관련된 아이디어를 서류로 작성해 보고하도록 하거나, 회의 참석자가 리더에게 회의 전 그 서류를 제출하라고 말한다. 이때 리더는 회의를 진행하면서 그 사람이 보고한 내용을 발표하도록 하고 의견 발표에 대해 감사를 표현하거나 추가적인 설명을 요청함으로써 자연스레 발언하도록 연습시키는 것도 좋은 방법이다.

::가능하면 자신의 생각을 표현하는 방법을 배울 수 있는 훈련기회를 제공한다

리더는 직원들의 능력을 개발하는 데 지속적인 기회를 제공하고 투자를 해야 한다. 직원들의 비즈니스 커뮤니케이션에 대해서는 많은 투자를 하여야 한다. 특히 당신이 영업 관리자라면 고객을 만나 영업상담을 하거나, 고객의 불평을 해결하는 상담을 하거나, 협상을 하는 직원이 커뮤니케이션 능력이 떨어진다면 그 결과를 상상하기 싫을 것이다. 이러한 기회에 직원의 잠재된 능력이 발휘될 수 있도록 평소 직원들을 개발해 놓아야 한다.

∷다른 사람들의 의견에 동조하는 것을 다르게 표현하도록 해서 그 아이디어를 보강하는 내용으로 이야기하도록 한다

참석자들은 자신이 의견을 표현하기 전 다른 사람의 의견이 자신의 의견과 동일하다고 생각하더라도 기계적으로 동의하지 말고, 그 의견을 인정해 주면서 자신의 의견을 다르게 표현할 수 있도록 커뮤니케이션 연습을 한다. 회의를 이끄는 리더는 그 사람의 의견을 보완하는 내용을 질문하면서 자신의 의견을 개진하도록 이끌어 주는 것이 좋다.

23 상사의 눈치만 살피는 참석자

리더: 자! 그러면 다음 주제인 부서활성화에 대한 건을 토의합시다. 원인부터 생각해 보도록 하지요.

참석자 1: (혼잣말로) 부서활성화가 안 되는 것은 부서장님의 독단 때문인데……, 이야기하면 화를 내실 텐데……. (하면서 침묵)

참석자 2: 모두가 서로의 역할을 인정하지 않기 때문이라고 생각합니다만……. (부서장의 일방통행적인 업무 처리에 대한 완곡한 표현이다)

참석자 1: (속으로) 부장님 없이 토론하면 좋은 아이디어들이 많이 나올 텐데……. 다른 사람의 일에 너무 무관심하거나 때로는 필요한 지원을 해 주지 않는 것이 문제라고 생각합니다.(이것도 리더십에 대한 완곡한 표현이다)

참석자 3: (속으로) 나 혼자서 부서의 문제를 다 밝히면 부장님께서 좋아하지 않으시겠지…… 다른 사람들이 이야기하지 않는데 나 혼자 잘난 척하는 것도…… 그리고 부장님도 그러한 이야기를 듣고자 회의를 하는 것은 아닐 거야…….

모두 자신의 업무를 더 열심히 해야 한다고 생각합니다.

별다른 아이디어 없이 늘 이런 식의 회의가 진행되고, 열심히 하자는 원론적인 결론으로 회의를 마친다.

■ ■ ■

● 발생원인

::리더가 참석자들의 의견에 대해 민감한 반응을 보여 왔다

이는 리더가 직원들의 의견과 아이디어를 있는 그대로 인정하지 못하고 자신의 입장을 중심으로 평가하고 해석한다는 것이다. 회의 의제와 목적은 리더의 마음에 부담을 주는 경향이 있다. 이유는 회의를 개최하는 원인이 직원들의 실수이든, 리더의 실수이든……. 결국 부서의 책임은 리더에게 있기 때문에 리더는 그 책임감에 의해 심적인 부담을 갖고 있고 이러한 부담이 직원들의 발언에 민감한 반응을 나타내게 된다.

::참석자들의 의견에 대해 리더가 감정적인 이해를 하였고 반응을 보였다

리더는 직원들이 회의에 참석해 의견을 개진할 때 그 발언내용과 그 직원의 인격을 구분하여야 한다. 리더가 직원들의 발언을 감정적으로 받아들이거나 해석하면 그 직원의 능력과 인격보다는 발언내용으로 그 직원을 평가 또는 판단하게 된다. 이러한 리더십을 경험한 직원들은 회의에서 발언하는 데 신중하게 되고 이것이 결국은 리더의 눈치를 보는 분위기를 만들고 회의에서 침묵 또는 리더의 마음에만 드는 의견을 말하게 된다.

:: 평소의 리더십스타일에 직원들이 만족하고 있지 않다

구성원이 많든 적든 조직의 분위기와 팀워크는 리더의 영향력이 절대적이다. 리더는 자신이 이끄는 조직이 탁월한 성과를 올리기를 바란다. 이 성과를 좌우하는 것이 리더의 영향력인 리더십이다. 왜냐하면 그 성과는 리더 혼자의 힘과 능력으로 달성되는 것이 아니기 때문이다. 직원들의 적극적 참여가 핵심이다. 특히 직원들의 참여와 몰입의 수준을 파악하고 행동으로 끌어내는 리더십을 뒤돌아볼 수 있는 공식적인 업무형태가 회의이다. 회의를 진행하는 리더가 어떤 유형의 리더십을 보여 주는가가 회의 분위기를 좌우한다. 즉 평소 업무를 진행하면서 리더와의 관계가 부드럽지 못하거나, 신뢰 부족 또는 갈등이 존재하게 되면 그 영향은 회의 때에도 미친다.

:: 평소 커뮤니케이션이 원활하지 않다

앞에서도 강조하였듯이 회의는 공식적인 커뮤니케이션이 이루어지는 조직의 기능이고 업무 영역이다. 이러한 회의에서 원활한 커뮤니케이션 — 자유로는 의견 개진, 인정, 아이디어 개발, 효과적인 토론 등 — 은 효율적인 회의를 위한 필수요건이다. 평소 업무를 하면서 공식적이든 비공식적이든 발생하는 커뮤니케이션의 스타일 또는 유형이 회의에서도 나오게 된다. 특히 일상업무를 하면서 리더와 직원들 간의 커뮤니케이션이 원활하지 않으면 그 이유가 무엇이든 직원들은 회의

에서 자신의 의견을 자유롭게 말하지 못한다.

:: 참석자들이 리더에게 잘 보이려고 하는 마음이 지배적이다

따라서 리더의 감정에 상처를 주거나 기분을 상하게 하는 발언을 자제하거나 참는다. 리더의 직원에 대한 평가가 공정하게 이루어지지 않을 때 이러한 성향이 더 많이 나온다.

● 부작용

- 원활한 커뮤니케이션이 이루어지지 않는다.
- 회의가 겉돈다.
- 참석자들의 다양하고 가치 있는 아이디어가 나오지 않는다.
- 소모적인 회의가 된다.
- 참석자들의 완곡한 표현이 오히려 리더의 오해를 불러일으킨다.

● 대 책

:: 리더는 자신의 리더십스타일을 혁신한다

직원들이 회의에 참석해 자신의 의견을 개진하지 않는 것보다 더 부정적인 영향을 미치는 것은 리더의 눈치를 보면서 리더의 마음에 드는 의견만 이야기하는 것이다. 따라서 리더는 회의를 주관한 후 직원들의 의견을 잘 분석하여 그들이 자신

을 의식하는 발언을 하거나 자신이 듣기 좋아하는 의견만 개진하는 것은 아닌지 스스로 피드백하는 시간을 갖는다. 결과로 직원들이 자유로운 의견 개진을 어려워하거나 자신을 지나치게 의식하는 발언을 한다고 판단되면 자신의 회의 진행 스타일이나 평소 자신의 리더십에 변화를 시도하는 것이 좋다. 즉 자신의 자기주장이 너무 강하거나, 자신의 의견과 다른 의견에 대한 수용력이 떨어지거나, 자신의 마음에 들지 않는 의견에 대해 감정적인 반응을 보이지 않는지 등등에 대해 스스로 점검해 볼 필요가 있다. 리더의 변화는 기대 이상의 효과가 있다. 직원들이 처음에는 적응하느라 당황하겠지만 이는 시간이 해결한다. 리더는 바람직한 방향이라고 결정한 자신의 리더십 혁신을 직원들이 받아들이고 적응할 때까지 지속적으로 유지하는 것이 중요하다.

:: 리더가 모든 회의를 진행하지 않고 의제에 따라 다른 사람이 진행을 하도록 위임을 한다

이는 리더가 회의 의제에 따라서 자신이 직접 회의를 진행하지 않고 다른 직원에게 회의 진행을 맡기는 것도 직원들의 다양한 의견을 들을 수 있는 좋은 방법이다. 회의장에서 리더의 존재 자체가 직원들에게 부담을 줄 수도 있기 때문이다. 또한 직원들이 조직과 상사의 눈치를 보는 일 없이 자유롭게 자신들의 의견을 말하도록 하는 기회가 되기도 한다. 그 후 리더

는 회의의 토의내용을 자세히 보고받도록 한다. 이렇게 회의 진행을 맡길 때는 그 직원에게 회의의 기대성과만 이야기하도록 한다. 어떻게 회의를 진행하고, 어떤 의견을 받아들여서는 안 된다 등등 자신의 생각을 미리 말함으로써 회의 진행에 부담을 주거나 지침을 못 박아서는 안 된다. 그리고 회의를 리더가 진행하더라도, 리더 자신에게 민감한 의제를 다루어야 할 때 또는 직원들의 자유로운 아이디어를 끌어낼 필요가 있을 때는 자리를 비우고 다른 참석자에게 그 회의를 진행하도록 하는 것이 좋다.

:: 리더는 참석자들의 완곡한 표현을 구체적인 질문을 통해 명확하게 표현하도록 한다

자신의 의견을 완곡하게 표현한다는 것은 자신의 의견에 확신이 없어서라기보다는 뭔가 다른 의미를 전하고자 하는데, 그것을 직접적으로 표현하였을 때의 상대방의 반응에 신경이 쓰일 때 사용한다. 특히 직원들은 자신의 완곡한 표현을 리더가 잘 이해할 것이라는 지나친 기대를 하면서 에둘러 표현한다. (자신보다 업무경험과 조직경험이 많으므로) 따라서 리더는 회의 참석자들이 완곡한 표현을 언제, 어떻게 사용하는지를 파악해 그러한 표현이 나올 때마다 하나씩 구체적인 표현 또는 의미를 설명해 달라고 요구한다. 때로는 회의 후 자신의 의견을 항상 완곡하게 이야기하는 직원과 개별적인 대화를 통해 진심을

파악하도록 한다.

::참석자들의 아이디어를 이끌어 내는 데 다양한 방법(브레인스토밍,
브레인라이팅 등)을 활용한다
　　회의 참석자들이 자신의 의견을 표현할 수 있게 다양한 방법
으로 그들의 커뮤니케이션 욕구(특히 자신의 의견과 아이디어를 적극적으로
발표하는, 자신의 능력을 발휘하고자 하는 욕구)를 채워주는 것이다. 또한 이
러한 기법의 활용은 회의 참석자들의 흥미를 자극하고 집중력
을 끌어올려 더 적극적으로 회의에 참여하도록 동기부여를 한다.

■ ■ ▮

리더: 왜들 회의 시간이 다 됐는데도 참석을 하지 않는 것이야! 예전 같
으면 불호령이 떨어졌을 텐데…… 미리미리 와서 준비도 하고 해야지!
내가 직원일 때는 회의 시작 10분 전에는 반드시 모두가 참석하고 리
더의 참석을 기다렸는데…….

리더: 예전에는 리더의 말이 곧 해결책이고 결정이었는데 지금은 리더가
결정을 내리려 하면 꼭 반대를 하거나 다른 의견으로 결정을 바꾸려는
직원들이 있어서…… 요즘 직원들은 너무 말이 많고 이기적이야! 우리
때는 상상도 못 할 일이었지…….

리더: 예전엔 회의가 언제 끝날지는 리더가 결정했는데…… 지금은 조
금만 늦게 끝내면 직원들이 불평을 해서……. 다른 일 핑계로 빠져나
가려고만 하고…….

리더: 과거에는 회의장에서 리더의 권위가 살았는데…… 때로는 회의를
통해서 리더의 힘도 보여 주고, 직원들에게 질책도 하고, 잘못된 부분
의 지적도 하고, 업무보고도 받고…… 회의가 리더의 중요한 업무였는
데…… 점점 회의에서 리더의 권위가 줄어드는 것 같아…….

참석자: 예전에는 상사가 책임을 지고 주도적으로 결정을 하여 편했는
데…… 이제는 자꾸 의견을 내라고만 하고…… 의견을 내면 그것을

우리 책임으로 돌리고…… 그냥 자신이 책임을 지고 결정하면 우리는 그대로 따라가면 되는데…….

● **발생원인**

::리더는 과거 자신의 상사가 진행한 회의 스타일을 자신도 모르게 익히고 있다

　과거 자신이 직원으로 회의에 참석하였을 때 리더가 보여준 회의 진행 스타일과 그때의 분위기를 그대로 따라 하려는 경향(때로는 자신도 모르게 그 방법이 습관화가 되어 버림)을 갖고 있다. 그리고 리더는 회의를 자신의 힘과 권위를 보여 주는 기회라고 생각한다. 즉 과거 참석자들이 리더에게 보여 주었던 명령과 지시에 따랐던 것을 현재 자신의 직원들도 보여 주기를 바란다.

::현재의 회의 진행방식과 과거의 방식을 비교해서 과거로 회귀하려 한다

　이는 과거에 가졌던 리더의 권위를 동경 ─ 의사 결정권의 발휘 등 ─ 하고 있기 때문이다. 리더는 자신이 직원이었을 때와 지금의 직원들 사이에 차이가 없을 것이라 생각한다. 이러한 생각이 리더의 착각 ─ 자신의 권위를 확인하려는 ─ 을 유도한다. 또 자신이 좋아했던 리더십스타일을 따라 하게 되고 그것을 현재의 직원들이 잘 수용하지 않으면 직원들에게

문제가 있다고 생각한다.

::참석자들은 과거 리더가 모든 책임을 지고 결정을 내리던 것을 자신
  이 책임을 져야 한다는 오해로 불안을 느끼거나 부담을 느낀다.
  과거의 리더는 자신이 회의를 이끌면서 주도적으로 결정하
고 중요한 업무는 리더가 진행하였으나, 새로운 리더는 직원
들에게 아이디어와 의견을 묻고 또 그 의견과 아이디어와 관
련된 업무를 의견을 개진한 직원에게 대부분 위임한다. 따라
서 직원들이 회의에서 의견을 더 많이 개진해야 하고 자신이
더 적극적으로 참여해야 한다는 데 부담을 느낀다.

::새로운 회의 스타일에 익숙하지 않아서…….
  한 사람의 리더와 오래 일을 하든, 새로운 리더와 일을 하
게 되든 리더는 끊임없이 자신의 스타일을 개발하고 새로운
접근법으로 조직을 이끌어 가야 한다. 하지만 직원들은 이러
한 리더의 변화에 적응하지 못하거나 어려워한다. 자신이 모
든 것을 알아서 처리하던 리더가 어느 날 업무를 위임하고
회의를 합리적으로 진행하면 처음에 직원들은 당황하게 된다.

● 부작용

- 과거에 대한 동경은 현재를 부정하거나 현재에 대한 불평으로 받아들여져 마치 현재가 잘못된 것이라는 생각을 하게 한다.
- 변화된 새로운 스타일(직원들의 가치관, 리더십, 커뮤니케이션 등)의 효과를 보는 데 시간이 걸리는 이유로 포기할 우려가 있다.
- 현재의 장점과 기회를 바라보지 못한다.
- 리더의 영향력 발휘에 한계가 발생한다.
- 참석자들이 책임을 지기 싫어해 회의의 결정이 늦거나 책임자가 없어 회의 결과의 실행에 어려움이 발생한다.

● 대 책

∷새로운 스타일을 익혀라

당신이 리더든, 직원이든 새로운 리더십스타일을 익혀야 하고 적응해야 한다. 과거의 습관과 스타일만 고집해서는 변화된 환경과 조직에 적응하기가 어려울 수 있다. 그리고 당신이 리더로서 새로운 스타일의 업무 처리를 하고자 한다면 직원들에게 그 취지를 명확하게 알려 주는 것이 좋다.

:: 과거에 집착하기보다는 과거의 장점을 잘 파악해 활용하고 오늘날
   의 장점을 극대화하려는 노력을 하라

현재 업무에서의 성과 향상 그리고 미래의 가치 강화를 위해 과거 경험을 활용하면서도 변화된 리더십을 실천하고 적응하여야 한다. 리더 또한 과거와는 다른 조직구성원 ― 지식, 능력, 개성 다양화 등 ― 들을 잘 관리하고 동기부여해 조직이 기대하는 성과를 올려야 한다. 이 성과를 리더 혼자 달성하기는 불가능하다. 따라서 리더는 이러한 구성원의 변화를 인정하고 그들의 장점을 활용할 수 있어야 한다.

:: 직원들은 과거와는 달리 위임이 되는 사항을 기꺼이 받아들여야 한다

조직의 업무가 다양해지고 직원들의 능력이 과거와는 다르게 높으며 치열한 경쟁을 극복하여야 하기 때문에 직원들에게는 과거와는 달리 많은 업무가 위임된다. 이러한 위임되는 업무를 효과적으로 처리하는 직원을 바라는 것이 리더이고 조직이다. 그리고 그러한 직원에게 더 많은 기회를 제공할 것이다. 따라서 직원은 업무가 위임된다고 부담을 갖기보다는 자신의 능력을 더 많이 다양하게 발휘할 수 있는 기회로 받아들여야 한다.

::회의를 성공적으로 진행하기 위해 리더는

- 응원단장으로서의 역할: 이는 회의 분위기를 우호적으로 만들고, 소극적인 참여자를 동기부여하고 격려해 적극적인 참여를 하도록 하며, 상호 의견에 대한 경청을 하도록 유도한다.

- 경찰관으로서의 역할: 리더는 회의를 효과적으로 진행하는 데 방해가 되는 것들을 제거해야 한다. 회의의 규칙을 정하고 그 규칙을 지키도록 유도하며, 적절한 보상과 처벌을 실행한다. 회의장에서 발생하는 예기치 못한 상황과 문제들을 현명하게 처리해야 한다.

- 선장으로서의 역할: 회의가 달성해야 하는 목적을 분명하게 제시하고 그 과정에 직원들의 참여와 역할을 인정하고 격려한다. 회의가 궤도에서 벗어나면 적절한 개입을 통해 다시 정상궤도로 돌린다. 평소 직원들 상호간에 원활한 커뮤니케이션을 하도록 하여 회의 시에 문제가 발생하지 않도록 한다. 선장의 역할과 능력은 파도가 치고 폭풍우를 맞았을 때 발휘된다.

- 지휘자로서의 역할: 오케스트라 지휘자는 연주자들을 100% 신뢰한다. 그리고 그들이 언제 자신의 역할을 할 것인가를 알려 주고 상호간의 역할에 신뢰를 갖도록 악단을 이끈다. 회의를 진행하는 리더 또한 자신과 함께 일하는 직원들의 능력과 인간적인 부분을 믿고 회의를

진행하여야 한다. 그리고 회의 시 각자에게 주어진 역할을 잘 수행할 수 있도록 지도와 지원을 해 준다. 리더의 역할은 다양한 의견을 조율하는 것이다. 자신이 가진 생각과 의견만 이야기하는 리더는 자신이 오케스트라의 모든 악기를 혼자서 연주하겠다는 것과 같다. 절대로 가능한 일이 아니다.

25 회의가 만병통치약이라고 생각하는 리더

■ ■ ■

직원 1: 부장님 거래처에서 제품 품질에 불만이 있다는 전화가 왔습니다!

리더: 그래! 그러면 지금 곧 회의를 소집하지!

직원 2: 부장님 우리 부서의 업무 처리 프로세스를 좀 개선하였으면 합니다.

리더: 그래! 내일 회의를 하면서 논의하지!

직원 3: 부장님, 현재 진행 중인 프로젝트가 제시간에 마무리되기 어려울 것 같습니다.

리더: 무슨 소리야! 그 일을 제때에 반드시 끝내야 해! 뭐가 문제인지 회의를 소집하지. 오늘 오후 다들 바쁜 일 없지? 점심 식사 후 곧바로 회의를 한다고 다른 직원들에게 알려 주게.

상사: (부서장에게) 자네 부서가 맡은 영업성과 향상 프로젝트는 어떻게 되어 가나? 보고를 올리도록 하지!

부서장: 예! 곧 회의를 거쳐서 보고를 올리도록 하겠습니다.

■ ■ ■

● 발생원인

::리더는 회의를 신봉한다

발생한 문제가 큰 것이든 작은 것이든 그리고 그 긴급성과 중요성 그리고 업무관련성 여부를 무시하고 어떠한 문제가 발생하면 회의를 통해 해결하려는 리더가 있다. 그 리더는 회의가 최선의 방법이라고 생각한다. 물론 구성원들의 다양한 의견을 듣고 바람직한 해결안을 찾는 것은 중요한 일이다. 하지만 이러한 일이 자주 반복되면 리더도, 구성원들도 창의적으로 업무를 진행하거나 문제를 스스로 해결하려는 의지가 약해진다.

::평소의 업무 진행상황을 잘 파악하지 못하고 있다

직원들이 부딪히는 업무 진행상황과 문제들은 대부분 공유가 되어야 한다. 그래야만 조직을 이끄는 리더든, 직원들이든 서로 협조와 지원이 가능하다. 상호간 업무 진행에 대한 정보와 지식이 없거나 잘 모를 경우 회의라는 것을 활용하려 한다. 특히 리더의 경우 평소에 부서의 업무 흐름을 파악하고 있지 못할 경우 발생하는 문제를 핑계로 회의를 통해 부서 업무현황을 파악하고 새로운 지시를 내리려 한다.

::리더가 직원들의 업무에 대한 개인적인 관심 또는 지원과 피드백이 약하다

직원들이 업무를 진행하면서 부딪히는 문제들은 대부분 리더와 담당직원 또는 몇몇 직원들과의 대화를 통해서 해결할 수 있는 것이다. 평소 리더와 직원 간 그리고 직원들 간 원활한 커뮤니케이션이 이루어지지 않을 경우 필요한 해결안이나 지원을 얻기 위해 회의에 매달리게 된다.

::직원들이 자신들의 업무 진행에 대해 리더에게 보고를 하지 않는다

이유가 무엇이든 직원들이 자신의 업무 진행상황을 수시로 또는 적절한 때 리더에게 보고를 하지 않을 경우 리더는 부서 전체의 업무 파악을 위해서라도 잦은 회의를 소집하려 한다. 직원들이 상사에게 업무 진행상황을 제때에 보고하지 않는 것이 시간 부족이나 과중한 업무 때문이라면 회의를 개최하는 것도 좋은 방법이다. 하지만 다른 이유— 부서 분위기, 상호 비난하거나 책임을 전가하는 분위기, 갈등 등 — 때문이라면 심각한 문제이다.

::리더는 회의 개최를 자신의 주요업무로 생각한다

대부분의 리더는 회의를 자신이 가진 업무 수행 방식의 하나로 생각하거나, 자신의 영향력을 확인하는 기회로 생각한다. 문제는 직원들은 자신의 일과에서 회의가 차지하는 비중이 리더와는 달리 낮다는 것이다. 사전에 통보가 되거나 자신의 업무와 관련된 회의는 그렇지 않지만……. 물론 회의는 매우 중요한 부서관리와 업무 수행의 방법이지만 모든 업무를

회의를 통해서 해야 하는 것은 아니다.

:: 직원들 또한 문제가 발생하면 모든 것을 리더에게 의존한다

이는 평소 문제가 발생하였을 때 리더가 보여 주는 반응에 따라 직원들의 리더에 대한 의존도가 결정이 된다. 직원들 스스로 창의적이고 도전적으로 업무를 추진하는 것을 선호하지 않는 리더의 경우 직원들의 업무에 리더가 항상 개입하여야 한다. 특히 문제가 발생하였을 경우 직원들의 해결할 수 있는 능력에 대해 의심을 갖는 경우 리더가 개입하여야 할 업무와 문제들은 많아지고 이를 해결하기 위해 리더는 더 많은 회의를 소집한다.

● 부작용

- 준비 없는 회의가 된다.
- 참석자들이 회의에 대해 부정적인 생각을 갖게 된다.
- 리더 또한 자신이 원하는 답 또는 아이디어를 곧바로 얻을 수 없게 되어 직원들에 대한 불만이 발생할 우려가 있다.
- 급작스러운 회의는 직원들의 업무 진행에 지장을 초래한다.
- 준비되어 있지 않은 회의는 토론이 논쟁으로 바뀔 우려가 있다.

- 직원들이 준비되어 있지 않아 책임소재 공방과 책임 전
가가 발생할 우려가 있다.

● 대 책

:: 리더는 직원들이 제기한 문제에 대해 회의 개최 여부를 심사숙고하라

회의가 만병통치약은 아니다. 오히려 회의 결과나 분위기가
바람직하지 않을 경우 그 부작용은 더욱 심각한 결과를 초래
한다. 리더는 직원들이 직면한 문제를 듣고서 그 문제의 성격
을 파악한 후 회의 개최 여부를 결정해야 한다. 대부분의 경
우 회의를 통하지 않고도 해결할 수 있을 것이다. 따라서 직
원들과 개인적인 커뮤니케이션을 통해 해결할 수 있는 문제
를 가지고 회의를 개최하지 말라.

:: 리더는 문제를 제기하는 직원들이 문제를 보고하기 전에 자신의 입
장에서 가능한 해결책을 고려해 보라고 한다

리더는 직원들이 업무를 진행하면서 부딪히는 문제들을 스
스로 창의적이며 도전적으로 해결하려는 마음가짐을 갖도록
해야 한다. 이는 직원들의 능력 향상에도 도움이 될 뿐 아니
라 이러한 일로 리더의 시간이 빼앗기는 일을 막을 수 있다.
따라서 리더는 직원이 문제를 보고할 때는 적절한 질문— 문
제가 무엇인가? 원인은? 직원의 대안은? 필요한 자원은? 등등
—을 통해 문제의 심각성 그리고 그 직원이 가진 문제 해결

에 대한 아이디어를 묻도록 하라. 이렇게 할 때 직원들의 주
도성과 창의성이 개발된다.

:: 평소 리더는 부서의 업무 진행상황을 잘 파악하도록 하라

직원들과의 개인적인 접촉을 통해 직원들의 자발적인 업무
처리 능력을 키워 주도록 하라. 리더는 부서의 전체적인 업무
흐름과 사용가능한 자원(인적, 물적)을 잘 파악하고 있어야 한다.
그래야 직원들이 부딪힌 문제를 효과적으로 해결해 줄 수 있
을 것이다. 업무 간의 연계성, 직원들이 가진 능력들을 잘 파
악하고 있다면 어떠한 문제든 리더는 적절한 조치를 내릴 수
있을 것이다.

:: 직원들이 문제를 가져올 때는 스스로 생각하는 해결책과 함께 보고
를 하도록 하라

업무를 진행하면서 발생하는 문제의 해결책은 대부분 그
업무현장에 있다. 그리고 그 해결책을 가장 빨리 발견할 수
있는 사람은 그 업무를 진행하는 담당자이다. 따라서 리더는
직원들이 업무와 관련된 문제를 이야기할 때는 먼저 답을 주
지 말라. 대신에 그 직원에게 '스스로 생각하는 해결안은?'
'원인은?' '최선의 해결안은?'과 같은 질문을 하고 그 답을 찾
지 못하거나 부서 또는 조직의 지원이 필요한 경우에만 리더
에게 가져오라고 하라. 이렇게 할 때 직원들의 문제를 주도적

이며, 창의적으로 해결하는 능력이 개발된다.

::직원들에게 자발적이고 창의적인 방법으로 스스로 문제를 해결하는
  능력을 키워 주도록 하라

　국내 최고의 기업을 일으킨 리더는 자신이 이끄는 계열사
사장의 업무보고를 받을 때 4가지 질문을 통해 경영하였다는
이야기가 있다. 그 질문은 '1) 문제가 무엇인가? 2) 가능한 해
결책은? 3) 당신이 생각하는 최선의 해결안은? 4) 기대되는 결
과는?'이라는 질문이다. 이 질문에 제대로 답을 한다는 것은
그만큼 그 문제를 깊이 있게 생각하고 있다는 것이다. 리더가
이러한 방법을 통해 직원들의 자발적이고 창의적인 업무능력
을 키워 준다면 회의에 많은 시간을 들이지 않아도 될 것이다.

26 자신의 의견을 말하지 않는 소심한 참석자

리더: (조용히 있는 직원들에게) 자! 모두들 이 문제에 대한 각자가 생각하는 좋은 아이디어들을 이야기하도록 합시다. 누가 먼저 하겠습니까?

참석자 1, 2, 3: (각자의 아이디어를 적절한 논리로 이야기한다.)

리더: 좋습니다. 각자 좋은 의견들이 많이 나오는군요. 그런데 홍명기 씨는 어떻게 생각하세요?

홍명기: (작은 목소리로) 예! 저도 다른 분들의 의견이 좋다고 생각합니다.

리더: 그래요! 홍명기 씨가 가진 새로운 의견이 있으면 말하세요!

홍명기: (주저하면서) 특별한 의견이 없습니다. (하면서 고개를 숙이고 목소리는 여전히 작다.)

리더: !!!!!!!!!

● 발생원인

::직원이 선천적으로 소심하다

성격이 너무 소심해서 어떠한 상황에서든 자신의 의견을 자신 있게 말하지 못하는 직원들은 회의에서 의견을 말하라는 리더 또는 진행자에게 큰 부담을 느낀다. 이러한 직원들이 의제에 대해 전혀 의견이나 아이디어가 없는 것은 아니다. 자신의 의견을 한 번도 자신 있게 말하지 못하였거나 인정받은 경험이 없기 때문에 늘 침묵하는 것이다.

::자신이 의견을 논리적으로 설명하는 능력이 부족하다고 생각한다

따라서 회의에 참석하면서 의제에 대해 생각하지 않거나, 의견이 있더라도 논리적으로 말하지 못할 것이라는 생각을 하기 때문에 회의에 소극적으로 참여하고 의견을 말하라는 부탁을 받아도 말하기를 꺼려 한다.

::과거 회의에서 자신의 의견이 채택되지 않았거나 무시당했거나, 인정받지 못한 경험이 있을 수 있다

이전의 여러 번 회의에서 자신이 발언한 의견이나 아이디어가 리더 또는 다른 참석자들에 의해 무시를 당하였을 경우 의견을 말하지 않으려 한다. 똑같은 반응을 두려워하기 때문에……. 이러한 일이 반복될 경우 나중에는 아예 의제에 대해 생각하지 않거나 회의 참석을 피하는 부정적인 결과가 나

올 수도 있다.

:: 회의 분위기기 자연스러운 의견 개진이 어려울 수 있다

리더가 자기 기분대로 회의를 진행한다, 몇몇 참가자가 회의를 주도한다, 다른 참가자들은 서로의 의견에 대해 비판한다, 자기의 의견을 관철시키고자 큰 소리로 말하거나, 길게 의견을 발표한다, 리더는 자신의 마음에 들지 않는 의견에 대해 직접적으로 부정적인 피드백을 준다 등등……. 이런 회의 분위기에서 누가 자신의 의견을 말할 수 있겠는가?

:: 의제에 대한 전문지식이 없을 수도 있다

자신이 잘 모르는 의제에 의견을 말할 수 없는 것은 당연한 것이다. 이는 참석자 선정의 실수일 수도 있다. 그렇지 않다면 사전에 어젠다 내용이 충실하지 않았거나 준비 시간이 부족해서일 수도 있다.

:: 다른 업무에 집중하느라 의제에 대해 생각하지 못했을 수도 있다

긴급한 업무 처리 때문에 나름대로의 답 또는 의견을 준비하지 못한 상태라면 의견의 개진이 소극적일 수밖에 없을 것이다. 회의는 일반적인 사교 모임과는 다르다. 조직에서 의견 발표 하나하나가 곧 자신의 능력을 보여 주는 것이기 때문에 이런 상황에서는 조심스러울 수밖에 없을 것이다.

:: 새롭게 맡은 업무라서 아직 업무 파악이 잘 안 되었을 수
도 있다. 즉 자신이 새롭게 맡은 업무의 전체적인 상황을
잘 파악 하지 못하였거나 다른 업무와의 연계성을 잘 이해
하지 못해서 자신감이 없다.

:: 자신의 의견에 대한 다른 사람의 평가에 너무 신경을 많이 쓴다

자신의 의견이 다른 사람들과 차이가 나게 특별해야 하고,
자신의 의견은 반드시 존중되거나 인정받아야 하며, 다른 사
람들의 비평을 원하지 않는다는 생각을 가진 참석자는 의견
을 개진하는 데 부담을 스스로 느낀다. 그리고 자신이 원하는
반응을 얻지 못하였을 경우 그 잘못은 자신에게 있는 것 —
논리적인 전개능력 부족, 설득력 부족 등 — 이라는 생각을
하게 된다. 이러한 생각에 너무 집착하는 사람은 자신의 의견
을 개진하는 데 부담감을 갖는다.

● 부작용

- 회의에서 자신이 소외됨을 느낄 수 있다.
- 회의에 대한 회의(懷疑)가 생긴다.
- 다른 업무에까지 영향을 미친다.
- 때로 다른 직원들과의 관계가 악화될 수도 있다.
- 좋은 의견 또는 아이디어가 사장(死藏)될 수도 있다.
- 회의 결과의 실행에 대한 몰입이 떨어질 수 있다.

● 대 책

:: 다양한 의견 개진 방법을 활용한다

브레인스토밍, 브레인라이팅, 의견진술법, 친화도법 등 구두로 의견을 개진하기 어려워하거나, 몇몇 참가자의 독선적인 회의 지배를 막기 위해서 이러한 방법들을 시도한다. 의외로 기발한 아이디어가 나오는 경우가 많다.

:: 리더를 바꾸어 보도록 한다

회의를 진행하는 리더의 스타일이 참석자의 발언을 주저하게 만드는 경우도 있을 수 있다. 따라서 회의를 진행할 때 의제에 따라 진행자를 바꾸거나, 모든 회의를 진행할 때 서로 리더의 역할을 돌아가면서 해 보도록 한다. 이러한 변화된 상황이 소극적인 참석자의 적극적인 참여를 유도할 수도 있다.

:: 참석자들 간에 스몰톡(잡담, 사담 등)을 할 시간을 제공한다

이는 자연스러운 대화를 하는 분위기를 유도하고 워밍업을 위한 좋은 방법이다. 본격적인 회의를 시작하기 전 가벼운 주제에 대해 서로 대화를 주고받도록 한다. 이런 대화를 통해 자신감을 얻게 되면 소극적인 직원도 적극적으로 회의에 참여하게 된다.

::소극적인 참여자를 회의 진행에 참여시키거나, 그에게 도움(자료배
  부, 아이디어 정리 등)을 요청한다

회의에서 일정한 역할을 맡은 사람은 역할이 없는 사람보
다 적극적으로 회의에 참여와 몰입을 하게 되고 훨씬 회의
결과에 민감하고 좋은 결과를 기대한다. 소극적인 참석자 또
한 자신의 역할 — 사기, 발표, 브리핑 등 — 을 통해 회의 성
과에 긍정적인 영향을 미치고자 한다. 의견 개진을 강요하는
것보다 훨씬 유용한 방법이다.

::개인적인 접촉을 통해 자신감을 키워 준다

회의를 시작하기 전에 리더는 소극적인 직원과 개인적인
접촉을 해 의제와 관련된 좋은 아이디어가 있으면 자신에게
이야기하도록 한다. 그리고 그 직원의 의견이 타당하다면 회
의에서 발표해 달라고 부탁하고 의견 개진을 위해 공개적으
로 소개하거나 발표하도록 직접 요청한다. 이렇게 함으로써
발언할 수 있는 기회를 준다. 그리고 사전에 리더가 인정한
의견이기 때문에 다른 참석자들도 경청하게 된다.

::소심한 직원이 개진한 의견에 대해 인정과 격려를 해서 동기부여를
  한다

그리고 다른 직원들에게도 소심한 직원을 격려하도록 지원
을 부탁한다. 몇몇 참석자에게 평소 소극적인 직원의 발언에

대해 동의하거나, 의견을 지지하는 격려를 하도록 사전에 부탁한다. 다른 참석자의 지지를 받은 참석자는 자신이 회의에서 중요한 사람이라는 것을 알게 되고 따라서 적극적인 참여를 유도할 수 있다.

::개인적 코칭을 한다

리더는 소극적으로 회의에 참석하고 의견 개진을 망설이거나 힘들어하는 직원에게는 개인적인 대화를 통해 변화를 도와야 한다. 회의 참석의 중요성, 회의의 기회, 그리고 개개인의 의견 개진이 부서의 성과 달성에 미치는 영향 그리고 그 직원에게 기대하는 바를 이야기해 동기부여를 해 줄 필요가 있다.

27 회의에 관심이 없는 참석자

■ ■ ■

회의 분위기가 무르익고 참석자들은 의제에 대한 자신의 의견을 자유롭게 제의하고 토론한다. 그때…….

참석자 1: (혼잣말로) 다들 열심히 참여를 하는군! 그런데 회의 내용과 내 업무와는 아무런 관련이 없네! 특별히 아이디어도 없고, 빨리 끝나고 내 일을 해야 하는데…… 나와 관련이 없으면 참석하지 말 것을, 왜 나까지 참석시키는 거야!

리더: 좋은 의견들이 많이 나왔군요. 이 의제에 대해서는 이제까지 나온 의견들을 잘 취합해서 나와 이기대 대리가 협의해서 결정하도록 하지요. 자! 다음 의제는…….

참석자 1: 또 남았어? 이것도 나와는 관련이 없잖아! 그냥 조용히 앉아 있자! 회의 중간에 나가는 것도 그러니까!

리더: (참석자 1에게) OOO 씨도 참석을 하였으니까 의견을 말하도록 하지!

참석자 1: (당황해하며) 예…… 저는 특별한 의견이 없습니다. 그리고 저는 __한 업무를 처리해야 하기 때문에 다른 생각을 할 수가 없습니다.

리더와 다른 참석자들: ……

■ ■ ■

● 발생원인

:: 회의 의제에 대해 흥미가 없다

사람은 누구나 자신이 흥미가 있는 주제 또는 이야기에 집중한다. 회의에 참석한 참석자가 회의 의제에 관심과 흥미가 없다면 회의에 몰입하지 않는 것이 어쩌면 당연한 일인지도 모른다.

:: 회의 의제가 자신의 업무와 관련이 없다

자신에게 주어진 업무와 관련이 없는 회의인 경우 참석자는 회의에서 나오는 의견들에 집중하기보다는 자신의 업무를 더 생각한다. 따라서 회의 시간을 지루하게 느끼기도 하고 자신이 의견을 말하지 않으면 회의가 빨리 끝날 것이라는 기대로 집중하지 않는다.

:: 회의 자체에 대해 회의(懷疑)를 한다

회의의 가치와 중요성을 이해하지 못하거나, 회의에서 바람직한 결과를 기대하지 않는 사람은 회의 참석을 별로 달가워하지 않는다. 자신이 몰입을 하든 몰입을 하지 않든 회의는 늘 그런대로 진행되고 끝날 것이라는 생각을 갖게 된다. 회의에 대한 회의(懷疑)가 강할수록 회의에의 몰입보다는 회피 또는 소극적, 부정적인 참석태도를 보인다.

::자신이 왜 회의에 참석했는지 모른다

회의에 참석한 사람이 왜 내가 회의에 참석하고 있는지를 모른다는 것은 회의의 성공을 위해 자신이 어떤 기여를 해야 하는지를 모른다는 것을 의미한다. 따라서 회의에의 몰입은 떨어진다. 이는 회의 리더의 참석자 선정에 문제가 있을 수 있다.

::다른 사람들의 의견에 관심이 없다

개인적인 관계 때문일 수도 있고, 다른 이유에서일 수도 있다. 문제는 다른 사람의 의견에 관심을 갖지 않음으로 자신의 의견도 무시될 수 있다는 것을 모른다.

::자신의 생각과는 다른 방향으로 회의가 진행되어 흥미가 떨어진다

어떠한 이유든 회의가 자신의 생각과 기대와 달리 진행되거나 자신이 동의할 수 없는 의견이 채택되면 서서히 회의에의 관심이 낮아진다. 급기야는 아예 다른 생각을 한다. 자신의 생각이 유일한 답이라는 자만심이 강하다면 더욱 이러한 심리적인 현상은 크게 자극을 받는다. 다른 사람들의 의견을 인정하고 자신과 차이가 날 수도 있다는 것을 수용하는 생각의 유연성이 부족하기 때문이다.

:: 커뮤니케이션의 중요한 원칙을 모른다

자신의 의견을 개진하지 않고 다른 사람들이 자신의 생각을 알아주기 바라는 것은 비즈니스 커뮤니케이션의 중요한 사실을 모르기 때문이다. 표현되지 않은 의견, 생각, 욕구는 상대방이 알 수 없다. 따라서 비즈니스를 하는 사람들은 자신의 생각, 의견, 욕구를 명확히 표현해야 한다. 왜냐하면 사람들은 모두 자기 중심적으로 생각하고 판단하기 때문이다. 이런 사실을 모르는 사람은 대부분 다른 사람과의 관계에 크고 작은 문제를 발생시킬 것이다.

:: 회의실에서 자신의 능력을 보여 주려는 데 기회가 없다(자신이 없는 주제, 잘 모르는 주제 때문에). 또 다른 참가자들이 자신의 의견을 인정해 주지 않아 흥미를 잃었다.

● 부작용

- 무관심한 참가자는 때론 자신의 존재감을 보여 주기 위해 의제와는 다른 이야기 — 흥미 있는 — 를 해서 회의의 정도를 벗어나게 할 수 있다.
- 의제에 관련이 없으므로 회의 자체를 비판적 또는 부정적인 시각으로 바라본다.
- 다른 참가자들이 오해할 수 있다.

- 조직으로부터 스스로를 왕따시키는 원인이 된다.

● 대 책

::리더는 회의 참가자를 엄격하게 정한다

회의실의 분위기와 회의 성과는 리더의 능력만큼이나 참석자들의 참여와 몰입이 좌우한다. 회의 의제와 관련이 없는 직원을 단지 같은 부서원이라는 이유로 아무런 회의 통지도 하지 않고, 준비도 못한 상태에서 참석시킨다면 그 사람은 회의성과 달성에 기여하기보다는 부정적인 영향을 미칠 수가 있다. 일단 회의에 참석하였다면 무슨 의견이라도 말을 해야 한다고 생각하는데 그 사람의 의견이 회의 의제에서 벗어난다면 — 하지만 재미있거나 모두가 관심을 갖고 있는 이슈인 경우 — 다른 참석자들의 집중력을 떨어뜨릴 우려가 있다. 따라서 리더는 회의를 개최할 때 꼭 필요한 사람들만 회의에 참석시키는 것이 중요하다. 또한 여러 가지 의제를 다루는 회의에서는 의제에 따라 참석자들의 회의 참석을 따로 정하는 것도 좋은 방법 중 하나이다.

::무관심한 참가자가 있으면 회의 중보다는 끝난 후 그 이유를 묻고 코치를 한다

회의가 끝난 후 리더는 개인적인 대화를 통해 회의에 무관심한 태도를 보인 직원에 대한 피드백을 한다. 그 참석자의

무관심한 태도에 대한 부정적인(비난, 질책) 피드백이 아니라 그 직원이 회의에 무관심한 원인을 찾는 것이다. 때로는 리더가 의식하지 못하는 이유 때문에 무관심한 태도를 견지할 수도 있다. 리더 스스로의 추측으로 그 직원의 태도를 판단하려는 것은 잘못된 판단을 할 우려가 있다. 따라서 추측보다는 직접적인 대화를 통해 원인을 찾고 바람직한 태도를 갖도록 지원하는 것이 좋다.

:: 무관심한 참가자는 회의 분위기를 깨는 발언을 삼간다

회의에 참석해 보니 회의 의제가 흥미가 없고 자신의 업무와 관련성이 없다고 판단되면 그 참석자는 왜 리더가 자신을 회의에 참석하라고 하였는지를 생각한다. 이유 없이 참석을 요구하지는 않았을 것이다. 이때에는 다른 참석자들의 의견을 경청하면서 그들의 회의 진행을 방해하지 않도록 한다. 그들의 의견 중에는 자신에게 도움이 되는 내용도 있을 것이고, 때로는 처음의 판단과는 달리 자신의 의견이 필요할 때가 있을 것이다.

:: 회의 통지 어젠다의 의제를 보고 자신의 참가가 의미가 없다면 리더에게 사전에 이야기해 불참의 양해를 구한다

회의를 통보받는 직원은 회의 의제를 보고 자신의 참석이 의미가 없다고 생각이 들면 리더와 대화를 한다. 꼭 참석해야

하는지, 왜 자신을 참석시키려 하는지에 대한 리더의 의중을
알고 필요한 조치를 취하는 것이 좋다.

:: 의제에 따라서 관련이 없는 참가자는 회의를 진행하면서 배제시킨다

회의에서 복수의 의제를 다루어야 할 경우 리더는 의제에
따라서 참석자들을 선정한다. 그리고 그 의제와 관련이 없는
참석자는 자신의 업무를 하도록 하는 것이다. 이때 리더는 그
취지(의제내용, 배제를 하는 이유 등)를 명확히 이야기하는 것이 좋다.
이러한 설명이 없이 배제시키면 배제당한 사람들의 오해를
불러올 수가 있기 때문이다.

■ ■ ■

참석자 1: 지난 분기 영업실적이 저조한 것은 기존 고객들의 재구매율이
떨어진 것에 원인이 있다고 생각합니다. 따라서 기존 고객의…….

참석자 2: (중간에 끼어들며) 아닙니다. 기존 고객에는 문제가 없습니다.
신규고객의 확보에 노력하지 않았기 때문입니다. 따라서 신규고객의
확보를 위한 방법을…….

참석자 1: (말을 가로막으며) 보세요. 우리 회사 매출의 상당 부분은 기존
고객들로부터 나옵니다. 통계가 말하잖아요. 따라서 기존 고객의 재구
매율을 올리기 위해서…….

참석자 2: (말을 가로막으며, 목소리를 높여서) 언제까지 기존 고객에게만
의존할 것입니까? 그들이 우리 회사와 영원히 거래할 것이라고 생각
하는 것은 너무 안일한 생각입니다. 항상 신규고객을 꾸준히 확보하는
것이 중요합니다.

참석자 1: (목소리를 높이면서) 그럼 기존 고객은 가치가 없다는 말입니
까? 이해할 수 없네요. 기존 고객의 유지가 얼마나 중요한지를 모르고
하는 말입니다. 기존 고객은…….

참석자 2: (말을 가로막으며) 무엇을 이해할 수 없다는 말입니까? 그럼 신규고객의 창출은 의미가 없다는 것입니까?

참석자 1: 그렇게 화를 내지 말고 제 이야기 좀 들어 보세요. 마케팅에서…….

참석자 2: (화난 표정으로 외면하며 속으로) 도대체 이야기가 안 되는구먼…….

● 발생원인

::양자 간의 토론을 하는 방법에 문제가 있다

토론은 서로의 생각 그리고 관점의 교환을 통해 다양한 의견과 아이디어를 확인해 문제 해결의 방법을 찾거나 때로는 다양하고 새로운 아이디어와 정보를 수집하기 위해 필요한 것이다. 문제는 이러한 의견 대립으로 인해 시작된 토론(건설적인 의견 교환)이 논쟁(서로에게 감정적인 상처를 주는)으로 전이되는 것이다. 토론을 할 때 서로가 지켜야 하는 원칙과 기준을 모르고 자기주장만 고집하면 이러한 일이 발생한다.

::다른 사람을 존중하지 않아 의견 자체도 반대한다

타인을 존중하지 않는다는 것은 그 사람을 인정하지 않는다는 것이고 이는 그 사람의 의견 또는 생각 자체에 의미를 두지 않는다는 것이다. 따라서 말을 가로막거나 무시하고 자기의 주장만을 강조하게 된다.

:: 서로가 개인적인 감정이 개입되었을 수도 있다

　회의에 참석하면서 서로의 의견에 대해 어떠한 이유이든 개인적인 감정이 개입된 발언이 되면 정상적인 회의 진행이 어려워지게 된다. 이러한 감정 표현은 평소의 조직생활에서 발생할 수도 있고, 토론 중 던진 한두 마디의 말 때문에 감정이 격해져서일 수도 있다. 또한 상대의 의견을 그대로 인정하거나 수용할 경우 자신의 입장이 애매해지게 된다고 생각하면 감정적인 반응을 보이게 된다.

:: 자신의 의견을 주장하지 못하고 양보를 하거나 다른 사람의 의견을
　　인정하는 것이 지는 것이라는 잘못된 가치관을 갖고 있다

　조직에서의 회의는 전체적인 목표 달성을 위해서 필요한 것이고 이 회의를 통해 각자의 업무 능력이나 견해, 지식을 공유하는 장이다. 이러한 회의에서 자신의 의견을 철회하거나 상대방의 의견에 내가 양보한다면 내가 그 사람보다 무능하다는 오해를 갖게 되는 경우 때로는 자신의 주장을 고집스레 밀어붙이려 한다.

:: 리더의 적절한 개입이 없다

　회의를 주재하는 리더는 회의 참석자들의 다양한 의견과 창의적인 아이디어를 통해 회의 목적을 달성하고 더 나아가 조직의 목표를 달성하기 위한 조직 관리의 도구로 회의를 개

최한다. 이때 리더는 참석자들의 토론이 격해지고, 자기주장만 하고, 상대방의 의견을 무시하거나 경청하지 않는 상황이 발생하면 적절한 개입을 하여야 한다. 어떠한 이유에서든 이러한 리더의 적절한 개입이 없다면 회의는 부정적인 결과를 초래할 우려가 있다.

:: 평소 원활한 커뮤니케이션이 없어서 회의 때 이해 부족으로 의견 차이가 발생한다

조직 내에서 평소 업무와 관련된 원활한 커뮤니케이션이 부족하기 때문에 회의에서 이러한 논쟁 — 서로의 이해의 차이, 상황 해석의 차이 등 — 이 발생한다. 원활한 커뮤니케이션의 부재는 서로의 의견과 아이디어에 대한 이해 정도를 떨어뜨리고 이는 공식적인 자리인 회의에서의 의견 대립으로 나타나며, 서로 이해하려 하지 않음으로써 회의 분위기를 망치는 악순환이 반복된다.

:: 자신의 의견에만 가치를 둔다

모든 사람들은 자신의 생각과 의견이 매우 옳고 중요하다고 생각한다. 이러한 생각으로 인해 다른 사람의 의견보다는 자신의 의견이 더 많은 주목과 인정을 받아야 한다는 욕구를 갖는다. 때로는 이러한 욕구를 채우기 위해 상대방의 의견을 무시하고 그 가치를 떨어뜨리려 애를 쓴다.

● 부작용

- 회의 분위기가 엉망이 된다.
- 서로의 의견에 경청하지 않음으로써 갈등이 커진다.
- 다른 참석자들까지도 영향을 받고 편이 갈라진다.
- 회의 이후에도 조직 분위기에 부정적인 영향을 끼칠 우려가 있다.
- 너무 방치하면 리더의 영향력에 손해를 가져온다.
- 문제에 대한 올바른 해결책 결정에 실패한다.

● 대 책

:: 리더는 의견이 다른 참석자들의 의견을 잘 듣고 그 원인과 타당한 근거와 이유를 묻는다

리더는 서로가 주장하는 내용에 대한 분석을 한다. 서로 논쟁을 하는 사람들은 이러한 합리적인 판단을 하기 어렵다. 능력이 없는 것이 아니라 감정적이 되었기 때문에 여유가 없는 것이다. 리더는 이러한 상황에서 두 사람이 의견을 경청하고, 그 차이를 파악하여 필요하다면 자신의 의견에 대한 이유와 타당한 근거를 요청한다. 다른 사람의 의견에 말꼬리를 잡지 말고 자신의 의견이 가진 설득력과 논리적인 이유를 밝히도록 유도한다. 그 후 의견의 실행가능성과 기대성과 등의 가치를 중심으로 판단해서 적절한 결정을 내리면 된다.

::참가자들은 상대방의 의견에 경청하고 이해가 안 되는 부분은 이해
하려 노력한다

상호간 서로의 의견에 대한 이해의 폭을 넓히려는 노력이 필
요하다. 이해하려는 태도가 나약함을 드러내거나 상대의 의견
을 따라가는 것이 아님을 알면 자연스레 이해하려 할 것이다.
다른 사람의 의견에 대한 이해가 깊으면 오히려 상대를 설득할
수 있는 기회가 더 많을 수도 있다. 동일한 사람이 없듯이 하나
의 문제에 대해 상황을 파악하고 적절한 방법을 찾는 데도 항
상 꼭 같은 결론에 도달하는 두 사람은 없다. 이는 서로의 가치
관, 관점 등의 차이 때문이다. 이러한 차이를 인정할 때 좋은
인간관계를 맺을 수 있고, 협력하는 관계를 만들 수 있다.

::토론방법을 습득한다

토론도 커뮤니케이션의 일종이다. 따라서 효과적인 토론을
할 수 있는 능력을 갖추고 있는 것은 굉장한 무기가 될 수 있
다. 이러한 토론에 대한 방법과 기술, 토론에서 자기 의견을
주장하는 기술에 대해서는 부록에서 자세히 설명해 놓았다.

::의견 대립이 심하면 잠깐 동안 휴식을 취한다

이때 리더는 양 당사자를 불러서 의견 조율 또는 토론방법
등에 대한 조언을 한다. 리더는 각자가 격앙된 감정을 정리하
도록 하고, 상대가 주장하는 의견의 내용, 상대의 입장을 생

각해 보도록 분위기를 이끌어 간다. 또한 상대가 자신의 의견을 받아들이지 않는 이유를 생각하도록 한다. 그리고 리더의 조언을 듣고 휴식 후의 토론에 적용해 보도록 한다.

:: 의견 대립이 예상되는 의제의 경우에는 사전에 토론의 규칙을 정한다

시간을 정하거나, 발언순서, 발언방법, 의견 대립에 대한 반대방법 등을 규칙으로 정해 놓고 그 규칙을 지키도록 한다. 이러한 규칙을 어길 때는 리더는 적극적인 개입을 통해 올바른 토론이 진행되도록 이끌 필요가 있다.

:: 상대방의 의견에 반대를 하더라도 부정적인 말을 사용하지 말고 자신의 의견만 개진한다

상대방의 의견을 자신이 수용하기 어렵다고 그 의견을 그 자리에서 부정하거나 반박해 상대의 인격에 상처를 주는 말을 해서는 안 된다. 의견의 주장은 의견으로서만 서로 인정하고 판단한다. 그 사람의 인격이나 능력을 판단하려 하지 않는 것이 좋은 태도이다.

:: 상대방의 의견에 반대하거나 비판, 비난하는 말을 하면 리더는 적절한 방법으로 개입한다.

즉 STOP라는 말을 사용해 반대의 말을 하지 못하도록 하거나 종을 치는 등의 기술을 사용한다. 특히 상대방의 감정을

상하게 하거나 인격을 무시하는 말이 나오면 리더는 재빨리 적절한 신호를 보낸다. STOP을 외치거나 종을 치거나 등등의 방법을 사용해서 언어의 사용에 주의하도록 한다. 또 반박에 대한 근거를 제시하라고 요청하는 등의 개입을 한다.

㉙ 참석하는 데에만 의의가 있는 참가자

■ ■ ■

리더: 자! 30분 후 회의를 시작하도록 합시다. 어제 이야기한 대로 모두 들 회의준비를 확인하시고 30분 후 회의실로 모이세요!

직 원 1: 회의라고! 참석해야지. 의제가 뭐였더라. 그래! 현재 부서의 정 보시스템에 대한 효율성을 높이는 방법을 모색하자는 거였군! 그런데 무슨 말을 하지. 나는 전문가도 아닌데다가 그 시스템을 좋아하지도 않는데⋯⋯. 그래, 일단 참석해 보자고! 우리 부서 일인데 빠져서는 안 되지. 부장님이 물어보시면 생각 중이라고 하면서 다른 사람들의 의견을 듣고서 내 생각을 정리해서 발표하면 되겠지.

(30분 후 회의실)

리더: 모두들 모이셨군요. 시간을 절약하는 의미에서 어제 배부한 의제 에 대해 각자 갖고 있는 문제부터 이야기하도록 합시다. 누가 먼저 이 야기할까요?

참석자 1: (속으로) 꽤 진지한 회의가 되겠는데. 모두들 긴장하고 있군. 조용히 앉아서 다른 사람들의 의견을 들어 보자고⋯⋯ 회의에 참석해

■ ■ ■

● **발생원인**

이러한 생각을 갖고 회의에 참석하는 직원을 리더가 알아
내기란 거의 불가능하다. 게다가 의견 개진을 하지 않고 다른
사람의 의견을 경청까지 한다면……. 문제는 이러한 직원이
많을수록 장기적인 관점에서 회의의 효율이 떨어진다는 것이
다. 리더는 이러한 상황에 적절히 대응하는 능력이 필요하다.

:: 직원은 회의의 참석을 흥미로운 시간으로만 생각한다
회의에 참석해 다른 사람들의 의견을 듣는 것에만 만족한
다. 경험이 적은 신입이라면 충분히 있을 수 있는 일이다. 하
지만 경력이 있으면서도 자신은 의제에 대해 의견이나 아이
디어가 없고 다른 참석자들이 어떤 의견들을 이야기하는지에
만 관심을 갖고 있다면 회의에 별 도움이 되지 않는 참석자
이다.

:: 부서의 일원이라는 생각으로 일단 회의에 빠져서는 안 된다고 생각
한다
부서의 회의이기 때문에 자신이 빠져서는 안 된다. 의제에
대한 해결안이나 자신의 의견이 있어서 참석하려는 것이 아

221

니라 단지 부서원이기 때문에 빠질 수 없다는 것이다. 더 중요한 일이 있어도 일단 회의에 참석하는 것이 중요하다고 생각한다. 또 회의 시간을 다른 사람과의 인간관계를 맺는 기회로 생각한다.

:: 회의의 기능에 대해 이해도가 낮다

조직이나 부서에서 이루어지는 회의가 가진 기능은 조직 또는 부서 전체의 성장과 문제 해결을 위한 구성원들의 의견을 모으고, 서로의 업무를 공유하고 지원을 결정하면서 팀워크를 강화하는 것이다. 물론 구성원으로서 참석하는 것도 의미가 있지만 참석하였을 때 얼마만큼의 기여를 하는가도 중요하다.

:: 회의 참여와 업무 진행 사이의 기회비용에 대한 관념이 약하거나 없다

회의 시간에 참석해서 충분한 의견을 개진하고 다른 사람들과 공유하는 것이 그 시간 자신의 업무를 진행하지 못한 것에 대한 기회비용을 최소화시키는 것이다. 이는 참석자이든 리더든 반드시 중요하게 생각해야 하는 것이다. 이 개념이 약하면 리더는 무조건 회의를 열거나, 관련성이 없는 사람의 참석을 허용하거나, 무의미한 참석을 하거나 회의가 길어진다.

::참석이 불필요한 회의에 참석해도 제지를 받은 경험이 없다

자신의 업무와 회의 의제와는 관련성이 없어도 참석한다. 오늘 회의 의제와는 더더욱 관련성이 없음에도 참석하는 것은 회의 참석 만능주의자이다. 이는 자신이 참석한 회의에서 의견 개진을 하지 않고 회의 시간 내내 침묵(이는 의견이 없어서이기도 하지만, 잘 모르거나 업무와 관련이 없어서)하였음에도 적절한 코치나 피드백을 받지 않았기 때문이다. 따라서 부서 회의는 무조건 참석해야 하는 것이 자신의 임무라고 생각한다.

● 부작용

- 참석에 의의를 두기 때문에 아이디어가 없다.
- 가끔 이런 참석자가 회의 목적을 희석시킨다. 따라서 회의 시간이 길어지거나 주제에서 벗어날 우려가 있다.
- 이런 참석자는 회의가 무겁게 진행되면 회의에 대하여 불평한다. 이것이 조직에 부정적인 영향을 미친다.
- 기회비용이 과다하게 들어간다.

● 대 책

::리더는 이런 직원에게는 회의의 역할(서기, 자료배부 등)을 주문한다

리더는 회의에 참석하지만 자신의 의견이나 아이디어가 없는 직원을 회의에서 일방적으로 배제할 수는 없다. 특히 부서

전체의 업무와 관련된 회의에서는……. 이때 리더는 이러한 직원에게 회의의 다른 역할을 맡긴다. 그래서 자신이 회의의 성공적인 진행에 기여한다는 것을 알 때 다음 회의에 대한 준비를 더 하게 된다. 이러한 역할을 주는 것은 다른 참석자들에게도 동기부여가 된다. 자신들도 그 역할을 할 수 있을 것이라는 기대감을 준다. 또는 의견이 없이 참석만 하는 직원에 대한 부정적인 시각이 사라진다.

:: 리더는 불필요한 참석자를 참석시키지 않는다

리더는 회의 의제와 관련이 없는 직원이 회의에 참석하려 할 때는 회의 목적과 취지를 잘 설명해 회의에 참석하지 않아도 됨을 설득한다. 이는 매우 조심스러운 접근이 필요하다. 그 직원이 때로는 오해하게 되어 사기가 떨어질 수도 있기 때문이다. 특히 부서의 회의를 부서원들 간의 인간적인 교류시간으로 생각하고 있는 직원에게는 자신의 배제가 부정적인 생각이나 느낌을 갖게 되는 계기로 될 수 있기 때문이다.

:: 회의 목적과 기능 그리고 가치를 직원에게 강조한다

따라서 자신의 참석이 회의 성과에 얼마나 기여할 수 있을 것인가를 스스로 판단하도록 한다. 참석하는 것에만 의의를 두는 직원에게 참석하고, 몰입하며, 의견을 교환하는 것이 조직과 개인의 성장과 발전에 매우 중요한 역할을 한다는 것을

인식시키는 것이 좋다.

::기회비용의 가치를 인식시킨다

직원의 입장에서는 자신이 처리해야 하는 급한 업무가 있다. 부서 리더는 회의를 소집해서 자신의 업무를 해결하려 한다. 직원 스스로 업무를 뒤로 연기하고 회의에 참석하는 것 중 어느 것에 더 가치가 있는가를 판단하고 참석 여부를 결정할 수 있도록 훈련되어 있어야 한다. 이때 직원은 리더와 대화를 통해 자신의 생각을 밝혀야 한다. 대화를 하지 않고 자기 일 때문에 참석하지 않는다면 부서 업무에 관심이 없고 자신의 업무에만 관심이 있는 이기적인 사람이라는 인식을 줄 수도 있다. 또한 의견을 밝히지 않고 회의에 불참하는 것은 다른 직원들에게도 결코 긍정적인 반응을 얻지 못한다. 리더 또한 직원들의 회의 참석과 직원들의 업무 간에 그 가치를 생각해야 한다. 따라서 회의를 개최하기 전 어젠다를 작성하면서 회의 개최 여부, 참석자의 선정, 시간 등등을 신중하게 검토할 필요가 있다.

30 결정을 내리지 못하는 리더

■ ■ ■

리더: 오늘 의제에 대한 좋은 의견들이 많이 나온 것 같군요.

참가자 1: 예! 우선순위를 정해서 실행할 계획을 세우는 것이 필요하다고 생각합니다.

참가자 2: 맞습니다. 이제는 실행만 남은 것 같습니다. 이제는 고객들의 불만을 효과적으로 처리하는 능력을 갖게 될 것 같습니다.

리더: 그런데 고객들로부터 좀 더 자세한 정보를 들을 필요가 있을 것 같군요. 관련부서의 협조도 얻어야 하고, 최고경영자의 결정도 득해야 하며, 특히 이번 결정을 실행하는 데 소요되는 비용에 대해서 확실한 보장이 필요하니까!

참가자 1: 그럼 우선 우리 부서 자체적으로 실행할 수 있는 것부터 하면 어떻겠습니까?

리더: 그것도 좋지만 모든 것이 완벽하게 준비된 후 하지.

참가자 2: 그럼 너무 늦지 않겠습니까? 참가자 1의 의견대로 부서 자체적으로 실행할 수 있는 것을 먼저 함으로써 다른 지원도 쉽게 받고, 특히 고객의 불만을 우선 해결할 수 있을 것 같은데요…….

리더: 조금만 기다리지……. 일이란 그렇게 하는 것이 아니니까! 모든

준비가 되면 실행하는 것이 좋다고. 오늘은 좋은 의견들이 나온 것으로 회의가 성공적으로 되었다고 생각하면 돼.

참가자 1: 그럼 고객의 불만이 오늘 당장 있으면 그때도 예전과 같이 합니까?

리더: 그렇지! 아직 실행을 위한 결제를 득하지 못하였으니……. 그때까지의 사안들은 이제까지 해 온 대로 하자고.

참가자들: (속으로) 또 몇 주가 흘러가게 되었군. 회의에서 좋은 의견이 나와도 바로 결론이 나질 않으니…….

■ ■ ■

● 발생원인

::직원들과 리더의 업무에 대한 중요성 평가에 차이가 있다

이는 조직에서의 직위와 업무에 대한 책임의 문제이다. 직원들은 자신의 업무에서 필요한 조치를 바로 취해서 문제를 해결하기를 바란다. 리더는 새로운 업무를 진행하기 위해서는 상사의 결재와 조직의 다른 부서와의 협조를 우선으로 한다. 따라서 업무를 진행하는 데 있어 중요도를 판단하는 기준이 다르다. 이 때문에 결정의 실행이 연기되기도 한다.

::직원들과 리더의 업무 프로세스에 차이가 있다

직원들은 자신들이 업무현장에서 부딪히는 문제에 대한 해결안이 부서 회의에서 결정되면 곧 실행하려 한다. 하지만 리더는 '그 해결안의 실행이 조직 전체에 어떤 영향을 미칠 것인가? 다른 부서의 협조는? 상사와 조직 차원에서의 지원은?

책임은?' 등등의 사안들을 생각한다. 이러한 것에 너무 민감할 경우 회의 결과의 실행은 지연되거나 회의에서 결정을 내리지 못한다.

::리더는 부서 단독의 변화를 싫어하거나 꺼린다

조직은 전체가 협력과 협조를 해야 한다. 따라서 자신이 이끄는 부서가 독자적으로 업무프로세스를 바꾸거나 새로운 프로세스를 적용한다면 다른 부서의 반발, 지원 부족, 갈등 발생 등의 우려가 있다고 생각한다. 리더는 이러한 문제에 부딪히기를 원하지 않는다. 따라서 부서 단독의 결정과 실행을 주저하게 되고 회의에서의 결정을 뒤로 미룬다.

::리더는 스스로 책임을 지려는 마음이 약하다

부서의 성과는 그 성과가 좋든 나쁘든 부서장이 책임을 진다. 또한 부서의 업무프로세스를 바꾸거나 새로운 접근법으로 문제를 해결하는 것도 그 결과는 부서장의 책임이다. 물론 직원들에게도 책임이 있다. 여기서 부서를 이끄는 리더가 기존의 책임범위를 벗어난 새로운 책임을 지는 것을 싫어하거나 두려워한다면 결론을 쉽게 내리지 못한다.

::리더는 부서 자체적인 실행의 결과에 의문을 가지고 있을 수 있다

부서 회의에서 좋은 의견이 나와 결정을 내리고 실행하였을 때 기대보다 성과가 낮게 나오는 것에 대한 걱정과 두려움을 갖고 있다. 또 부서 내의 합의는 이루었지만 다른 부서와의 협조와 필요한 지원을 받아 내거나 설득하는 데 자신이 없다면 의사 결정을 망설이게 된다.

:: 리더십스타일이 너무 신중하다

　돌다리도 두드리면서 건너는 것은 예상하지 못한 위험에 대한 준비이다. 하지만 돌다리를 두드려 보고도 확신이 없다고 건너지 않는 것이 문제이다. 너무 신중하거나 소심한 리더의 경우 회의에서의 의사 결정에 너무 많은 상황을 상상한다. 이러한 리더는 회의 참석자들의 좋은 의견을 갖고도 현명한 판단을 내리는 데 실수를 하거나 머뭇거려서 좋은 기회를 놓치기도 한다.

● 부작용

- 이런 일이 반복되면 직원들의 동기 — 회의에서 의견 개진과 참여 정도 — 가 떨어진다.
- 이 때문에 좋은 의견이 있어도 말하지 않을 우려가 있다.
- 업무문제를 해결하는 데 좋은 기회를 놓칠 수 있다.
- 회의기능에 대한 부정적인 견해를 갖는다.
- 리더의 의사 결정 연기를 자신들의 의견이 부족하다고

느끼기 때문이라고 생각할 수 있다.

● 대 책

::리더는 과감한 결정을 내린다

이는 무리한 결정을 내리라는 것이 아니다. 의사 결정과 실행이 부서의 성과를 올리고 직원들의 업무능력을 향상시키며 동시에 회사의 목표 달성에 기여한다는 판단이 섰다면 결정을 내려야 한다는 것이다. 리더는 자신이 이끄는 부서의 성과도 생각해야 하지만 조직 전체의 목표 달성도 염두에 두어야 한다. 리더가 결정을 머뭇거리면 직원들의 사기는 떨어진다. 아무리 좋은 의견을 말하더라고 결정에 영향을 미치지 못함은 사기를 떨어뜨리는 것이다. 리더의 결정력이 부서원들의 참여의지를 결정한다.

::리더로서의 커뮤니케이션능력이 있어야 한다

다른 부서의 협조와 지원을 끌어내기 위해 다른 부서장들과의 대화 또는 회의를 통해 그들과 조직을 설득할 수 있어야 한다. 이를 위해 리더는 자신의 커뮤니케이션 능력을 개발하여야 한다. 물론 다른 부서장과의 관계를 돈독히 하고 조직과 상사와의 관계도 원만하게 유지 하여야 한다.

::효과적인 의사 결정을 부서에서 실행함으로써 전사에 파급될 수 있음을 알고 작은 실행부터 한다

조직의 큰 변화는 작은 변화의 시도와 성공에서 시작된다. 부서를 책임지고 있는 리더라면 자신의 부서가 올바른 성과를 올리는 데 요구되는 변화를 다른 부서보다 먼저 실행할 수 있는 용기가 필요하다. 특히 직원들의 가치 있는 의견과 아이디어라면 그것에 힘을 실어 주는 리더십이 요구된다.

::의사 결정에 요구되는 모든 정보를 얻고서 결정할 수는 없음을 알라

어떤 일이든 100% 완벽한 조건에서 실행될 수는 없다. 리더가 의사 결정을 할 때 80% 정도의 조건이 옳다면 의사 결정을 내려야 한다고 '피터 드러커'도 말했다. 경영환경은 늘 변화가 있기 때문에 완벽한 정보를 수집할 수가 없다. 현업 실무자인 직원들의 가치 있는 의견이라면 리더는 직원들의 능력을 믿고 결정을 내리는 것이 현명하다.

::부서원들의 능력을 믿고 무리하지 않은 범위 내에서 결정을 함으로써 직원들이 회의에서 의견을 개진하고 결정에 기여한 것에 의미를 부여하라

직원들이 회의에 참석해 자신의 의견과 아이디어를 개진하는 것의 의미는 의사 결정을 내리는 데 자신들의 의견이 기여하는 것이다. 리더는 이러한 직원들의 욕구를 잘 알아야 한

다. 리더가 의사 결정을 머뭇거림은 직원들이 낸 의견이 가치가 떨어지거나 바람직하지 않다는 것을 간접적으로 표현하는 것으로 오해할 수도 있다. 물론 항상 의사 결정을 내려야 하는 것은 아니다. 하지만 직원들은 자신의 의견이 가치 있고 중요한 내용이라고 생각한다. 리더는 직원들의 이러한 욕구를 채워 주어야 한다.

㉛ 참가자들의 참여를 이끌어 내지 못하는 리더

■ ■ ■

직원들도 모두 참석한 회의를 시작한 지 30분이 지났다. 리더는 자신이 생각하는 의제를 말하면서 시작하였으나 딱딱한 분위기를 부드럽게 만들지 못하고 회의를 진행하였다.

리더: 자! 그럼 첫 번째 의제부터 시작합시다. 품질 향상을 위한 아이디어들을 말하도록 하지요! 누가 먼저 이야기하겠습니까?

이때 참석자들은 아무런 반응이 없다.

리더: 왜들 이야기들이 없어요! 그럼 이기동 씨부터 이야기하지요.

이기동: 글쎄요. 아직 깊이 있게 생각해 보지 않아서……. 다른 분들의 의견을 먼저 들었으면 합니다.

리더: !!!! 그럼 누가 이야기를 하겠습니까?

참석자들 모두 침묵을 지킨다. 리더는 또다시 다른 직원의 이름을 부른다.

박시진: 저는 품질에 대해 직접적인 관련이 없어서…… 그리고 품질의 어떤 부분이 문제인지 잘 모르겠습니다.

리더: 내가 사전에 이야기했는데도 이해를 하지 못하였다고요! ……의견

들이 없나요? 사전에 회의에 대한 안내를 다 했는데……. 의견들이 없다면 회의를 진행할 수가 없잖아요! 그냥 내 생각대로 할까요? 다들 불만들이 없겠습니까?

참석자들: !!!!!!!!!!!!!

■ ■ ■

● 발생원인

:: 참석자들이 회의 의제에 관심이 없다

자신이 관심 없는 일에 대해서는 누구나 적극적인 참여 혹은 몰입을 하지 않는다. 회의를 진행하는 리더의 입장에서는 참석자들의 관심을 의제에 집중하도록 하여야 한다. 자신의 업무와 관련성이 적거나 없는 경우에도 흥미는 떨어진다. 자신이 회의에 참석한 목적이 분명하지 않을 경우에도 참여도는 떨어진다

:: 참석자들이 아직 준비되어 있지 않다

리더는 자신이 회의를 진행하기 때문에 회의에 대한 준비를 충분하게 하였으나, 회의에 참석하는 직원들의 경우 다른 업무 때문에 리더가 기대하는 만큼 준비를 하지 못한다. 준비되어 있지 않은 직원들의 회의 몰입도가 떨어지는 것은 어쩌면 당연한 일 아니겠는가? 시간이 부족해서든, 회의 개최가 사전에 통보되지 않아서이든 참석자의 준비는 회의 성공에 중요한 역할을 한다. 그리고 리더는 직원들이 회의 준비를 충

실하게 하도록 시간과 기회를 주고, 회의에 참석해서는 몰입을 하도록 하는 기술을 익혀야 한다.

:: 시작과 동시에 분위기가 무겁고 워밍업이 부족하다

사람의 심리는 분위기에 따라 매우 민감하게 반응한다. 자신이 미처 준비되지 않은 상태에서 새로운 또는 부담되는 상황에 개입한다는 것은 심리적인 저항을 불러올 우려가 있다. 회의 시간이 부족하거나, 급한 다른 일을 해야 하는 경우 리더는 회의를 서두르게 된다. 또한 결론을 빨리 내려야 하는 경우에도 서둘러 무겁고 심각하며 모두에게 영향을 미치는 의제를 성급하게 다루려 한다.

:: 리더가 독선적인 진행을 해 왔다

회의 참석자들의 회의 참여와 몰입도는 리더의 회의를 이끄는 스타일에 큰 영향을 받는다. 이제까지 리더가 회의를 자신의 생각대로 그리고 자신이 갖고 있는 결론대로 이끌어 왔다면 직원들은 회의 참석을 리더의 생각(동의하든 동의하지 않든)을 듣는 시간이라고 생각한다. 이러한 직원들이 다양한 의견을 갖고 있을 것이라는 기대를 하는 것 또한 리더의 독선적인 생각이다.

:: 리더는 직원들이 침묵하는 원인을 파악하지 못하고 있다

직원들이 회의에 참석해 의제에 대한 자신들의 의견을 개

진하지 않는 원인은 여러 가지가 있다. 이것에 대해 리더가 그 원인을 파악하지 못한다면 쉽게 개선될 수 없을 것이다. 대부분 리더는 직원들이 의제에 대해 아이디어나 생각을 표현하지 않는 것에 대해 그들의 능력을 의심한다.

:: 참석자들은 의견 개진 요령이 부족하다

자신감의 부족이든, 설득력의 부족이든 자신의 의견을 말하는 데 어려움이 있는 것은 그 사람의 참여를 가로막는 원인이다.

:: 서로의 의견에 대해 비평이나 비난을 하는 경향이 있다

이는 조직 또는 부서의 분위기/문화의 문제이다. 다른 사람의 의견에 대한 건설적인 피드백은 상호간의 시너지 효과가 있다. 반대로 부정적인 피드백은 의견 개진을 가로막고, 적극적인 참여를 가로막으며 시너지 효과를 떨어뜨린다. 자신의 의견에 대해 동료들로부터 부정적인 피드백을 많이 받게 되면 학습된 무기력이 작동하여 다른 기회에서는 침묵하게 된다.

● 부작용

- 리더의 독선으로 흐르기 쉽다.
- 리더는 직원들의 능력에 대해 의문을 가진다.
- 참석자들은 자신들이 의견을 말하지 않는 것을 리더십스

타일 때문이라고 생각할 수 있다.

- 회의 분위기 더 무거워질 수 있다.
- 회의 참석을 꺼리게 된다.
- 결정한 사안에 대한 몰입도가 떨어지고 책임감이 낮아진다.

● 대 책

::리더는 참석자들의 침묵 원인을 찾고 해결을 위해 노력한다

회의 참석자들은 자신의 의견에 확신이 부족하거나, 확신은 있지만 논리적인 전개능력이 떨어지거나, 리더의 수용성에 대한 의심, 다른 참석자들의 부정적인 피드백이 두려워 침묵하게 된다. 물론 다른 이유도 있을 것이다. 리더는 이러한 참석자들을 침묵하게 하는 원인을 파악해서 보완할 것은 보완하고, 제거할 것은 제거하는, 다양한 기술을 활용해야 한다. 브레인스토밍, 브레인라이팅, 친화도표, 시간제약, 부정적인 피드백의 경고자 등등의 방법을 활용해 회의 참석자들의 적극적인 참여를 이끌어 내야 한다.

::리더는 회의 시작 시 가벼운 워밍업으로 직원들의 자연스러운 참여를 이끌어 낸다

회의 의제의 대부분은 직원들에게 부담을 주는 것이다. 회의에서 개진된 의견들이든, 회의의 결론이든 회의에 참석한 직원들은 부담되는 피드백을 많이 받는다. 때로는 회의 의제

가 매우 민감하고 중요해 회의 참석에 중압감을 느끼기도 한다. 따라서 리더는 회의를 시작하자 곧바로 이런 의제를 다루어서는 자신이 기대하는 참여와 몰입을 이끌어 내는 데 어려움을 겪을 수 있다. 이를 극복하는 방법으로 리더는 회의를 시작하면서 유머나 칭찬 또는 가벼운 레크리에이션을 통해 워밍업을 하는 것이 좋다. 그리고 가볍고 부담이 적은 의제를 다루면서 서서히 중요하고 무게가 있는 핵심 의제로 접근하는 것이 좋다. - 아젠더 벨을 기억하라.

:: 리더는 다양한 방법을 시도한다

회의 참석자들은 리더의 스타일(커뮤니케이션, 회의 진행 등)에 매우 민감하다. 리더는 회의 참석자들의 참여와 몰입이 기대보다 낮다고 생각 들면 회의 진행 스타일을 바꾸어 본다. 참석자 중 한 명에게 회의를 진행하게 하거나, 자신이 자리를 비우거나, 의제에 따라서 돌아가며 진행을 하거나, 리더 자신의 의견을 제일 나중에 말하는 방법을 동원해서 활용한다.

:: 상호 의견을 존중하는 분위기를 만든다

의견과 아이디어의 상호 존중과 인정은 기대 이상의 효과가 있다. 더 많은 아이디어가 나오고 하나의 아이디어는 다른 아이디어를 이끌어 낸다. 자신의 의견이 존중받으면 참석자들은 자연스레 회의에 몰입하게 된다. 또한 의견의 존중은 차이의 인정에서 나온다. 다른 사람들이 나와는 다른 것이 당연하다. 따라서 그 사람의 생각, 관점, 시각, 판단 등이 나와는 다를 수 있고 이러한 다양함이 조직 시너지의 핵심이라는 것을 인식할 때 회의는 생산적으로 진행될 수 있다.

:: 의견을 개진하는 방법을 학습한다

개인적이든 조직 차원에서든 의견을 개진하고 토론을 하는 기법을 습득하라. 커뮤니케이션에 대한 지식을 습득하라. 의견 개진방법에 대해선 부록을 참조하라.

:: 참석자들은 회의 참석에 가치와 기회비용을 생각한다

일단 자신이 회의에 참석하였다면 그 회의 성과에 기여하려는 노력이 필요하다. 자신을 회의에 참석시킨 것은 리더가 자신에게 기여를 기대하기 때문이다. 따라서 회의에 참석한 참석자는 자신의 의견과 아이디어 그리고 회의 참여를 하는 기술이 회의 성과 달성에 기여하도록 한다.

:: 무리하게 진행하지 않는다

리더는 회의 참석자들이 준비가 충분하지 않거나, 급하게 결론이 나와야 하는 의제가 아닐 때는 무리하게 회의를 이끌지 말고 다음으로 연기한다. 이 연기는 준비 — 의견 준비, 해결책 고민 등 — 를 위한 연기임을 분명히 밝힌다.

32 회의 방해물을 해결하지 못하는 리더

회의를 시작한 지 30분이 지났고, 진지한 토의가 진행된다. 이때 갑자기 회의실 문이 열리면서 다른 부서의 부서장이 들어오면서 회의 리더에게 질문하고 리더는 그 답을 하느라 잠시 회의가 중단된다.

회의 중 참가자 중 한 사람의 핸드폰이 울리며, 그 직원은 작은 소리로 통화하거나 밖으로 나간다.

회의를 진지하게 진행하는데 회의실 밖에서 다른 직원들이 떠드는 소리가 너무 크게 들려 회의실의 진지함이 깨진다.

회의 중 참석하지 않은 직원이 회의실로 와서 참석자 중 한 사람의 이름을 부르면서 전화가 왔다고 전한다. 그리고 그 직원은 전화를 받으러 나간다.

참가자 중 한 직원이 옆 직원과 소곤거리며 대화를 한다.

회의를 진행하는 데 준비한 기자재(컴퓨터, 프로젝트 등)가 제대로 작동되지 않는다.

회의 중 회의실의 전화가 울리고 리더는 그 통화를 하는 데 10분의 시간을 사용하고 다른 참가자들은 묵묵히 앉아 있거나 밖으로 나간다.

● 발생원인

:: 어떠한 것이든 회의를 방해하는 요소는 항상 회의가 진행되면 일어나기 마련이다. 이러한 방해요소는 업무적인 것이기도 하고, 예상하지 않은 일의 발생이기도 하며, 업무를 핑계로 회의 참석을 꺼리는 것 등이기도 하다. 중요한 것은 이러한 방해로 인해 회의가 그 성과를 달성하는가 여부이다. 이러한 방해가 회의 진행과 의사 결정에 방해되지 않음은 의제의 문제 혹은 참석자의 문제 등이 있다. 물론 회의 진행에 방해된다면 곧바로 조치를 취해야 한다.

:: 회의에 대해 가치를 두지 않는 조직 문화 — 회의 참석의 부정적 견해, 의견의 무시, 다른 직원들과의 갈등 발생, 리더의 회의 진행 스타일 등에 의해 발생하는 — 의 문제이기도 하다.

:: 사전 통지의 미흡으로 인한 준비 부족과 시간관리 실패로 인한 방해 등이 그 원인이다.

:: 리더가 이러한 방해요소를 크게 신경 쓰지 않고 회의를 진행해 왔다. 따라서 직원들도 회의 시간에 위의 행동을 당연하다고 생각한다.

● 부작용

  – 회의 진행을 제대로 할 수 없다.
  – 다른 이유를 들어 회의실을 빠져나가는 참가자들이 생긴다.
  – 회의 집중력이 떨어진다.
  – 방해요인들이 지속적으로 발생한다.
  – 과다한 회의 비용이 소요된다.

● 대 책

:: 회의 안내서를 통해 회의의 시작과 종료시간을 알린다

  회의는 부서의 중요한 업무이고 부서의 활동이다. 따라서 리더는 미리 회의 개최를 관련자에게 통지하여 회의 참석을 위해 업무와 시간을 조정하도록 한다.

:: 외부 전화에 대해서는 메모를 남기거나 차단한다

  회의를 하면서 가장 많이 방해받는 것이 외부 전화이다. 고객의 전화일 수도 있고 조직 내 다른 부서의 전화일 수도 있다. 따라서 리더는 회의를 진행하는 동안 외부 전화를 받고 메모를 남기도록 조치를 취해야 한다.

:: 회의실에 전화를 없애거나 다른 차단방법을 쓴다

  회의실의 전화는 꼭 필요한 경우가 아니면 사용을 자제한

다. 중요한 회의를 할 때는 가급적 회의실에는 전화를 비치하지 않는다. 혹은 직원 중 한 명이 회의 참석 대신에 전화를 받도록 한다.

:: 직원들에게 사전 통지해 업무를 조정하도록 한다

회의 참석자는 회의 참석과 자신의 업무 처리 간의 우선순위에 갈등을 가질 수 있다. 따라서 이러한 갈등을 완화하거나 없애기 위해서 리더는 사전에 회의를 통지한다. 가능하면 최소 1일 전에는 통지를 한다.

:: 회의를 정해진 시간에 마친다

이러한 조직의 회의 문화가 직원들의 업무를 방해하지 않고 회의를 진행할 수 있도록 한다. 직원들 또한 어젠다의 시간이 준수된다는 믿음이 있으면 자신의 업무를 적극 조정할 것이다.

:: 효율적인 회의 경험을 쌓도록 한다

효과적이고 효율적인 회의 경험은 회의에 대한 긍정적인 생각을 갖도록 한다. 또 더 적극적으로 회의에 참여하도록 동기부여한다. 긍정적인 경험은 1) 상호 의견을 인정하고 지지하는 분위기, 2) 다양한 회의 기술로 흥미를 끄는 리더, 3) 정해진 시간의 준수, 4) 참석자들의 완벽에 가까운 준비, 5) 리더의 유연하고 원칙적인 진행, 6) 효과적인 의사 결정과 실행 그리고 성공 등이 있어야 가능하다.

:: 회의 보호자(Meeting Keeper)를 배치한다

외부 전화와 외부 방해자들로부터 회의를 보호하는 보호자를 배치한다. 직원 중 회의에 참석하지 않아도 되는 직원이나 통상적인 회의라면 순환하는 방법으로 회의 보호자를 선정한다.

:: 리더는 회의 어젠다를 작성하면서 상사의 승인을 반드시 받도록 한다. 이는 상사로부터의 회의 방해를 막을 수 있는 최선의 방법이다.

:: 다른 부서장과의 대화를 통해서 상호 회의의 방해를 자제하도록 사전에 조치를 취한다.

33 회의 시간을 지키지 않는 리더

■■■■

참가자 1: (회의실에 들어온다) 어! 아무도 오지 않았네. 진행하는 분도 계시지 않고, 아직 시간이 되지 않았는가? 아닌데……. (잠시 머뭇거리다) 다들 모이면 부르겠지. (하면서 자신의 자리로 간다.)

리더: (회의실에 들어온다, 아무도 없는 것을 보고는 밖으로 소리 지른다.) 왜들 오지 않는 거야! 벌써 30분이 지났잖아! 빨리 회의실로 모이세요!

결국 계획 시간보다 40분 늦게 회의는 시작되었고, 참석자들은 급하게 오느라 숨을 고르고 있다. 그렇지만 회의는 시작이 되고…….

참석자 2: 벌써 시간이 1시간이나 더 지났네…… 급하게 업무를 처리해야 하는데…… 고객에게 자료를 보내 주기로 한 시간보다 30분이 더 지났네…… 고객 전화가 왔을 텐데…… 항상 회의 시간이 지켜지질 않아서…… 오늘은 언제 끝날는지…….

■■■■

● 발생원인

:: 리더와 참가자들이 회의 시작 시간을 잊었다

회의를 참석해야 하는 직원들이 자신의 업무 때문에 혹은 회의 참석에 대한 부담감으로 회의 시간을 잘 지키지 않는다. 자신의 업무에 집중하다 보면 시간의 흐름을 의식하지 못하기도 한다. 회의가 자신의 업무와 부서의 성과에 미치는 영향을 잘 모른다. 따라서 회의에 참석하는 데 적극적이지 않다. 리더 또한 회의 시간을 준수하지 못한다.

:: 리더가 미리 확인하지 못했다

리더는 자신이 한번 이야기한 것(회의 개최)에 대해 직원들이 기억하고 그대로 행동할 것이라고 믿는다. 회의의 중요성 역시 자신이 바라는 대로 인식하고 있을 것이라고…… 그런데 그렇지 않다. 직원들은 자신에게 부과된 업무 처리에 정신이 없을 수 있다. 리더의 안일한 생각이 부른 실수이다.

:: 다른 참가자들이 모두 참석하면 참석하겠다는 생각이다

자신이 일찍 참석해서 다른 참석자들이 모두 참석할 때까지 기다리는 것을 좋아하는 직원은 없다. 게다가 덩그러니 회의실에 앉아서 다른 직원들이 들어올 때까지 기다리는 것 또한 싫다. 자신이 필요하면 부를 것이다. 개인적으로 나는 다른 직원들보다 능력이 뛰어나므로 늦게 참석해도 다른 직원들이 나

를 기다릴 것이다 등등의 자기중심적인 생각을 갖고 있다.

::리더 또한 시간을 지키지 못했다

리더 스스로 회의 시작 시간을 어겼다. 대부분의 리더가 저지르는 실수이다. 리더는 자신이 주재하는 회의 시간이 직원들에게도 중요하고 가치 있는 시간이라는 것을 알아야 한다.

::이러한 경험이 쌓여 부서의 문화가 되었다

어떠한 이유에서든 많은 회의는 처음 계획된 시간보다 항상 늦어진다. 이 때문에 직원들이 회의 시작을 기다리면서 시간을 낭비한다. 때로는 리더가 늦게 참석해서 모든 참석자들이 기다리면서 시간을 보낸다. 이러한 일이 반복되면 부서 또는 조직의 문화가 된다. 문화는 습관과 마찬가지로 한번 몸에 배게 되면 쉽게 바꿀 수 없다.

::회의는 늘 리더가 먼저 와서 부를 때 참석을 하는 것이라는 생각을 가지고 있다

회의는 리더가 중심이고 리더 마음대로 진행하는 것이기 때문에 필요하면 나를 부를 것이 라는 생각을 갖고 있다. 이는 자신의 회의 참석 가치를 모르기 때문이고 회의는 리더를 위해서만 진행된다는 오해를 갖고 있기 때문에 나오는 반응이다.

:: 회의를 조직적으로 준비하지 못해 시간관리에 실패했다

회의를 정시에 시작하는 것만큼 정시에 종료하는 것이 중요하다. 회의가 지지부진하게 이어지고 정해진 시간에 끝나지 않음은 긍정적인 영향보다는 부정적인 영향이 크다. 이렇게 회의 시간이 길어지게 되거나, 정해진 시간에 종료되지 않는다면 직원들이 회의 참석 때문에 받는 업무 진행에 대한 부담이 커진다. 이는 심리적으로 회의에 대한 부정적인 감정을 갖게 된다.

● 부작용

- 늘 이러한 일이 발생하면 제대로 회의를 할 수 없다.
- 급하게 모였기 때문에 준비를 못하였거나 부족하고 따라서 회의 시간이 오래 걸린다.
- 회의가 직원들의 동기를 떨어뜨린다.
- 회의의 중요성을 잃어버린다.
- 늦게 끝나는 회의로 다른 업무 진행에 지장을 받는다.

● 대 책

:: 시간을 철저하게 지킨다

시간을 지켜야 하는 것은 업무를 마감할 때도 필요하지만 회의 활동을 할 때도 매우 중요하고 필요한 것이다. 일반적으

로 사람들은 회의에 대해 부정적 또는 소극적인 생각을 갖고 있다. 이는 회의가 가진 고유한 특성이다. 즉 의견을 말해야 하고, 자신의 의견에 동의하지 않는 다른 사람들을 설득해야 하며, 자신과 다른 의견을 경청하고 토론해야 하며, 가끔은 서로의 이익을 위해 협력도 하지만 갈등이 초래되기도 하며, 리더의 부서 전체에 대한 업무 피드백에 긍정적이기보다는 부정적인 내용이 많다. 이러한 이유 때문에 회의에 대한 부정적인 견해를 갖게 된다. 이런 심리적인 반응에 회의 시간이 준수되지 않는다면 더 큰 실망감 또는 당혹감을 갖는다. 따라서 어떠한 경우든 정해진 시간 ― 시작시간과 끝나는 시간 ― 을 준수해야 한다. 시간이 지켜지지 않으면 이러한 부정적인 심리현상이 더 자극받는다. 따라서 리더는 어떠한 경우에든 회의 시작시간과 종료시간을 지키는 것이 중요하다.

::리더는 이러한 습관을 바꾸기 위해 사전에 확인한다

회의에서 서기 역할을 하는 사람이 회의 시작 전에 알리거나(구두 메시지, 전화, 이메일 등), 회의 종료시간이 되면 종을 치거나 벨을 울리도록 한다. 회의 의제를 충분히 논의하지 못하였고, 결론이 나지 않았을지라도 정해진 시간이 되면 무조건 회의를 끝내는 습관을 들인다. 이러한 것이 지켜지면 회의에 참석하는 사람들은 정해진 시간에 바람직한 결론을 위해 준비하고 참석하게 된다.

:: 참가자들 또한 회의 통지내용을 숙지하고 필요한 준비를 한 후 회의
에 참석할 업무에 대한 시간 관리를 한다

회의를 효율적으로 진행하고 바람직한 결론을 도출하기 위
해서는 리더의 역할만큼이나 참석자의 역할도 중요하다. 회의
는 공식적인 커뮤니케이션 기회이고 공간이고 시간이다. 원활
한 커뮤니케이션이 회의의 성공을 좌우한다. 이는 리더 혼자
만의 역량이 아니다. 회의에 참석하는 참석자는 회의가 성공
적으로 끝나기를 기대하는 만큼 자신도 준비해야 한다.

:: Time Keeper를 정해 놓는다

Time Keeper는 서기가 될 수도 있고 다른 회의 진행 직원
이 될 수도 있으며 필요하다면 리더가 그 역할을 수행할 수
도 있다. Time Keeper는 회의 시작 시간뿐만 아니라 참석자
들의 의견 개진 시간, 회의를 마무리하는 시간을 지키도록 회
의 시간을 관리하는 역할을 한다.

:: 회의 시간을 준수하는 습관과 문화를 위해 다 함께 노력한다

회의의 가치를 인정하고 조직의 성과를 위한 전체 아이디어
와 의견을 모으는 시간으로, 자신이 직면한 업무상의 문제 해결
을 위한 아이디어와 방법을 모으는 업무 수행의 기술과 도구로
회의를 인정하고 적극 활용하는 문화를 만든다. 이를 위해 회의
진행 스킬과 회의 분위기 그리고 바람직한 회의 결과 도출이라
는 성과를 달성하는 회의가 되도록 모두가 노력하여야 한다.

③④ 퇴근시간에 회의하는 리더

직원들은 하루 업무를 정리하고 내일 할 업무를 준비하며, 퇴근시간을 기다린다. 이때 임원회의에 참석했다가 부서로 돌아온 부서장은 자신의 자리로 가면서 직원들을 돌아보고 "모두 회의실로 모이세요! 회의를 좀 합시다."라고 이야기하면 직원들은 서로 얼굴을 마주 보면서 인상이 굳어진다.

다음날 특별한 일이 발생하지 않았는데 리더는 또다시 퇴근시간 20분을 남겨 두고 회의를 하자고 한다. 또 같은 일이 발생하자 직원들의 입에서 불평하는 소리가 나온다……. (또 2시간은 걸리겠군…… 왜 미리 말씀하지 않으시는 거야? 등등 ……)

● 발생원인

:: 긴급하고 중요한 문제가 발생했다

임원회의에서 그리고 하루를 마감하는 시점에서 급하게 처리해야 하는 업무가 발생하였다. 리더의 입장에서도 굳이 퇴근시간에 회의를 진행하고 싶지 않지만 이 업무의 진행을 위해 부서원들의 의견이 필요하다. 따라서 리더는 어쩔 수 없이 회의를 소집한다.

::리더는 회의를 직원들의 업무로 보지 않고 있다

따라서 필요할 때면 언제든 개최할 수 있다고 생각한다. 특히 일과 후 회의를 개최하는 것이 업무에 더 많은 시간을 집중할 수 있을 것이라고 생각한다. 회의는 조직 업무 수행의 중요한 기능이자 부서 전체의 업무이다. 즉 리더의 업무이기도 하고, 직원들의 업무이기도 하다. 따라서 중요하고 긴급한 사안이 아니면 추후에 회의를 개최하는 것도 좋은 동기부여 방법이다.

::리더는 자신의 업무를 다 마친 후 정리와 확인 차원에서 회의를 활용한다

이러한 것은 개별적인 대화를 통해서 얼마든지 가능할 것이다. 리더는 자신의 업무가 부서 전체의 업무를 파악하고 조정해야 하는 역할이라는 것을 알고 있다. 따라서 부서 리더는 직원들의 업무현황에 대해 궁금해한다. 이러한 욕구 충족을 위해 리더는 회의를 일과의 마감 차원에서 소집한다. 특히 자신이 궁금하거나 관심을 갖고 있는 업무의 보고가 업무 시간 중에 이루어지지 않으면 꼭 회의를 소집해 그 업무를 확인하는 것이 필요하다는 생각으로 회의를 활용한다.

::리더는 직원들의 개인적인 일보다는 회사의 업무를 더 중요하게 생각한다

따라서 업무를 위해서는 시간이 중요한 것이 아니다. 일과 시간을 지나서도 업무를 하는 것은 당연하다. 늦게까지 일을 해야 부서가 잘 돌아가는 것처럼 보이고 느낀다는 생각을 갖고 있다.

● 부작용

- 준비 없는 회의가 될 가능성이 높다.
- 직원들의 동기가 떨어진다.
- 몰입과 참여가 떨어진다.
- 직원들의 불평이 업무성과에 영향을 미칠 수 있다.
- 중요한 사람의 참석이 불가능할 수도 있다.
- 회의에 불참하는 사람들이 발생하며, 이것이 습관이 될 수도 있다.

● 대 책

::리더는 긴급한 문제가 아니면 가급적 갑작스러운 회의 ─ 특히 퇴근 시간에 ─ 는 개최하지 않는다

임원회의에서든 같은 리더들 간의 회의에서든 나온 결론이 긴급하고 중요한 업무가 아니라면 리더는 퇴근시간에 임박해

서는 회의 개최를 하지 않는다. 그리고 회의가 필요한데 당장은 회의를 진행할 필요가 없다면 직원들에게 회의 결과를 간단히 이야기하고 회의 일정을 잡고 각자가 준비할 사항을 이야기하고 시간을 준다. 특히 몇몇 직원들만 관련된 업무인 경우 다른 직원들까지 회의에 참석하지 않도록 한다.

:: 긴급한 문제의 경우 간단히 요약해 직원들에게 알리고 회의를 진행할 준비를 하도록 한다

당장 회의를 개최해야 하는 사안이라고 하더라도 곧바로 회의를 개최하지 말고, 사안을 알리고 가능한 한 직원들에게 준비할 시간을 주도록 한다. 그래야 성과가 있는 회의가 된다. 조직의 업무는 항상 정해진 일만 발생하는 것이 아니다. 따라서 직원들의 경우에도 긴급한 업무를 위해 시간의 연장을 수용하는 유연성이 요구된다.

:: 리더는 긴급한 문제의 경우라도 반드시 참석해야 하는 직원의 참석이 어려우면 회의 개최를 심사숙고한다

꼭 필요한 직원이 외출 혹은 출장으로 참석이 어렵다. 그가 없으면 회의의 결론을 내릴 수 없다. 하지만 회의를 개최해야 하는 업무에 대해서는 직원들이 알아야 한다. 이러할 때는 리더는 회의 개최보다는 직원들에게 업무내용을 알리고 — 통보 형식으로 — 직원들이 대안을 생각할 수 있도록 한다.

::퇴근시간의 회의는 가급적 자제하고 필요한 경우 개인적인 접촉을
통해 요구되는 정보를 수집한다

직원 개인과의 대화나 보고를 통해 얻을 수 있는 정보와
업무에 대한 내용을 가지고 회의를 개최하지 않는다.

::리더는 의제의 중요성을 판단하고 회의가 필요한 경우 소요시간을
정해서 직원들에게 알린다

퇴근시간이 다가왔는데 회의를 개최해야 하는 긴급한 업무
가 발생하였다. 이때 리더는 회의를 개최해야 하는 상황을 직
원들에게 알리고 준비하도록 하며 회의 진행 계획을 세운다.
회의 진행 어젠다를 작성한다. 충분한 정보를 직원들에게 알
려 회의의 중요성을 인식시키고 소요시간을 알려 준다.

::회의 만능주의 리더가 저지를 수 있는 가장 흔한 실수이다. 이 회의
만능주의를 극복하기 위해서는 앞의 25번째 내용을 참고로 하라.

35 참석자들에게 필요한 정보를 제공하지 않는 리더

■ ■ ■

참가자 1: (열의를 갖고 회의에 참석하고 있다. 리더에게) 부장님 조금 전에 말씀하신 회사의 정책이 바뀐다는 것이 어떤 내용인지 말씀해 주십시오.

리더: 뭐 별거 아냐! 시간이 지나면 알게 될 거야!

참가자 1: 오늘 회의의 결론과 관련이 없습니까? 관련이 있다면 새로운 방법을 찾아야 하는 것이 아닌가 하는 의문이 생깁니다.

리더: 그것에 대해서는 신경을 쓰지 말고 자신들이 해야 하는 일이나 책임감을 갖고 하라고. 새로운 변화가 시작되면 그때 가서 대처하면 되니까!

참가자 2: 그러면 일이 중복되거나 처음부터 다시 해야 하는 일은 생기지 않을까요? 거의 결론이 난 것 같은 데 말씀해 주시면 좋을 것 같은데요.

리더: 아직 위에서 명확한 지시가 내려온 것이 없으니까 그냥 지금대로 하라고. 그리고 필요한 정보는 각자에게 필요할 때 내가 따로 이야기해 줄 테니까. 아까 이야기한 것과 같이 그때 가서 다시 시작하면 되니까!

참석자들: !!!!(속으로 궁금해하면서 얼마나 오늘의 결정에 대해 몰입해야 할지 의문을 갖는다.)

■ ■ ■

● 발생원인

:: 리더는 정보를 혼자 독점하려 한다

리더는 자신이 의식을 하든 의식을 하지 않든 직원들보다 더 많은 정보를 알고 있다. 직원들은 리더로부터 다양한 정보를 원한다. 특히 조직의 새로운 변화에 대한 정보에 대해서는 더더욱 그렇다. 리더가 정보의 독점으로 자신의 권위를 세우려 한다. 이러한 리더는 직원들의 업무에 그리고 회의 성과에 반드시 필요한 정보조차도 공유하려 하지 않는다.

:: 아직 명확한 지시가 없어 리더 스스로 어떻게 대응해야 할지를 잘 모르고 있다

리더 또한 자신의 상사로부터 필요한 정보를 습득해야 한다. 리더는 자신에게 필요한 정보가 충분하게 습득되지 않은 상태에서는 그 정보를 직원들에게 알려 주는 것이 좋을지에 대한 의사 결정을 내리는 데 주저하게 된다.

:: 정보의 제공이 직원들에게 별 도움이 되지 않을 것이라는 생각을 하고 있다

이는 리더의 주관적인 판단이고 추측이다. 직원들은 자신의 업무와 관련된 정보를 많이 알수록 업무에의 몰입도가 올라간다. 리더는 자신이 알고 있는 정보가 직원들이 업무에 몰입하고 성과를 올리는 데 도움이 될 것이라는 생각을 갖고 있지 않다.

::정보의 공유보다는 각자에게 필요한 정보만 제공하면 된다고 생각
하고 있다

회의 시간에 정보를 공유하는 것보다 회의는 자신이 원하
는 대로 진행되고 나중에 필요한 정보를 꼭 필요한 직원에게
개인적으로 전달하려 한다. 개인에게만 필요한 정보를 제공하
는 것도 좋지만 부서, 조직의 정보는 가급적 전체와 공유하는
것이 좋다.

● 부작용

- 회의 몰입이 떨어진다.
- 회의 결론이 의미가 없어질 수 있다.
- 회의 결론의 실행에 소극적이 된다.
- 정보를 공유하지 않는 리더에 대한 감정이 부정적으로
  바뀔 수 있다.
- 직원은 어떠한 방법으로든 자신이 원하는 정보를 얻으려
  하고, 또 어떻게 해서든 정보를 얻을 것이다. 그리고 그
  정보가 자신에게 민감한 것이라면 조직에 대해 또는 리
  더에 대한 로열티가 떨어진다.
- 뒤에서 속닥거리는 비효율적인 커뮤니케이션이 발생한다.

● 대 책

:: 리더는 직원들과 부서에 관계된 정보를 적극적으로 공유한다

정보 공유는 직원들로 하여금 자신들이 하는 일의 중요성과 가치를 알게 하고, 자신들이 올려야 하는 성과기준을 제시한다. 조직을 이끄는 리더는 부서의 업무와 직원들에게 도움이 되는 정보는 적극적으로 공유하는 것이 좋다. 따라서 리더는 회의를 진행하기 전 직원들에게 공유할 정보를 정리하고 회의 의제와 관련된 정보는 반드시 알려 주어야 한다. 회의 성과뿐 아니라 직원들의 동기부여에 그 정보가 큰 영향을 미칠 수 있기 때문이다.

:: 리더 스스로 정보에 대한 확신이 없다면 처음부터 이야기하지 않는다

물론 리더는 확신이 있고 정확한 정보를 제공해 주어야 한다. 잘못된 정보는 오히려 직원들을 당황하게 하고 리더에 대한 신뢰에도 부정적인 영향을 미친다. 애매모호한 정보를 알려 줌으로써 직원들의 혼란을 자극해서는 안 된다.

:: 리더는 직원들이 궁금해하는 부분을 찾아내어 관련된 정보를 공유한다

리더가 생각하는 정보 공유의 범위와 직원들이 기대하는 정보 범위에는 차이가 있을 수 있다. 따라서 평소 직원들이 관심을 갖는 분야나 직원들의 업무 향상에 도움이 되는 정보의

범위를 리더는 알고 있어야 한다. 부서장의 역할은 조직의 상층부에서 발생하는 정보를 직원들에게 알려 주는 임무도 있다. 물론 직원들로부터 나온 정보도 상층부에 보고해야 한다. 따라서 리더의 커뮤니케이션 능력이 매우 중요한 것이다.

:: 회의 장소는 정보 공유를 위한 최고의 장소이다

이를 적극적으로 활용해야 한다. 회의는 공식적인 커뮤니케이션 기회이다. 그리고 회의에 참석하는 직원들은 회의 의제의 해결에도 관심이 있지만 조직 상층부에서 발생하는 다양한 정보에 대해 알고 싶은 욕구도 매우 강하다. 왜냐하면 조직을 이끄는 경영자 또는 상층부의 리더들이 가진 생각이나, 경영방향, 전략 등등이 자신들의 조직생활과 업무의 방향에 큰 영향을 미치기 때문이다. 그리고 리더는 그러한 정보를 개인적으로 전달하는 것보다 회의를 통해서 전달하는 것이 효과적이고 효율적이다.

:: 리더는 정보의 독점이 자신의 권위를 나타내는 것이 아니라는 것을 인식해야 한다

정보와 지식의 가치는 그 정보와 지식이 생산해 내는 부가가치에 달려 있다. 즉 정보와 지식의 양이 힘을 갖는 것이 아니라 그것들을 통한 성과의 향상과 달성이 힘을 갖는다. 직원들은 부서장을 통해 얻는 정보가 자신의 업무에 도움이 된다

는 것을 인정할 때 부서장의 리더십을 적극적으로 구매한다. 과거 관료조직에서는 정보의 확보와 통제가 리더의 힘이 될 수 있었지만 21세기 경영환경에서는 정보 공유를 통한 성과의 향상과 목적 달성이 힘이 된다. 때로는 조직 내 경영층으로부터의 정보뿐 아니라 개인의 경험과 활동에서 얻는 정보도 기꺼이 직원들과 공유해야 한다.

36 참석자의 아이디어에 대해 수용보다는 비판하는 리더, 참석자를 비난하는 리더

■ ■ ■

참석자 1: 이번 문제의 발생은 각자가 자신의 일만 하고 다른 사람들의 일에 관심을 갖지 않으며 필요한 지원이 없어서라고 생각합니다.

리더: 다 아는 사실을 왜 또 꺼내는 겁니까! 문제보다는 해결책을 이야기하세요. 늘 그렇게 문제만 이야기하지 말고…….

참석자 2: 서로의 업무를 공유하고 필요한 지원을 바라는 내용을 게시판에 올리는 것이 어떻겠습니까?

리더: 그 이야기는 지난번에도 나왔는데 효용성이 떨어진다는 결론을 내린 것입니다. 좀 더 창의적인 아이디어를 내보세요. (그리고 참석자 1에게) OOO 씨는 왜 지난번 업무보고를 하지 않는 겁니까? 꼭 내가 말을 해야 하나요? 벌써 며칠이 지났는데!!!

참석자들: !!!!!!!!!!!!!!

■ ■ ■

● 발생원인

::리더는 직원들의 아이디어나 의견을 미리 판단한다

리더는 자신이 생각하는 대로 회의를 이끈다. 직원들의 아이디어 이면에 있는 의미를 파악하려 하기보다는 자신의 의견에 동의하는지, 자신이 원하는 의견인지를 중심으로 직원들의 의견을 판단한다.

::리더는 직원들의 말을 경청하지 않는다

회의는 공식적인 커뮤니케이션 기회이다. 커뮤니케이션은 자신의 의견을 말하는 것만큼 다른 사람의 의견을 경청하는 것이 중요하다. 자신의 생각에만 집중하고 있는 리더는 직원들의 의견을 무시하거나 수용하지 않는다.

::리더는 개인적인 감정을 갖고 있을 수 있다

리더가 가진 직원에 대한 개인적인 감정을 표현해서는 안 된다. 물론 모든 사람의 의견이 리더의 마음에 들 수는 없다. 하지만 조직을 이끄는 리더는 이러한 감정을 조절할 수 있어야 한다. 더욱이 리더라면 이러한 편견의 마음을 극복할 수 있어야 하며 모든 직원들을 공정하고 공평하게 대할 수 있어야 한다.

::리더는 자신의 마음에 드는 아이디어만을 바란다

리더는 자신이 부서를 책임지고 있고, 가장 많은 경험과 뛰

어난 업무능력을 갖고 있다고 생각한다. 따라서 리더가 동의
하지 않은 의견은 가치가 없다고 미리 판단하고 걸러 내려
한다. 즉 의견의 가치와 실현가능성 그리고 합리성과 문제 해
결 능력을 리더의 의견과 일치하는가 여부로 판단하려 한다.

:: 리더는 직원들을 강하게 밀어붙여야 한다는 생각을 갖고 있다

직원들은 적절하게 통제받아야 하고 강하게 압박받아야 자
신의 책임을 인식하고 업무에 집중할 수 있다는 생각을 갖고
있다. 직원들이 자율적이고 책임감 있는 태도를 갖고 있다고
보기보다는 수동적이고 소극적이며 일일이 확인하고 개입해
야 일을 제대로 한다고 생각한다.

:: 아이디어의 내용보다는 실행의 결과를 먼저 생각한다

리더가 생각하는 결과가 나올 것인가가 아이디어의 판단기준
이다. 물론 리더는 부서를 이끄는 책임이 있고 다른 직원들보다
능력과 경험이 풍부하다. 이 때문에 리더는 직원들의 아이디어
를 깊게 논의하거나 분석해 보기 전에 자신의 기준과 판단으로
아이디어의 가치를 판단한다. 그리고 실행을 위한 검토를 하기
전에 자신의 경험으로 실행 결과를 예상하고 반응을 보인다.

:: 리더는 직원들의 능력을 의심한다

리더가 함께 일하는 직원들의 능력을 의심한다면 그 리더

스스로 불행한 일이다. 자신이 이끄는 사람들에 대한 불신은 리더를 힘들게 하고 직원들에게는 강제적이고 독재적인 리더십스타일을 발휘하게 된다. 이러한 리더가 어떻게 회의에서 직원들의 다양한 의견을 수용하고 평가하고 검토하겠는가?

● 부작용

- 직원들의 회의 몰입도가 현저하게 저하된다.
- 직원들은 새로운 아이디어를 말하는 데 주저하게 되고 이는 또다시 리더의 강하게 밀어 붙이는 스타일을 자극한다.
- 직원들은 회의에 참석하는 것을 꺼리게 된다.
- 부서의 분위기가 수동적으로 바뀐다.
- 업무 몰입에도 영향을 미친다.

● 대 책

:: 리더는 직원들의 아이디어를 평가하기 전에 수용한다

직원들의 아이디어는 자신의 위치와 경력에서 생각할 수 있는 최선의 의견일 것이다. 그리고 직원들의 시각은 리더와는 다르다. 따라서 직원들은 자신들의 입장에서 계발할 수 있는 신선하고 창의적인 아이디어를 얼마든지 낼 수 있다. 리더가 직원들의 아이디어를 수용(인정하는)하는 태도를 가질 때 직원들은 아이디어 개진에 동기부여를 받고 더 많고 다양한 아

이디어들을 끌어낸다. 아이디어의 평가는 수용/인정 다음의 문제이다. 수용/인정도 하기 전에 평가해서 아이디어의 가치를 판단한다면 직원들의 창의성을 떨어뜨리게 된다. 평가는 아이디어를 실행할 것인가를 결정할 때와 실행했을 경우의 결과를 검토할 때 활용하면 된다.

:: 회의 진행 과정을 지킨다

회의를 시작하기 전 리더는 자신이 작성한 어젠다를 지킨다. 어젠다에 없는 내용을 절대로 말하지 않는다. 리더가 직원들을 비난하는 경우 어젠다에 없는 내용에 대한 의견이나 어젠다의 의제를 벗어난 의견을 말하면서 진행을 방해할 때에만 허용된다. 회의에 참석한 직원들도 어젠다를 지켜야 하지만(회의 주제에 집중하는) 리더 또한 어젠다를 지키는 것(의견을 인정하고 다양한 의견을 자극하는 분위기를 만드는 리더의 역할 수행)이 중요하다. 회의를 위한 어젠다를 작성하면서 일부러 직원을 회의에서 비난하겠다고 준비하는 리더는 없을 것이다.

:: 위임을 한다

리더는 회의를 진행할 때 직원들의 의견을 가로막거나 미리 판단하는 자신의 스타일을 알고 있다면 자신이 회의를 진행하지 않고 다른 직원에게 진행하도록 한다. 즉 리더는 자신이 회의를 진행할 때 직원들의 참여도가 떨어지고 자신이 직원들을 비난하는 경향이 있다고 판단되면 회의 진행을 다른 직원에게 위임한다. 물론 회의를 맡길 때는 그 직원이 해결할 수 있는 의제에 한해서만 위임한다. 또 다른 방법으로는 리더가 회의를 진행하더라도 의제에 따라서 일부 의제를 직원이 진행하도록 한다. 이때 리더는 회의가 끝날 때까지 회의에 개입하여서는 안 된다. 개입할 때는 의제에 대한 의견 또는 아이디어를 개진할 필요가 있을 때 회의를 이끄는 직원의 허락을 받고 발표한다.

:: 규칙을 정한다

어떤 경기이든 그 경기를 원활하게 진행하고 선수들을 보호하기 위해서 지켜야 하는 경기규칙이 있다. 선수가 이 규칙을 어기면 심판은 제재를 하고 그 규칙을 과도하게 어기면 경기장에서 쫓겨난다. 이와 마찬가지로 회의를 이끄는 리더는 회의 규칙을 만들어 회의 참석자들의 동의를 얻어야 한다. 이 규칙을 리더 스스로도 어겨서는 안 될 것이다.

:: 리더 또한 회의 의제 이외는 말하지 않는다

리더는 회의를 진행하다 보면 개인적으로 궁금한 사안이나, 확인하고 싶은 내용, 문득 떠오르는 잘못된 일들 그리고 일부 직원으로부터 개인적인 피드백을 주고받고 싶은 욕구가 일어난다. 이러한 때에도 리더는 그 내용이 어젠다에 없는 것이라

면 자제해야 한다. 이러한 내용은 대부분 직원들을 비난하거
나 부정적인 피드백이 된다.

:: 직원에게 개인적인 피드백을 할 때는 가급적 개인적 또는 비공개로
   한다

   회의가 공식적인 커뮤니케이션의 기회인만큼 회의장에서 나
오는 말들은 공식성을 띠게 된다. 리더가 회의장에서 일부 직
원에게 부정적인 피드백을 한다면 공식적으로 그 직원을 비
난하는 것이다. 이 피드백은 직원들의 사기를 떨어뜨리고 부
정적인 반응을 유발한다. 따라서 리더는 회의장에서 참석한
직원들에게 부정적인 피드백을 할 때는 용어의 선택에 주의
를 기울여야 한다. 의제와 관련이 없는 피드백은 자제한다.
회의 후 개인적인 대화를 통해 코치하는 것도 좋다.

:: 리더는 직원들의 능력에 대해 신뢰한다

   직원들을 신뢰하지 않는 리더는 그 조직을 이끌 수 없고 뛰어
난 성과를 올릴 수 없다. 자신이 이끄는 조직의 성과는 직원들
의 헌신과 노력 그리고 열정에 의해서 가능함을 인정하는 리더
는 절대로 직원들의 능력을 과소평가하지 않는다. 리더가 직원
들을 신뢰할 때 그들의 아이디어도 신뢰하고 그 아이디어 속에
서 최선의 결론을 얻을 수 있을 것이다. 직원들 또한 리더가 자
신들을 신뢰하고 있음을 알 때 조직업무에 더 몰입하게 된다.

37 자신의 의견에 동의를 강요하는 리더

회의가 시작되고 리더는 의제를 이야기하고 문제 해결에 대한 직원들의 생각을 묻고 개진된 몇 가지 의견에 대해 리더는 반대를 한 후…….

리더: 그러면 이번 문제는 내가 생각한 대로 매일 업무보고를 하는 것으로 합시다. 이견이나 다른 의견들이 있습니까?

참석자 1: 매일 업무보고를 하자면 오히려 업무를 진행하는 데 지장받을 것 같습니다. 1주에 한 번이 어떻겠습니까?

리더: 무슨 소리를 하는 겁니까? 매일 업무내용을 보고하는 데 문제가 있습니까? 어려움이 있다면 말해 보세요. 그리고 1주에 한 번 보고해 그동안의 진행상황을 잘 모르게 되면 어떻게 하나요?

참석자 1: 업무에 따라서 1주에 보고할 것과 매일 보고할 것이 차이가 있을 것입니다. 그런데 매일 보고를 하면 더 중요한 일을……. (이때 리더가 말을 가로막으며)

리더: 어떤 중요한 일이 있습니까? 업무진행을 리더인 내가 알아야 하지 않나요. 그러다 문제가 발생하면 어떻게 합니까! 오늘부터 매일 퇴근 전에 업무를 보고하도록 하세요!!

● 발생원인

:: 리더는 자신의 생각대로 부서를 이끌고자 한다

사람은 자신이 발휘하는 리더십(영향력)스타일이 가져오는 결과에 대해서 잘 생각하지 못하거나 인식하지 못한다. 자신의 스타일이 별문제가 되지 않고 무리 없이 조직과 직원들에게 긍정적인 영향을 미칠 것이라는 생각을 한다. 그리고 자신의 스타일에 직원들이 따라와야 한다는 생각을 갖는다. 따라서 이러한 리더는 회의를 이끌 때에도 자신의 스타일을 고집하게 된다.

:: 리더는 직원의 이견 이면에 있는 자세한 이야기를 듣기를 거부한다

자신의 의견에 동의를 끌어내지 못했거나 반론을 제기받은 리더는 자신의 의견을 관철시키려는 마음을 더 강하게 갖게 된다. 따라서 자신의 의견과는 다른 의견을 개진하는 직원들이 가진 이면을 파악하려 하기보다는 거부하거나 반박한다.

:: 리더는 직원들의 업무에 대해 평소 개인적인 대화와 피드백 등을 통한 파악보다는 보고서를 통해서만 파악하려 한다

직원들이 성과를 올리는 데 리더가 해야 하는 역할은(직원들이 기대하는 역할) 직원들의 업무에 대한 지나친 개입과 잦은 보고를 원하는 것이 아니다. 직원들이 올려야 하는 성과를 명확히 제시하고 공유한 후 그 성과를 올리는 데 지원 — 장애물 제

거 등 — 과 격려 — 동기부여 등 — 를 하는 것이다. 이는 직원들의 업무 진행상황에 대해서 방관하라는 이야기가 아니다. 직원들이 리더에게 자신들의 업무상황을 보고하는 것은 당연하다. 문제는 리더가 이러한 보고를 통해서만 직원과 부서의 업무를 파악하려는 데 있다. 따라서 리더는 보고받는 것이 자신의 중요한 업무라고 생각한다. 이는 보고를 위한 보고가 될 우려가 있다. 이를 극복하기 위해서는 다양한 형식으로 직원들의 업무를 파악하고 리더가 궁금해하는 것을 알 수 있는 방법들 — 즉 리더십의 도구들 — 을 찾고 개발해야 한다.

::리더는 직원들이 그들의 업무를 안이하게 처리한다고 생각한다

리더는 직원들을 직접적으로 개입하지 않으면 업무에서 태만하고 게으름을 피울 것이라는 생각을 갖고 있다. 즉 직원들의 태도와 생각에 대해 부정적인 시각을 갖고 있다는 것이다. 이러한 리더는 직원들을 몰아붙이게 되고 그것을 위한 가장 유용한 방법이 보고의 양과 횟수를 늘리는 것이다.

::리더는 부서의 업무를 장악하려 한다

부서에서의 힘은 리더가 장악하려고 노력하지 않더라도 부서를 이끄는 리더에게 있다. 따라서 부서를 장악해야 하는 것이 리더의 책임이라 생각하지 않아도 된다. 하지만 많은 리더들은 이 생각을 갖지 않고 자신이 모든 것을 통제하고 알고

있어야 한다고 생각한다. 그 책임이 직접적인 것이든 간접적인 것이든……. 이러한 책임 때문에 리더는 자신이 원할 때에 그리고 자신이 필요할 때 부서의 모든 업무를 파악하려한다. 이러한 욕구가 지나칠 때 부서가 올려야 하는 성과보다는 부서 리더를 위한 업무 진행이 될 우려가 있다.

● 부작용

- 일방적인 회의가 된다.
- 결론이 리더만의 것이기 때문에 결과를 실행하는 것이 형식적이 된다.
- 직원들의 합의가 없는(공감하지 않는) 결론이 된다.
- 직원들의 의견이 무시되거나 채택되지 않음으로써 차후의 회의에 의견 개진이 약해지거나 없게 될 수 있다.

● 대 책

:: 리더는 직원들이 개진한 의견을 소중하게 생각한다

부서의 업무는 리더 혼자만이 하는 것은 아니다. 부서원들간의 협력과 지원에 의해 부서의 성과가 결정된다. 이러한 과정에서 직원들은 개개인 나름대로의 의견과 아이디어가 있을수 있다. 이러한 의견이 항상 리더와 일치할 수는 없다. 오히려 일치하지 않은 것이 당연하고 이러한 불일치를 협의하고 토론하고 그래서 바람직한 결론을 이끌어 내는 것이 조직에서 진행되는 회의이고 그렇게 만드는 것이 리더의 역할이다. 따라서 리더는 자신이 가진 의견과 생각만이 옳다는 고정관념을 버려야 한다. 직원 한 사람 한 사람의 의견을 소중하게 생각하여야 한다.

:: 리더는 자신의 의견도 옳지 않을 수 있다는 것을 알아야 한다

리더가 직원들에 비해 다양한 경험과 업무지식 그리고 노하우를 갖고 있는 것이 사실이다. 하지만 리더의 의견이 항상 옳을 수는 없다. 리더의 지식과 노하우가 과거의 경영환경에서 나온 것이라면 오늘의 경영현실과 다를 수도 있고, 현장에서 발생하는 다양한 상황들에 적합하지 않아서 직원들이 수용하기 어려울 수도 있다. 따라서 리더는 자신의 의견이 무조건적으로 받아들여져야 하거나 100% 옳을 것이라는 생각을 강하게 가져서는 안 된다.

:: 리더는 직원들의 합의(동의)가 없는 결론은 실행에 어려움이 있을 수 있다는 것을 알아야 한다

회의 성과는 회의의 결론만큼이나 그 결론이 얼마나 합리적으로 이루어졌고 또 성실하게 실행되는가에 있다. 그것의 판단 여부는 직원들이 결론에 대해 진심으로 동의하였는지가 결정한다. 리더가 자신의 의견을 고집해 그대로 결론이 났더

라도 그 결론에 대해 직원들이 동의하지 않는다면 형식적인 실행이 될 수밖에 없다. 직원들은 자신이 가진 의견을 충분하게 표현해서 인정받고, 다른 의견에 대한 자신의 생각을 충분히 표현했을 때 그 결론이 자신의 생각과 다소 다르더라도 결론을 실행하려는 마음을 갖는다.

:: 리더는 자신의 의견을 가급적 제일 나중에 이야기하거나 직원들의 의견을 충분히 검토한 후 바람직한 결론이 나오지 않으면 이야기한다

리더가 자신의 의견을 제일 먼저 제시하면 그 회의의 결론을 미리 말하는 것과 같은 결과를 초래한다. 그만큼 리더의 영향력이 크다는 것이다. 따라서 리더는 직원들의 의견을 충분히 경청하고 상황을 파악한 후 자신의 의견을 말해야 한다. 리더의 초기 발언을 회의의 가이드라인으로 만들어 직원들의 입을 막아서는 안 된다.

:: 위의 상황에서는 직원이 이야기한 중요한 일이 무엇인지를 파악해야 한다

직원들이 회의 의제에 대해 이야기할 때는 자신의 입장에서 충분히 고려한 후일 것이다. 따라서 리더는 직원들이 자신의 의견을 말할 때는 그 이면에 숨겨져 있는 의미를 파악하려는 노력이 필요하다. 리더는 이것을 자신의 추측으로 결론 짓지 말아야 한다. 직원에게 질문을 통해 이면의 생각을 표현

하도록 해야 한다. 공식적으로 직원의 의견을 묵살하지 말고 회의의 결론을 직원들이 납득하도록 설명한다. 그 후 그 직원과 개별적인 미팅을 통해 자세한 사항을 알아보도록 하는 것이 좋다.

- 회의는 업무의 일환이고 업무를 보다 효율적/생산적으로 하기 위한 아이디어를 공유하고 문제를 함께 해결하는 공간과 시간이라는 인식하여야 한다.
- 리더도 자신의 의견으로 직원들을 설득하고 자신이 원하는 결론을 직원들이 받아들이도록 하기 위해서는 논리적인 근거와 데이터를 갖고 의견을 말한다.

이러한 타당하고 논리적인 근거가 없는 주장은 고집으로 비춰지고 리더가 강압적이라는 평가를 받을 수도 있다.

:: 다양한 커뮤니케이션 채널을 활용해 커뮤니케이션을 활성화시킨다
이메일, 사내 전산망, 메신저, 게시판, 메모지, 개별 미팅, 약식브리핑, 커피타임 등의 방법을 리더십의 도구로 적절하게 활용하도록 하라.

■ ■ ■

리더: OOO 씨 회의 의제를 발표하기 위한 빔 프로젝트는 어디에 있나요?

참석자 1: 필요하시면 지금 찾아서 설치하겠습니다.

리더: 그래요. 빨리 설치하기 바랍니다. (빔 프로젝트가 준비되는 사이 참석 자들에게) 자 모두 모였나요? 간단하게 회의 주제를 이야기하도록 하지 요. 회의를 개최한 이유는……. (이때 참석자 2가)

참석자 2: 부장님 지난번에 결정이 난 거래처와의 협상 건 말인데요. 거 래처에서 반응이 없는데 어떻게 대처해야 하는지 모르겠습니다.

리더: 그래요. 그동안의 상황을 이야기해 보세요.

참석자 2: 예, 잠시 나가서 거기에 관련된 자료를 준비해 오겠습니다.

리더: 그렇게 하세요. 먼저 장비가 준비될 때까지 오늘 의제 중 영업성과 향상방안에 대해 토의합시다. 누가 좋은 아이디어를 이야기하겠습니까?

참석자 3: 오늘 회의는 고객 불만을 어떻게 줄일 것인가가 아니었습니까?

리더: 맞아요. 하지만 아직 장비가 준비되지 않았으니까 그때까지 영업 성과 향상을 위한 토의를 합시다.

참석자 3: 그 건에 대해서는 따로 자료 준비가 필요한데 자료를 찾아오
도록 하겠습니다. (하면서 밖으로 나간다.)

● 발생원인

:: 필요한 장비와 자료가 준비되어 있지 않은 상태에서 회의를 진행한다

회의의 성공은 리더의 진행스킬과 참석자의 준비 그리고 의
제 못지않게 회의 장비에 큰 영향을 받는다. 회의를 진행하는
데 필요한 장비가 준비되지 않아 회의 시간이 지연되거나 준
비하는 시간에 의제와 다른 주제에 대해 토의하게 되면 회의
시간은 낭비되는 것이다. 이러한 일이 발생하는 이유는 회의
를 개최하는 리더가 어떤 장비가 필요한지를 사전에 결정하
지 못하였거나 회의장을 사전에 확인하지 못해서이다.

:: 정례회의라고 일단 개최하는 회의이기 때문이다

회의는 중요한 경영의 기능이고 조직 관리의 기능 중 하나
이다. 이 기능의 올바른 작용 여부가 조직 활성화와 원활한 커
뮤니케이션 그리고 조직의 업무성과에 중요한 영향을 미친다.
정례회의는 반드시 진행되어야 한다고 리더는 생각하고 직원
들 또한 정해진 회의이므로 아무런 준비 없이 참석한다. 회의
가 일상화된 것이다.

::급하게 이루어지는 회의이기 때문이다

갑작스러운 문제의 발생이나 급박한 업무의 발생은 준비 없는 회의의 전형적인 예이다. 이러한 회의는 언제나 시간이 오래 걸리고(준비 부족으로), 충분한 토의가 이루어지지 않는다. 그렇다고 이러한 업무를 뒤로 연기할 수는 없다. 그래서 일단 회의를 시작하면서 하나씩 문제를 해결하려 한다.

::의제가 명확하지 않은 상태에서 진행되는 회의이다

의제를 명확하게 준비하였고, 필요한 회의 진행 어젠다를 리더가 작성하였다면 회의에 필요한 장비를 미리 확인할 수 있을 것이다. 회의에 참석하는 직원들은 서기 또는 진행을 책임지지 않은 한 회의 장비에 대해선 생각하지 않는다. 리더는 한 번쯤 특별하게 요구되는 장비에 대해서는 체크하는 것이 필요하다. 또한 직원들 역시 사전에 어젠다를 통보받지 못해서 어떤 준비를 하고 회의에 참석해야 하는지 모르는 상태에서 회의장에 들어오거나 의제와는 상관없는 자신의 문제를 틈을 봐서 리더에게 이야기함으로써 답을 얻으려 한다.

::리더는 자신의 어젠다보다는 직원들의 의견에 흔들린다

회의는 공식적인 커뮤니케이션 공간이고 시간이다. 따라서 준비 없는 커뮤니케이션은 충분한 정보 공유와 원활한 토의가 이루어지지 못한다. 직원들은 리더가 가진 의제도 중요하

지만 자신들의 업무에서 발생한 문제나 장애물에 더 큰 신경을 쓰게 된다. 물론 리더는 이러한 직원들의 업무 상황 처리에 도움을 주어야 한다. 그래서 리더는 직원들이 제기하는 문제를 소홀하게 대하지 않으려 하고 따라서 회의 의제와는 다른 의제를 회의에서 다루게 된다.

● 부작용

- 회의 시간의 지연은 지루한 회의가 됨
- 회의 참석자들의 시간 낭비
- 회의 의제에서 벗어난 주제를 다루게 됨
- 핑계 ─ 자료 준비 등 ─ 를 대면서 시간을 지연시키려는 우려
- 리더의 의제보다는 직원들의 업무 문제 해결과 관심사 중심의 회의가 될 우려: 리더의 회의 의제에 대한 가치 감소

● 대 책

::리더는 회의 의제에 집중한다

리더가 회의를 개최하기 전 어젠다를 작성하였다면 회의 방향과 목적이 분명해진다. 그리고 리더는 자신이 작성한 어젠다를 벗어난 의제는 따로 검토하기로 결정할 수 있다. 직원들이 자신의 업무와 관련된 사항을 회의 의제에 올리고자 한

다면 미리 리더와 상의하여야 한다. 회의의 성공적인 진행을 위해 직원들에게 회의 준비상황을 파악하고 점검하는 것도 어젠다의 목표를 달성하는 방법이다.

:: 개인적인 피드백으로 해결이 가능한 문제는 다루지 않는다

직원들이 회의에서 의제에 없는 업무이야기를 할 때 리더는 일단 그 내용을 무시해서는 안 된다. 의제에 없는 이야기를 직원들이 하면 리더는 일단 듣고 나서 의제에 충실하자는 이야기를 하면서 회의를 원래대로 진행한다. 그 후 의제를 벗어난 의견들에 대해선 개인적인 대화를 통해 업무를 처리하거나 회의 개최 필요성을 판단하는 것이 현명한 방법이다. 새로운 의제를 이야기한 직원은 그 업무에 대해 잘 알고 있지만 다른 직원들은 잘 모른다. 그러면 배경 설명에 시간이 걸리고 거기에 따른 준비 불충분으로 심도 있는 토의가 어려워지기 때문이다.

:: 급한 회의라도 가급적 준비시간을 갖는다

조직의 업무는 항상 정해진 시나리오대로 진행되지 않는다. 예기치 못한 문제가 발생하기도 하고, 갑작스러운 업무가 상위경영층에서 내려올 수도 있다. 발생한 문제에 대한 대응이 긴급한 경우에 리더는 필요한 조치를 먼저 취해야 한다. 상부경영층으로부터의 긴급한 업무 부과는 그 업무의 중요성과

긴급성을 먼저 확인하고 처리방법을 충분히 고려한 후 리더는 회의 개최 여부를 결정하고, 가능한 범위 내에서 직원들이 준비할 수 있는 시간을 배려해 주고 역할도 위임하는 것이 좋다.

:: 필요한 장비는 사전에 확인한다

회의에 필요한 장비는 그렇게 많지 않을 것이다. 리더는 자신이 직접 하든, 아니면 회의 보조자를 지명해서 회의실과 장비들을 확인하고 참석자들에게 회의 통보 및 참석 여부를 확인하고 회의에 필요한 자료를 미리미리 준비하도록 하는 것이 좋다. 장비문제 등 준비의 부족은 회의 진행을 어렵게 하거나 때로는 회의 진행을 취소 또는 연기해야 하는 상황을 만들기도 한다. 이를 위해 직원 중 한 명에게 회의를 진행할 때 회의의 모든 부분을 확인하고 준비하는 역할 ― 회의 보조자, 준비자 ― 을 맡긴다.

:: 직원들이 준비가 되어 있지 않은 의제는 회의에서 다루지 않는다

리더는 자신이 준비한 어젠다를 벗어난 의제를 회의에서 다루어서는 안 된다. 왜냐하면 의제와 비의제를 명확히 구분해 다루지 못하면 직원들은 늘 자신들의 관심사를 회의에서 다루고자 한다. 또 하나의 이유는 이러한 의제에 대해 직원들이 충분히 준비가 되어 있지 않은 경우가 대부분이기 때문이다. 리더 역시 마찬가지일 것이다. 앞에서 알아본 대로 그래도 의

제를 벗어난 주제가 나오면 아이디어 함에 일단 모두 모은 후 본 의제 협의가 끝난 후 하나씩 처리 — 토의 여부, 다음 회의 의제로 결정 등 — 하면 된다.

㊴ 인기주의 리더

■ ■ ■

당신은 회의에 참가해서 아주 독특한 경험을 하였다. 회의를 이끄는 리더는 모든 참석한 사람들이 골고루 참여하도록 하려고 애쓰는 것처럼 보였다. 당신은 유능한 리더라고 생각하였다. 그런데 회의가 진행되면서 리더는 조금씩 회의를 장악하지 못하는 것이 아닌가! 리더는 의제와 상관이 없는 유머나 농담을 던지는 참가자에 대한 제재도 없고 심지어는 그 농담에 같이 공감하는 표현을 하지 않는가! 그리고 다른 참여자들은 옆사람과 이야기하면서 회의에 집중하지 못한다.

그래도 리더는 제재가 없다. 문제해결을 위한 아이디어를 개진하라는 말을 리더가 했을 때 몇몇 참가자들이 부정적인 반응을 보이고, 다음 회의에서 논의하자고 하자 리더는 그 의견에 따른다. 리더는 회의 내내 참석자들의 행동을 방치하고 그들의 말 한마디에 너무 쉽게 동의한다.

회의가 끝난 후 당신은 한 참석자에게 물었다. "늘 이런 식으로 회의를 합니까?" 그러자 그 참석자는 의외라는 듯 당신을 바라보며 "예. 무슨 문제가 있습니까? 우리 부장님은 회의를 분위기 중심으로 이끌지요." "그러면 문제는 어떻게 해결합니까?" "문제 해결 말입니까! 그것은 담당자가 알아서 하는 것이지요. 우리는 심각하게 회의를 하지 않습니다. 그리고 부장님과 우리 부서원들은 다른 사람들로부터 부정적인 피드백이나 말을 듣는 것을 원하지 않습니다. 우리 모두는 그것을 잘 알고 있습니다. 좋은 것이 좋은 것 아닙니까?"

당신은 리더를 만나서 "늘 회의를 이렇게 이끄십니까?"라고 묻자 리더는 "예! 무슨 문제가 있습니까? 직원들이 업무 처리에도 바쁘고 스트레스를 많이 받는데 회의에서까지 그렇게 할 이유는 없잖아요!" "그럼, 문제 해결은 어떻게 합니까?" "문제 해결 말입니까! 그것은 담당자와 내가 만나서 해결을 하지요. 회의는 그냥 즐겁고 서로의 스트레스를 풀면서 자유롭게 이야기하는 것이지요. 직원들이 회의 시간까지도 심각하게 생각해야 할 필요는 없다고 생각합니다."

■ ■ ▥

● 발생원인

::리더는 회의의 필요성을 오해하고 있다

회의가 단지 조직구성원 들과의 인간적인 관계만 형성하고 잡담을 하는 목적을 갖고 있는 것은 아니다. 정보를 공유하고, 문제를 해결하고, 다양한 아이디어를 주고받고, 상호간의 의견을 공유하고 업무를 지시, 조정하는 등의 다양한 목적을 갖고 있다. 이러한 목적을 무시하고 리더는 좋은 분위기만이 중요하다고 생각하는 것이다. 즉 회의 목적 달성보다는 회의 분위기에 집중하는 리더가 있다. 회의 분위기가 냉랭하거나 상호 심각한 토론이 벌어지는 것에 대한 대비능력도 부족하고 그러한 분위기를 지혜롭게 이끌어 갈 능력이 없는 것이고 자신의 리더십에 대한 직원들의 감정적인 평가만을 신경 쓰는 리더는 회의의 진정한 가치와 중요성을 모르거나 오해를 하게 된다.

::회의 비용에 대한 관념이 약하다

회의 비용은 기회비용(회의 때문에 다른 업무를 하지 못하는 것), 물리적 비용(다과, 장비 등의 사용), 경제적 비용(직원들의 시간대비 가치) 그리고 인간적인 비용(회의 참석자들 간의 감정적인 대립)이 있다. 따라서 인간적인 비용을 치르는 것에 두려움을 갖거나 인간적인 비용의 지출—토론, 서로에 대한 피드백, 업무평가 등—을 원치 않는 리더는 다른 비용의 지출보다는 인간적인 비용의 지출을 극소화하려 한다. 물론 회의 목적이 달성된다면 바람직하겠지만…… 이러한 리더는 회의를 분위기 중심, 인간 중심으로 이끌게 된다.

::참석자들로부터 좋은 이미지를 얻고 싶은 욕구가 강하다

리더가 직원들의 시선을 지나치게 의식하거나 직원들이 자신에 대해 내리는 인간적인 평가와 반응에 강한 민감성을 갖고 있는 리더는 업무 중심의 회의보다는 인기 위주의 회의를 선호한다.

::리더는 자신의 스타일이 매우 민주적이라고 생각한다

민주적인 방식이 우호적이고 방임하면서 인기 중심의 방식

을 의미하는 것이 아니다. 직원들의 적극적인 참여를 이끌어
내는 업무 중심의 스타일로 회의를 진행한다고 해서 리더의
리더십에 금이 가지는 않는다. 논쟁과 토론이 없는 것은 회의
가 아니다. 목적 달성을 하지 못하는 인기 위주의 회의는 민
주적이지 않고 오히려 회의라는 경영기능을 남용하는 것이다.

:: 참석자들의 부정적인 태도나 의견을 이겨 낼 능력이 없다

리더가 직원들의 갈등(의견 대립)을 해결하는 데 서툴거나 혹
은 자신의 의견과 다른 직원들의 의견을 모아 조정하거나 수
용하거나 반대하는 것에 대해 부담을 느낀다. 그리고 자신의
생각이나 의견은 개별적인 미팅을 통해 전달하고 업무를 조
정하려 한다. 자신의 의견을 논리적으로 설명하고 직원들을
설득시키는 데 자신이 없는 리더는 자신의 계획보다는 직원
들의 반응에 민감할 수밖에 없다.

:: 참석자들 또한 회의를 업무의 연장이 아니라 휴식 시간이고 인간적
   상호 교류의 시간이라고 생각한다

리더가 회의를 업무 중심보다는 인간적인 교류와 리더의
인기 중심으로 이끌어 간다면 그 회의에 참석하는 직원들도
그러한 생각을 갖고 참석한다. 따라서 회의 중 리더가 중요하
거나 심각한 문제 또는 의제를 이야기하면 대처할 준비가 되
어 있지 못하다.

● 부작용

 - 회의가 개인적인 친교만을 위한 시간이 된다.
 - 부서의 문제를 해결할 수 없다.
 - 서로 간의 협조를 이끌어 내기 어렵다.
 - 회의에 대한 부정적인 생각과 태도를 갖게 된다.
 - 리더는 개인적으로 해결해야 하는 업무가 많아진다.
 - 여러 가지 핑계(주로 업무 핑계)로 회의에 빠지는 직원이 발생한다.

● 대 책

::리더는 친교를 위한 회의와 업무를 위한 회의를 구분한다

　조직에서 진행되는 회의 목적은 다양하다. 문제 해결, 다양한 의견 수렴, 아이디어와 정보 공유, 업무 지시, 업무 확인, 업무 조정 그리고 친교 등이다. 따라서 리더는 회의 목적에 충실해야 한다. 조직의 목적을 달성하고 지속적인 성장과 발전을 위해서는 각 단위부서의 업무목표와 성과의 달성이 중요하다. 이를 위해 조직은 다양한 의제와 목적을 가지고 회의를 개최하고 진행한다.

　리더는 이러한 목적을 지닌 회의를 단순히 친교를 위한 직원들의 모임으로 만들어서는 안 된다. 그리고 조직이 부과한 업무목표를 달성하고 성과를 지속적으로 향상시킨다면 오히

려 친교는 더 잘 이루어질 수도 있다. 성과가 좋은 부서나 조직은 분위기가 문제되지 않는다. 왜냐하면 우호적이고 상호 지원적이며 격려하는 리더와 구성원이 있는 조직이나 부서의 성과는 당연히 좋을 것이기 때문이다. 따라서 리더는 자신의 인간적인 인기에 집중하기보다는 자신이 이끄는 부서의 성과를 올리는 방법을 찾고 그 목표를 달성하면 리더의 가치는 저절로 올라갈 것이다.

:: 리더는 자신의 역할과 책임을 재정의한다

회의를 이끄는 리더는 개그맨도 아니고 연기자도 아니다. 리더는 조직의 성과를 책임지는 사람이고 그 성과를 달성하기 위해 구성원들을 격려하고 지원하며 때로는 부정적인 피드백도 주는 역할을 하는 사람이다. 이러한 책임과 역할에서 벗어나거나 올바른 수행을 할 수 없다면 그 리더는 리더로서의 자질에 심각한 문제가 있을 수 있다. 자신과 자신이 이끄는 부서에서 올려야 하는 성과를 제대로 올리면 자신이 원하지 않더라도 조직과 직원들의 인정과 존중 그리고 보상을 받게 된다.

:: 리더는 자신의 리더십스타일을 바꾼다

탁월한 성과를 올리는 리더는 오직 하나의 스타일만을 고집하지는 않는다. 하버드 리뷰지에서 조사한 결과를 보면 탁월한 성과를 올리는 리더는 6가지 스타일(민주적, 강압적, 시범적, 코치적, 권위적, 협조적 스타일) 중 4개의 스타일을 상황과 구성원들의 상태 그리고 업무 진행상태에 적절하게 활용한다고 한다. 회의를 이끄는 리더는 응원단장(격려, 우호적인 분위기 조성 등), 오케스트라 지휘자(인정, 역할 배정, 의견 조율 등), 경찰관(제재, 규칙 강조 등) 그리고 선장(회의 목표에 집중, 갈등 해결 등) 역할을 회의 목적과 회의 역동성 그리고 참석자들의 태도에 따라 적절하게 대응하여야 한다.

::참석자들 또한 회의에 대한 생각을 바꾼다

회의는 여러 번 강조하지만 공식적인 커뮤니케이션의 기회 이다. 그리고 혼자 회의를 할 수도 없다. 따라서 자신이 가진 커뮤니케이션 능력을 마음껏 발휘할 수 있는 기회이기도 하 다. 자신의 인간적인 매력, 정보량, 지식의 수준, 업무에 대한 태도와 아이디어, 조직에 대한 헌신도, 설득력 등의 능력을 발휘할 수 있는 기회가 회의이다. 조직의 구성원이라면 이러 한 능력을 보여 주고 인정받고 싶은 욕구를 모두 갖고 있을 것이다. 이를 위해서 회의에 참석하는 조직구성원은 회의 목 적을 달성하는 데 자신의 능력을 발휘하고 참여를 통해 최선 의 성과를 올리는 데 기여하고자 하는 결심을 하고 회의에 참석하여야 한다. 그러면 자신의 능력을 자연스럽게 인정받을 수 있을 것이다.

::회의의 가치와 비용을 재고한다

리더는 회의 비용(경제적, 인간적, 물리적 그리고 기회비용)을 고려해야한다. 자신의 인기를 위한 회의가 그 비용이 크다면 오히려 개인과 조직에 부정적인 영향을 미친다. 리더가 진정으로 인기를 얻고 싶다면 다른 방법(개인적인 관계, 협력적, 성과를 올리는 리더, 지원 등)을 활용하는 것이 더 나은 방법일 것이다.

40 시간에 비해 토의주제가 너무 많은 회의

리더: 자! 그럼 지금 이야기한 것을 토대로 제가 이후에 결정해서 알려 드리도록 하지요. 다음은……. (이때 참석자 1이 말을 한다.)

참석자 1: 부장님, 그 건에 대해 아직 말씀을 드리지 못한 것이 있는데요. 우리가 좀 더 깊이 다루어야 하지 않을까요? 다른 직원들의 의견도 들었으면 하는데…….

리더: 알아요. 하지만 오늘 다루어야 하는 다른 문제도 많이 있어요. 다른 사람들의 의견은 내가 개인적으로 듣고 참고하도록 할 것이니까 너무 걱정하지 마세요. 다음은 우리 부서와의 업무 협조에 있어서 다른 부서에서 불만이 제기되고 있는데 그 문제를 어떻게 해결할 것인가를 생각해 봅시다. (잠시 동안 이 문제에 대한 이야기를 한 후 리더는 또 다른 문제로 넘어간다. 결정되는 것은 없고 끊임없이 문제가 대두된다. 참석자들은 시간을 확인하고, 리더는 아직 이야기도 꺼내지 못한 의제에 대해 걱정한다.)

이런 식으로 회의 종료시간이 훨씬 지났는데도 리더는 계속 새로운 문제를 제기하며 회의를 진행하고 있다.

● 발생원인

:: 리더는 한 번의 회의에서 모든 문제를 검토하려고 한다

업무가 너무 많거나 시간적인 압박을 받을 때 리더는 회의를 거쳐 자신이 처리해야 하는 업무를 모두 해결 또는 확인하려 한다. 회의를 자주 못 하는 경우(직원들의 출장, 바쁜 업무 등)에도 한 번의 회의에서 그동안 밀린 모든 업무를 검토하려 한다.

:: 각 의제의 중요성과 긴급성에 대한 판단 없이 의제를 준비하였다

회의는 정해진 시간에 다양한 의견을 가진 사람들이 모여서 토의하고 해결책을 찾고 결정을 내리는 활동이다. 따라서 리더는 회의를 준비하면서 회의에서 다룰 의제를 신중하게 검토하고 선정해야 한다. 조직과 부서에서는 다양한 일과 업무들이 진행되고 발생된다. 이러한 것에 대한 우선순위를 정하지 않으면 회의는 마냥 길어지거나 결론이 없는 회의가 될 우려가 있다.

:: 제한된 시간에 맞는 의제와 회의 진행방법이 없다

회의를 하면서 하루 업무의 모든 시간을 보낼 수는 없다. 회의만을 하는 조직도 없다. 회의는 조직활동의 일부분이다. 따라서 회의는 늘 정해진 시간이 있고 그 시간의 양에 맞는 의제와 진행방법이 요구된다. 또한 리더와는 다른 관점과 생각을 가진 다양한 구성원들이 모여 정해진 의제를 다루는 것

이므로 적절한 회의 진행방법을 활용하지 못하면 회의가 전혀 다른 방향으로 흘러갈 수 있다. 리더가 이러한 역량이 부족하다면 늘 회의는 회의(懷疑)가 된다.

::다양한 정보의 공유회의와 문제를 해결하는 회의를 구분해서 진행하지 못한다

이 또한 리더의 회의 운영능력 부족이 초래한 결과이다. 앞에서 언급한 것과 같이 회의 목적은 다양하다. 참석자도 다양하다. 따라서 회의를 준비하고 이끄는 리더는 회의 목적에 맞는 회의 진행기술을 활용해야 한다. 사람들이 모여서 이야기하고 토의하는 것만이 회의 목적이 아니다. 회의 시간과 진행방법 그리고 어떻게 의견 개진을 하고 토의할 것인가를 회의 목적에 맞게 적절하게 활용할 수 있어야 한다.

● 부작용

- 제한된 시간에 너무 많은 의제를 다루려 하면 참석자들이 부담을 느낀다.
- 참석자들의 의견을 모두 듣지 못할 수 있다.
- 참석자들이 자신의 의견을 말할 수 있는 기회를 갖지 못할 수 있다.
- 결국 리더 혼자 모든 것을 결정해야 하는 일이 발생한다.

- 회의 참석자들의 몰입과 참여를 이끌어 내지 못한다.
- 참석자들은 회의의 가치에 대해 부정적인 평가를 내리거
나 중요하게 생각하지 않는 습관이 발생할 수 있다.

● 대 책

:: 리더는 시간에 맞는 회의 진행방법과 의제의 수를 현명하게 결정한다

당신이 두 시간의 회의를 진행하는 리더라면 몇 개의 의제
를 준비할 것인가? 누구누구를 참석시킬 것인가? 누가 브리핑
을 하고 회의 내용을 정리할 것인가? 참석자들이 다수이고
다른 부서에서도 참석한다면 어떻게 의견을 조율하고 생산적
인 토의를 이끌 것이며 최종의사 결정은 어떻게 내릴 것인가?
리더는 회의를 준비할 때마다 늘 이런 질문을 스스로에게 해
야 한다.

두 시간의 회의를 한다면 중요한 의제 1개 또는 2개(30분 정
도의 토의가 소요되는 의제)와 가벼운 의제(10~15분이 소요되는) 2~3개가
적당하다. 물론 의제의 중요성에 따라 하나의 의제를 가지고
두 시간 모두를 소비할 수도 있다. 최근에 당신이 진행한 회
의가 2시간이 넘어가고 하나의 의제만을 다루었다면 왜 그렇
게 시간이 오래 걸렸는지, 시간을 줄이는 방법은 없는지를 분
석해 보라. 분명 시간을 줄일 수 있는 방법이 나올 것이다.
두 시간이 걸리는 의제라면 모든 직원들이 잘 알고 있고 부

서 또는 조직의 업무에 매우 중요한 것이리라. 그렇다면 사전에 충분히 준비하고 회의 진행 어젠다와 시나리오를 준비한다면 시간을 줄일 수도 있을 것이다. 이것이 유능한 회의 리더의 역할이고 역량이다.

::의제의 중요성과 긴급성에 맞추어서 의제를 준비하고 토의한다
　리더는 조직의 업무 중 어느 것이 더 중요하고 긴급한 업무인지를 판단해 직원들이 그 순서에 따라 업무를 진행하도록 해서 팀의 업무 시간을 관리한다. 이와 마찬가지로 회의에서도 한번에 조직의 모든 업무를 다루려 하지 말고 우선순위를 정해서 의제를 선정하여야 한다.

::정보 공유 차원의 회의라면 사전에 리더는 그 취지를 이야기한다.
　회의 목적이 정보 공유 또는 다양한 의견의 수렴이라면 그 취지를 미리 말하고 참석자들이 거기에 맞추어 준비할 수 있도록 한다. 너무 바쁜 일과 때문에 부족했던 조직 전반적인 업무현황을 파악하거나 각 구성원들이 가지고 있는 좋은 의견을 공유하는 회의라면 리더는 회의 개최시간과 소요시간을 잘 선정하여야 한다.

::리더는 자신의 개인적인 노력으로 정보 수집과 결정이 가능한 의제
　는 회의에 올리지 않는다

　의제가 리더 스스로 해결할 수 있거나 관련자와의 개별적
인 접촉(미팅, 전화 등)을 통해 필요한 정보를 수집할 수 있다면
굳이 회의를 개최할 이유는 없다. 이러한 의제를 다루기 위한
회의는 리더의 업무 진행을 위해 직원들의 시간과 에너지가
소비되는 것이다. 결코 바람직한 회의가 아닐 것이다. (리더는
바람직하다고 생각할지라도……)

회의록을 남기지 않는 회의

■ ■ ■

회의가 거의 마무리되어 간다. 그때

리더: 자, 지난번 회의에서 결론이 난 고객에 대한 정보를 정리하는 일에 대한 책임을 누가 지기로 했지요. 지금쯤 그 일이 마무리되었어야 하는데…….

참석자 1: 그 일에 대해서 책임자를 임명하지 않은 것 같은데요.

리더: 무슨 소리야, 지난번 회의 내용을 기록한 회의록이 어디 있지? 회의를 한 후 그 결과들을 통보받지 못했나? 누가 회의록을 작성해 왔지요?

참석자 2: 회의록이라뇨? 회의록을 작성한 적이 없는데요!

리더: 그렇다면 각자 기록한 메모라도 있을 거 아냐!

참석자들은 서로 얼굴을 보며…… 당황해한다.

리더: 회의 내용을 기록하는 회의록이 없어서야…… 오늘 회의 내용은 누가 기록하고 있지요?

참석자들: …….

■ ■ ■

● 발생원인

:: 회의록의 중요성을 모른다

회의를 마친 후 회의에 참석한 사람들은 자신에게 관련된 사항들만 기억하는 경향이 있다. 즉 전체적인 내용을 기록하기보다는 자신의 업무와 관련이 있는 사항만을 기록한다. 따라서 전체 내용을 기록하고 정리하는 역할을 누군가에게 맡기지 않으면 회의 내용과 결론이 개인에 따라 달리 해석된다. 그리고 회의의 가장 큰 문제 중 하나는 회의 결과에 대한 명확한 실행계획과 책임소재가 명확하게 정해지지 않는 것이다. 회의록은 회의의 종합적인 정리보고서이다. 이 회의록은 회의의 토의내용과 결론을 기록할 뿐 아니라 실행안에 대한 구체적인 실행계획과 책임소재를 정하고 문서화하는 것이다. 회의를 이끄는 리더는 회의록의 중요성을 명확히 알고 있어야 한다.

:: 사전에 역할 분담이 없다

회의를 이끄는 리더는 자신의 역할에 충실하여야 하기 때문에 회의에서 제시되는 많은 의견들과 아이디어들을 정리할 시간적인 여유가 없다. 성공적인 회의는 참석자들 간에 명확한 역할 분담이 있어야 한다. 특히 회의 내용을 기록하는 서기를 두는 것은 리더가 좀 더 자연스럽게 회의를 이끌 수 있는 데 도움을 준다.

::참석자들 모두 누군가가 기록할 것이라고 생각한다

회의에 참석한 사람들은 각자 회의 내용을 기록한다. 하지만 이것이 회의록을 대체하지는 못한다. 앞에서 언급한 것과 같이 참석자들은 자신에게 관련이 있고 흥미가 있는 부분만 기록한다. 그러면서도 누군가는 회의 내용 전체를 기록할 것이라는 안일한 생각을 갖는다. 따라서 나중에 서로 다른 이해 수준으로 업무 진행에 지장을 초래할 수 있다.

::회의록의 활용법이 없다

조직 자체가 회의록을 비치하지 않는다. 회의 결과를 정리해 리더에게 보고하고 관련자에게 배부되지 않는다. 리더는 자신만 이해하면 된다는 생각으로 회의록 작성을 뒤로 미룬다. 참석자들은 회의 내용과 결론 중 자신의 업무와 관련된 내용만 기록하면 된다고 생각한다. 따라서 회의록의 활용과 유무 자체에 관심이 없다.

::리더는 참석자들이 회의 내용을 기록할 것이라고 생각한다

리더는 자신이 회의 내용을 기록하기보다는 자신은 회의를 원만하게 진행하고 누군가가 전체 회의 내용을 기록할 것이기 때문에 필요하면 그 참석자의 메모를 활용할 수 있을 것이라는 생각을 갖는다. 하지만 이러한 일은 거의 발생하지 않는다.

● 부작용

- 중요한 업무의 진행에 지장을 받는다.
- 서로 회의 결과에 대한 책임을 떠넘기는 경우가 생긴다.
- 중복된 내용의 회의가 진행된다.
- 회의 결과에 따른 책임소재가 명확하지 않게 된다.

● 대 책

::회의록에 대한 규칙을 만든다

회의록은 회의의 종합보고서이자 회의결과의 실행계획을 확정짓는 문서이다. 회의록에는 회의 의제, 참석자, 토의내용, 결론, 실행계획과 책임자 등이 기록된다. 따라서 리더는 어떤 회의든 회의록을 반드시 작성하도록 한다. 이 회의록은 서기가 작성해 리더의 서명을 받은 후 관련자에게 24시간 내 배부되어야 한다. 그래야 회의 결과가 공유되고 결론이 지체 없이 실행된다.

::회의 시 회의록을 기록하는 서기를 임명한다

리더는 어떠한 경우이든 자신이 이끄는 회의에서는 서기를 임명하도록 한다. 자신이 회의를 이끌든 다른 누군가가 회의를 이끌든…….서기로 임명된 사람은 회의의 모든 토의내용을 기록하고 결론과 실행계획 그리고 책임자를 기록한다. 나중에 서기는 기록된 회의록을 다시 정리하여 리더의 서명을 받은 후 관련자에게 배부하는 일까지가 서기가 해야 하는 역할이다.

:: 리더는 중간에 회의록을 확인한다

리더는 회의 중간에 서기의 회의록 작성 상황을 확인한다. 너무 빠른 회의 진행으로 서기가 미처 따라오지 못하면 회의를 좀 더 여유 있게 진행한다. 혹 빠진 부분이 있는지도 확인한다. 이는 서기의 기록을 도와주기도 하지만 참석자와 회의를 이끄는 리더에게도 회의 진행상황을 확인할 수 있는 좋은 기회이다.

:: 참석자들 또한 가능하면 각자가 회의 내용을 기록한다

참석자들은 자신이 참석한 회의 내용을 기록하는 습관을 길러야 한다. 참석자들은 순환적으로 서기의 역할을 맡을 수 있기 때문이다. 서기로서 기록하는 연습도 하지만 조직 전반적인 업무의 파악에도 도움이 된다.

:: 회의를 마무리할 때 리더는 회의록을 중심으로 마무리한다

회의를 마무리할 때 리더는 서기가 작성한 회의록을 중심으로 회의를 정리하는 것이 좋다. 빠진 부분이 있으면 보충하도록 한다. 그 후 회의록을 어떻게 활용 — 정리/보고 시간, 관

련자에게 배부하는 시간 등 — 할 것인가를 명확하게 지시한다.

:: 회의 종료 후 회의록을 정리해서 참석자들에게 배부한다

서기는 회의가 종료된 후 정해진 시간에 회의록을 정리하여 리더에게 보고하고 서명을 받은 후 관련자에게 회의록을 배부한다. 참석자들은 자신이 회의에서 기록한 내용(실행계획과 책임소재)과 비교하고 자신에게 부과된 업무를 실행하도록 해야 한다. 참석자들은 회의의 결론 외 다른 업무들이 많아 회의 내용을 잊을 수가 있기 때문이다.

```
회의목적 :
일    시 :                        장  소 :
참 가 자 :
의    제 :
결    과 :
실 행 안 :
실행계획 :
책 임 자 :
보 조 자 :
피드백방법:
```

〈그림 4〉 회의록 양식

::서기는 자신의 역할을 철저히 수행한다

특별한 참석자가 있으면 확인한다. 회의 참석자들에게 연락해 참석 여부를 확인한다. 필요한 장비를 준비한다. 회의 토의내용을 기록한다. 회의 후 회의록을 정리해 리더(회의 진행자)의 확인을 받은 후 관련자(회의 참석자, 실행 책임자 등)에게 배부한다.

42 회의의 인간적인 측면의 영향을 고려하지 않은 회의

■ ■ ■

참석자 1 : (참석자 2에게) 그런 터무니없는 의견이 어디 있습니까? 도대체 업무내용을 알고 있는 겁니까?

참석자 2 : (목소리를 높이며) 무슨 소리입니까? 그럼 내가 내용도 모르고 있다는 것입니까? 생각해 보세요. 참석자 1이 낸 의견도 실현가능성이 있다고 생각합니까?

(참석자 1과 참석자 2가 서로의 의견에 대해 비난과 불평을 한다. 이때 리더가)

리더: 두 분 다 조용히 하세요. 좋은 결과를 얻기 위한 회의를 하는데 왜 서로 비난하는 겁니까? 그리고 두 분 다 자신들의 의견에 대해 생각해 보세요. 내가 볼 때는 둘 다 의견이 너무 황당해요. 어떻게 업무를 그렇게 파악하지 못하고 있는 것입니까?

(리더의 말에 참석자들은 입을 닫고 고개를 숙인다…….)

리더: 다시 생각해 봅시다. 각자 자신의 업무에 대해 제대로 파악하고 있어야지요. (참석자 3에게) 당신은 왜 의견을 말하지 않습니까? 그러려면 왜 참석했지요?

■ ■ ■

● 발생원인

:: 참석자들은 서로의 의견에 대해 존중하는 마음이 부족하다

다른 사람이 나와 항상 같은 의견이나 아이디어가 있다고 생각하는 것은 개인의 자기중심적인 생각이다. 경험과 지식 그리고 업무를 바라보는 관점은 사람마다 다르다. 이 때문에 조직이 필요한 것이다. 다양한 사람들이 모여 협력하고 시너지 효과를 얻고자 하는 조직에서 나와 다른 의견을 갖고 있다고 다른 사람을 비난하거나, 모든 사람들이 나의 의견에 동의해야 하고 반대나 반론이 없어야 한다는 생각을 하는 사람은 조직 시너지 창출과 팀워크 형성에 결코 바람직한 영향을 주지 못한다.

:: 참석자들은 평소 관계가 원만하지 않다

개인 사이에는 다양한 의견 차이와 관점 차이가 있다. 다른 사람과의 관계가 원만해지지 않는 것도 이런 차이에 대한 해석의 문제이다. 성숙되지 않은 사람은 평소 업무를 하면서 생긴 갈등을 회의에서 자신도 모르게 표출하는 경향이 있다. 즉 나와 관점이 다른 사람 또는 나의 의견과 업무 진행방법 등에 비난이나 불평을 말하는 사람에 대한 감정이 쌓여서 공식

적인 자리인 회의에서 그 감정이 나오는 것이다.

:: 리더 또한 참석자들에 대한 부정적인 시각을 갖고 있다

자신이 이끄는 조직의 구성원들 사이에 갈등이나 의견 차이가 없기를 바라는 리더는 시너지 효과를 극화하지 못한다. 시너지는 차이를 잘 융합하고 조화롭게 만들 때 발생하는 것이기 때문이다. 그리고 직원들 간의 의견 차이와 갈등이 리더의 역할 수행에 방해가 되어서는 안 된다고 생각한다. 따라서 리더 앞에서 서로의 반감이나 갈등을 표현하는 직원들에 대해 좋은 감정을 갖지 않게 되고 그들의 태도를 비난하게 되는 것이다. 이 또한 리더의 성숙도 문제이다. 성숙한 리더는 직원들 간의 다양한 의견 차이가 오히려 조직의 성과 향상과 달성에 긍정적인 영향을 미친다는 생각한다. 그리고 직원들 간의 갈등을 자신의 리더십으로 제거하거나 완화시킬 수가 있다는 자신감을 가져야 한다.

:: 회의 시 토론에 대한 규칙이 없거나 토론의 방법을 모른다

사람은 누구나 자신의 의견이 무시되거나 인정받지 못하게 되면 상대를 비난하게 되고 급기야는 서로를 비난하는 말싸움으로 전이된다. 그리고 회의를 시작하기 전 이러한 상황에 대한 적절한 규칙을 정하지 않았거나 정하였더라도 건설적인 토론방법을 참석자들이 모를 때 이러한 결과가 발생할 수 있다.

● 부작용

- 팀워크에 부정적인 영향이 미친다.
- 상호작용의 효과 — 시너지 — 가 떨어진다.
- 회의 후에도 그 여파가 남는다.
- 일상적인 업무에서 갈등이 발생할 우려가 커진다.
- 다음 회의에 부정적인 영향을 미친다.

● 대 책

::회의는 또 하나의 인간관계 형성 장소이다

따라서 자신이 가진 인간적인 매력 — 인정, 존중, 수용, 메시지와 피드백 — 을 보여 주고 다른 사람들의 마음을 얻을 수 있는 기회이다. 회의에서 다른 참석자들과 논쟁하거나 그들의 태도, 지식 그리고 업무능력에 대해 비난한다는 것은 그 사람과의 인간적인 관계를 포기하는 것이다. 자신이 조직구성원들에게 필요한 사람이고 조직의 성과 달성에 기여한다는 것을 보여 주려면 다른 참석자들을 인정하고 그들의 의견 또는 생각에 대해 유연한 태도를 갖는 것이 좋다. 평소의 좋은 관계가 회의를 통해 망치게 되는 것은 이러한 사실을 잘 모르고 회의에 참석해 하지 말아야 하는 행동 또는 말을 하기 때문이다.

:: 회의는 공식적인 커뮤니케이션 공간이다

자신이 하는 말 — 비난, 불인정 — 과 비언어적인 메시지 — 고개 좌우로 흔들기, 얼굴 찡그리기, 먼 산 바라보기 등 — 는 다른 참석자들에게 나의 태도와 생각 그리고 조직과 다른 구성원들에 대한 나의 반응을 보여 주는 것이다. 공식적인 커뮤니케이션에서 다른 사람을 비난하거나 질책하는 것은 공개적으로 그 사람을 비난하는 것이고 나의 부정적인 태도와 생각을 표출하는 것이 된다. 그래서는 우호적이고 상호 지지적인 조직이 될 수 없다. 반대로 나와 의견이 다른 사람의 의견을 존중해 주고 인정해 주며 그 사람과 협력하려는 나의 메시지를 전한다면 스스로의 영향력이 강화될 것이다.

:: 상호 인격을 존중하고 의견을 존중할 때 상호작용이 발생한다

나의 생각과 다른 사람들의 생각이 일치하기를 바라거나, 다른 사람들이 나의 생각에 동의해 주기를 바라는 것은 자가 당착적인 생각이다. 다양한 사람들이 모인 조직은 이 다양성으로 인해 더 큰 성과를 올린다. 나의 생각이 완벽하다고 믿거나 다른 사람의 생각이 나와 다르다고 그 생각이 잘못되었다고 생각하고 판단해서는 안 된다. 이러한 다양성을 인정하는 것이 조직에서 자신의 역할과 가치를 강화할 수 있는 요소이다.

::리더는 회의 규칙으로 서로의 의견을 비난 또는 비평하지 않도록 한다

회의 참석자 간의 상호 비난이나 비평을 방관하는 리더는 회의의 역학관계를 모르고 있거나, 부정적인 상호 피드백이 어떤 결과를 초래하는지를 모르거나, 심지어는 직원들 간의 관계에 대해 관심이 없음을 보여 주는 것이다. 이러한 태도가 회의가 자신의 의도대로 진행되지 않음을 참석자들에게 그 책임을 전가하는 원인이 된다. 리더는 회의 참석자들의 상호 부정적인 피드백을 원천봉쇄하여야 한다. 회의 규칙을 정하거나 부정적인 피드백이 나오면 즉시 개입해서 막아야 한다.

::리더는 어떠한 경우라도 참석자들의 감정과 기분을 건드리는 말을 해서는 안 된다

리더 또한 자신이 회의 참석자들의 의견과 분위기에 대해서 부정적인 피드백을 주어서는 안 된다. 리더는 회의 참석자들의 의견이 서로 다른 것이 오히려 좋다는 생각을 하여야 한다. 서로가 생각하지 못한 부분이나 고려하지 못한 요소를 다른 참석자들이 언급함으로써 중요한 정보가 될 수 있을 뿐 아니라 더 나은 결과를 얻을 수 있다는 확신을 가져야 한다. 리더의 부정적인 피드백은 참석자들의 의욕을 떨어뜨릴 뿐 아니라 그들 상호간의 부정적인 피드백을 조장할 우려도 있다. 현명한 리더는 시너지효과를 위해 직원들 간의 갈등을 조장 — 토론, 아이디어 공방전 등 — 하면서도 그것을 지혜롭게

통제하고 관리하는 기술을 갖고 있다.

::평소 비난이나 비평이 많이 일어나면 회의 진행방법을 바꾸어 본다.

브레인라이팅 기법을 활용하거나 발언자의 순서와 시간을 정해 놓음으로써 즉각적인 부정적 반응 또는 피드백이 나오는 것을 막는다. 평소 부정적인 시각을 갖고서 다른 참석자들의 의견에 사사건건 부정적인 반응을 보이는 참석자를 서기로 임명하거나, 중요한 사안의 발표자로 임명한다. 그래서 자신의 역할이 회의의 성공적인 진행에 기여하도록 한다. 민감한 사안에 대해서는 내·외부의 회의 전문가에게 회의 진행을 의뢰하거나 회의 참관을 해서 코칭 또는 조언을 부탁한다. 부정적인 말이 나오면 즉시 STOP을 외치는 경고자를 지명한다 등의 다양한 기법을 활용해 회의를 진행한다.

43 회의 결과의 실행을 위한 책임 소재가 불명확한 회의

리더: 자! 오늘 회의에서 난 결정사항과 실행으로 옮기기로 한 업무들은 잘 이해들 했죠. 정해진 시간에 맞추어 주기 바랍니다.

참석자 1: (리더에게) 좀 더 구체적으로 업무를 분담해야 하는 것 아닙니까? 책임 소재가 다소 애매하고 중복되는 업무도 있는 것 같은데…….

리더: 늘 이렇게 해 왔는데 새삼스레…… 그리고 이제껏 별문제 없었잖아요.

참석자 1: 지난번 회의에서 다룬 문제를 오늘도 다루었는데 그 책임이…….

리더: (끼어들며) 그렇게 급하고 중요한 문제가 아니니까 너무 걱정하지 마세요. 자. 회의를 마치도록 합시다.

그 후 일주일 사이에 회의에서 다룬 문제에 대한 급한 일이 생겨서 처리하는데, 회의 후 진척된 내용이 없어 부서 전체가 발칵 뒤집어지는 일이 생겼다.

● 발생원인

:: 리더는 회의의 결론을 실행하는 데 참여자 전원이 자신의 역할과 책임을 이해하고 있으리라 생각한다

리더가 지나치게 직원들의 자발성을 믿는다. 즉 회의를 진행하면서 리더는 참석자들이 자신들의 업무와 관련된 사안들을 잘 정리하고 스스로에게 요구되는 행동과 수행할 업무를 진행할 것이라고 생각한다.

:: 리더는 참석자들이 자발적으로 행동하리라 생각한다

대부분의 직원들은 회의 결과가 자신의 업무와 어떤 연관성이 있고 자신이 어떤 행동을 하여야 하는지를 이해한다. 하지만 이러한 자발성이 부족한 직원이 있을 경우 위의 문제가 발생할 가능성이 있다는 것을 간과하고 있다.

:: 참석자들은 자신 외 누군가가 그 일을 처리하리라고 생각한다

회의에서의 결론이 자신의 업무와 직접적인 관련성이 적은 사안일 경우에는 서로 그 실행을 미루거나 다른 사람이 할 것이라는 안일한 생각을 가지게 된다. 따라서 업무 수행이 되지 않아 문제가 발생할 때까지 그 내용을 모른다.

:: 참석자들은 회의의 결론이 된 업무의 중요성을 낮게 평가하고 있다.

회의의 결과와 자신의 업무와는 다른 것이라고 생각한다.

회의 결론에 대한 명확한 책임소재와 실행계획이 없음으로
인해 자신의 업무에만 집중한다.

● 부작용

- 회의 결론이 실행 안 된다.
- 중요한 업무에 지장이 생긴다.
- 서로 책임을 전가하는 일이 생긴다.
- 회의 중요성을 낮게 평가한다.
- 회의의 몰입도가 떨어진다.

● 대 책

:: 리더는 결론에 대하여 명확한 실행책임자와 지원자를 결정한다

회의의 최종적인 성과는 회의 결과의 실행에 있다. 실행되
지 않은 회의 결과는 오히려 참석자들의 의욕을 떨어뜨린다.
리더는 회의를 마치면서

1) 회의를 요약한다.
2) 회의 목적 달성과 성과를 확인한다.
3) 참석자들의 기여 — 좋은 아이디어, 건설적인 토론 등 —
   에 감사를 표한다.
4) 회의 결과를 언급하고 책임소재와 실행계획을 확인한다.
5) 담당자에게 요구되는 행동 — 계획 수립 및 보고 등 —

을 구체적으로 알린다.

6) 모두에게 감사하면서 회의를 마친다.

::구체적인 실행계획을 세운 후 회의를 마친다

회의를 마치면서 회의 결과를 실행하기 위한 구체적인 계획과 책임자를 회의 시간에 확정 짓는다. 필요하면 그 책임자는 자신의 실행계획을 준비해서 리더에게 개인적인 보고를 하도록 한다.

::리더 혹은 참석자들은 스스로 자신의 역할과 책임을 떠맡는다

회의 내용은 자신이 이끌거나 소속된 부서의 업무이다. 그 업무는 자신에게 부과된 다른 업무와 관련성이 있는 것이 대부분일 것이다. 따라서 참석자들은 자신이 도전하고 싶은 업무이거나 발전에 도움될 것이라고 생각하는 회의 결과에 대해 자발적인 책임을 지겠다는 생각과 태도를 갖는 것이 좋다. 이를 통해 자신의 능력을 보여 주는 기회를 잡을 수도 있을 것이다.

::참석자 중 1명이 회의록을 기록하는 서기 역할을 한다

서기는 회의를 마칠 때 회의 결과에 대한 정리를 하고 각자에게 부과될 책임에 대해 강조한다. 이 내용이 없으면 서기는 리더에게 요청해 결과를 정리하고 분명한 책임자를 정하

도록 한다. 그리고 회의를 마친 후 서기는 회의 내용을 정리해서 리더의 확인을 받은 후 회의록을 관련자에게 배부한다.

회의록에는 회의 목표와 의제, 참석자, 시간, 장소, 결론, 책임자, 보조자, 시간계획 등을 기록한다. 리더는 어떠한 회의이든 반드시 회의를 마친 후 24시간 이내에 회의록을 관련자에게 배부하도록 하여야 한다. 회의록의 기록은 서기 책임이지만 배부와 회의 결과의 실행은 리더의 책임이다.

:: 회의 중 책임자를 결정하지 못하였다면

리더는 회의 후 회의록을 정리하고 배부하면서 그 책임자를 명확하게 정해서 통지하거나 회의록 배부를 통해 명확하게 업무를 알린다. 필요하다면 리더는 업무 위임을 받을 직원과 개별적인 미팅을 한다. 업무의 목표와 시한 그리고 필요한 지원, 계획 등을 합의한다.

■ ■ ■

회사의 경영상태가 악화되어 사장이 주재한 회의를 마치고 부서장
들이 각자의 부서로 돌아가면서

영업부장: 도대체 모두들 왜 우리 영업부를 보고 난리들이야! 특히
경리부장은 모든 문제가 영업부에 있다고 이야기를 하니…… 그
리고 평소에는 그렇게 생각하지 않았는데 생산부장은 말을 너무
심하게 하더군. 나에게 직원들을 제대로 관리하라고? 참, 생산부
직원들이 어떤데…… 회의만 하면 일에 대한 흥미도 떨어지고 다
른 부서장들과 대화하기 싫어지니…….

생산부장: 도대체 영업부장은 왜 내 말을 이해하지 못하는 거야! 내
가 뭐 잘못된 말을 했나! 다 같이 열심히 하자는 이야기인데 괜히
화를 내고…….

경리부장: 늘 이런 식의 회의는 질렸다니까! 다들 아무런 준비 없
이 회의에 참석하고, 자기네 부서만 신경을 쓴다니까!

리더: 회사 경영상의 어려움을 해결하고자 회의를 했는데 오늘도
부서장들 간에 갈등만 더 깊어진 것 같군. 도대체들 왜 서로 잡아

먹지 못해 안달이 나 있는 거야! 그리고 내가 회의를 하자고 하면 준비들을 해서 참석해야 하잖아! 아무런 대책도 생각도 없이 참석들을 하니……. 이제부터는 가급적 회의를 줄이고 나 혼자 결정을 해야겠어!

■ ■ ■

● 발생원인

::회의 목적을 모르고 참석한다

회의 목적을 모르면 어떻게 준비를 해야 하고, 자신의 의견을 어떻게 주장해야 할지를 모른다. 따라서 평소 자신이 가지고 있던 생각을 표현한다. 그때그때 함께 참석한 사람의 의견에 즉흥적인 대처를 하다 보면 자신이 생각지도 못한 부정적인 메시지를 전하거나 상대방이 오해하게 된다.

::부서 간의 이기주의가 있다

큰 조직에서 부서를 이끄는 리더는 자신이 맡고 있는 부서를 보호하려는 생각들을 가지게 된다. 즉 자신이 회의에서 명확한 의견 개진을 못해 많은 업무를 떠안게 되거나 책임을 지게 되면 부서원들에 대한 미안한 감정을 갖게 된다. 따라서 부서장들은 자신도 모르는 사이에 자신의 부서가 얻어야 하는 이익에만 집중하게 되고, 책임과 임무를 떠맡는 데 소극적이 된다. 그리고 부서의 손해— 과중한 업무— 또는 부정적인 평가— 성과에 대해— 를 수용하지 않게 된다.

::회의 중 나오는 이야기들에 너무 민감하게 반응한다

　서로의 업무영역이 다르고 관점과 가치관이 다른 사람들이
모여 회의를 하다 보면 상대방의 의견을 오해하거나 메시지
에 지나치게 민감한 반응을 보이게 된다. 상대의 발언을 이해
하려 하기보다는 그 의견이 자신과 부서에 미칠 영향만을 생
각하기 때문이다.

::다른 사람들의 의견을 존중하지 않는다

　의견을 존중하지 않음으로써 이해를 포기하고 수용을 거부
하며 부정적인 피드백을 한다.

::너무 급박하게 회의를 소집했다

　급하게 소집된 회의는 참석자들이 준비를 할 수 없게 되고,
회의에 대한 다소 부정적인 생각으로 회의에 참석하게 된다.
또한 하던 업무를 중단하고 회의에 참석해야 하기 때문에 집
중할 수 없고 마무리 지어야 할 업무를 생각하게 된다. 이러
한 심리적인 상태에서는 다른 사람의 발언에 민감해지고 자
신의 감정을 통제하지 못하게 되어 부정적인 생각을 갖는 회
의가 될 우려가 있다.

::리더가 효과적으로 이끌지 못했다

　리더는 자신이 주관할 회의 목적과 의제가 참석자들에게

어떤 영향을 미치게 될 것인가를 생각하지 않거나, 그들의 반응을 예상하지 못한다. 그리고 리더는 자신이 생각하는 만큼 참석자들도 회의 목적과 의제의 중요성을 판단할 것이라고 추측한다. 이러한 경우 참석자들이 리더가 원하는 반응과 집중을 보이지 않으면 리더는 회의를 주관하는 데 통제력을 잃게 된다. 위 사례의 경우 리더는 회의 결과를 위해 참석자들 간의 갈등을 부드럽게 해결하는 진행기술이 약하다.

::자신이 하는 말이 어떠한 영향을 미칠지를 생각하지 않는다

상호간 전달하는 메시지에 대한 이해와 해석은 항상 동일하지 않다. 이는 각자가 가진 상황에 대해 판단하는 필터가 다르기 때문이다. 자신은 긍정적이고 건설적인 의견이라고 생각하고 발언했는데 그 상대방은 그 내용을 곡해하거나 자신의 필터로 해석하면 건설적인 의견이 비난과 비평으로 바뀔 우려가 있다. 이는 발언하는 사람이나 듣는 사람 모두가 커뮤니케이션에 대한 이해력을 강화시키는 것이 필요하다.

::다른 부서장의 의견을 무시하는 경향이 있다

이는 평소 조직문화와 관련이 있는 것이다. 다른 부서와의 협력을 통해서 자신이 이끄는 부서가 성과를 올릴 수 있다는 협력과 팀워크 정신이 약해서 생기는 문제이다. 그리고 자신의 부서와 업무에 대해서는 다른 부서장들이 잘 모른다는 자

기중심적인 생각이 팽배해서 이러한 현상이 발생할 수도 있다. 다른 부서장의 관점과 그들의 의견이 자신의 부서에도 도움될 수 있을 것이라는 생각이 요구된다.

:: 평소 부서장 간 원활한 커뮤니케이션이 이루어지지 않는다

커뮤니케이션은 어느 조직이나 갖고 있는 어려움이고 문제 발생의 원인 중 하나이다. 특히 공식적인 업무인 회의를 제외하고 자연스러운 커뮤니케이션이 이루어지지 않는다면 공식적인 커뮤니케이션은 어려움을 겪을 수 있다.

● 부작용

- 회사 내 갈등이 발생하게 된다.
- 부서 간 협력이 이루어지지 않는다.
- 부서 간의 이기주의로 인해 책임을 지지 않고 떠넘기려 한다.
- 회의에 대해 부정적인 시각을 갖게 된다.
- 중요하고 급한 문제가 발생하였을 때 해결에 어려움을 겪을 수 있다.
- 리더의 독단이 나오게 된다.

● 대 책

:: 평소 사내의 커뮤니케이션을 활성화시킨다

공식적이든 비공식적이든 원활한 커뮤니케이션이 이루어지는 조직에서는 상호간의 업무 협조와 협력이 자연스레 일어나고, 상호간의 이해 폭이 넓어진다. 이러한 조직에서는 서로의 의견에 대한 오해를 줄이고 의미를 파악하려는 노력이 발생한다. 이를 위해서 조직에서는 다양한 채널과 방법을 통해 커뮤니케이션 활성화에 신경을 써야 한다.

:: 일에 대한 다른 부서의 의견과 역할을 존중하는 문화를 만든다

다른 부서의 의견은 때로 자신과 부서원들이 생각하지 못했던 부분을 확인해 주기도 하고, 그들의 의견을 통해 새로운 아이디어를 얻을 수 있다. 그리고 다른 부서가 그들의 역할을 제대로 하는 것이 내가 이끄는 부서에도 도움이 되고, 내가 이끄는 부서의 올바른 역할 수행이 다른 부서의 성과에 도움된다는 공동체 의식이 매우 중요하다. 이러한 공동체 의식이 있을 때 자연스러운 협력이 일어나고 서로의 이견을 조율하고 이해하려는 노력이 나온다.

:: 리더는 사전에 충분한 시간을 주어서 회의 준비를 하도록 한다

리더는 자신이 주관하는 회의 성과를 위해 가능한 한 참석자들에게 준비할 수 있는 시간을 주는 것이 중요하다. 경우에 따

라서는 개별적인 접촉을 통해 회의에서의 발언내용과 역할을 사전에 협의하는 것도 필요하다. 회의 성과는 준비가 큰 역할을 한다. 민감한 의제의 경우 그 민감성을 낮추고 중요성을 강조할 수 있는 방법을 찾는다. 참석자들 또한 자신이 회의에서 발언할 내용을 준비하고 함께 참석하는 사람들에 대한 정보를 얻음으로써 어떠한 마음으로 회의에 참석할 것인지를 준비하도록 한다.

:: 참석자들은 서로의 의견만을 이야기하지 다른 사람의 의견을 미리 판단하지 않는다

자신의 의견과 다른 의견을 말하는 참가자를 감정적으로 미리 평가하려 하지 않아야 한다. 서로 다른 의견을 조율하고 토의해서 최선의 합리적인 해결안을 찾는 것이 회의의 묘미이고 많은 사람들이 모여 일하는 조직이 바람직한 모습이다. 따라서 참석자들은 다른 참석자들이 항상 자신과 같은 의견을 갖고 있거나 자신의 의견에 동의할 것이라는 생각을 버리고 서로의 의견을 인정해 준다면 자연스러운 토의가 될 것이다. 자신의 의견과 다른 의견은 자신의 사고의 폭을 넓힐 수 있는 기회라 생각하는 것이 좋다.

:: 다른 부서의 가치를 떨어뜨리는 말을 삼간다

조직에서 가치가 없는 부서와 존재가치가 없는 구성원들은 없다. 자신이 다른 부서와 다른 사람의 가치를 무시하면 자기부

서와 자신도 무시당할 수 있음을 알아야 한다. 어떠한 경우이든 한 조직의 구성원이라면 같은 조직의 구성원을 존중하고 인정해야 한다.

:: 리더는 회의의 규칙을 정해서 서로 간 비방을 하지 않도록 한다

회의를 진행하고 참석하다 보면 자신도 모르게 다른 참석자의 의견에 민감해지고 자기중심적인 해석으로 오해를 하게 된다. 따라서 회의를 이끄는 리더는 사전에 이러한 부정적인 메시지들을 자제할 것을 회의 규칙으로 정해 둘 필요가 있다. 그리고 이런 규칙을 정해 놓아도 부정적인 발언이나 반응들이 나오면 리더는 지체 없이 개입해야 한다. 때로는 참석자 중 Time Keeper(회의 감시자)를 임명해 부정적인 커뮤니케이션이 일어나면 신호를 보내도록 하는 것도 회의의 역동성을 강화할 수 있는 방법이 된다.

:: 의견이 다르더라도 회의 목적을 잊지 않도록 한다

리더도 참석자도 회의 목적을 벗어나서는 안 된다. 회의 목적을 벗어나는 상황이 전개되면 시간문제, 토의문제 등등의 문제들이 발생한다. 서로의 의견이 다름은 최선의 회의 결과를 위한 좋은 현상 중 하나라고 인식을 공유하는 것이 좋다. 특히 리더가 참석자들의 논쟁에 휘말려서 회의 목적을 상실하는 만큼 어리석고 가치 없는 회의는 없다.

45 회의의 규칙이 없거나 지켜지지 않는 회의

■ ■ ■

리더: OOO 씨, 의견은 한 번에 하나씩 내도록 합시다. 동시에 여러 개를 이야기하니까 혼동이 되는군요.

OOO 씨: 예! 무슨 말씀이신지요. 항상 이러한 식으로 회의를 진행하시지 않으셨습니까! 다른 사람들이 의견을 말하지 않으니까 제가…….

리더: 맞아요. 그래서 오늘 회의부터는 누구나 한 번에 하나의 의견을 내기로 하겠습니다. 그렇게 이해하시고 다른 사람의 의견도 들어 봅시다.

OOO 씨: (서운한 표정을 지으며) 예.

다른 참석자들은 갑자기 긴장을 한다. 이제까지는 회의에 참석하여도 의견을 말하지 않거나 별로 할 이야기가 없었기 때문이다.

리더: OOO 씨, 다른 사람의 의견을 그렇게 비난하면 어떻게 합니까? 그러니까 다른 분들이 의견을 말하지 않잖아요. 회의 규칙을 잊어버렸나요?

리더: 다시 한 번 강조합니다. 오늘 회의는 …… 이러한 규칙들을 지키도록 합시다.

그리고 회의 때마다 역할이 정해지지 않아서 회의록을 작성하기 어려워고, 회의 준비도 미흡했지요. 오늘은 OOO 씨가 서기를 보도록 합시다.

OOO 씨 : (놀라며) 예!

■ ■

● **발생원인**

:: **회의를 진행하는 데 규칙에 대한 합의가 없다**

규칙은 규제를 위한 것이기보다는 원활한 의견 개진과 참
여를 위해서 필요하다. 그런데 대부분의 회의는 몇몇 참석자
들이 주도하는 경우가 많다. 심지어는 참석자 1~2명과 리더
만이 이야기하고 다른 참석자들은 회의가 끝날 때까지 침묵
을 지키기도 한다. 이러한 상황을 개선하고자 하는 리더의 의
지가 부족할 때 규칙을 정하기보다는 리더가 바라는 결과를
얻기 위한 회의가 된다.

:: **참석자들은 리더와 합의한 규칙을 모르거나 잊어버렸다**

회의 규칙을 정하였더라도 회의 참석자들은 그 규칙을 잊
어버리는 경우가 대부분일 것이다. 규칙을 지키려고 하기보다
는 자신의 의견을 주장하는 데 더 가치를 두고 있기 때문이다.

:: **회의 규칙이 필요 없다고 생각한다**

회의는 규칙 없이 자신의 생각과 의견을 주장하고 토의(때로
는 상대방의 의견에 토를 달거나 비난하는)를 통해 바람직한 결과가 나온

다고 생각한다. 따라서 규칙은 이러한 회의 결과를 달성하는 방해물이라 생각한다. 회의의 바람직한 결과를 얻는 것이 중요한 만큼 회의 분위기 또한 매우 중요한 것이다.

:: 참석자들은 리더가 회의 규칙을 정하려는 것이 자신들을 통제 또는 관리하려는 마음에서일 것이라는 생각을 한다

따라서 회의 규칙을 정하는 것에 대해 부정적인 시각으로 바라보고, 규칙을 정하더라도 그것은 리더를 위한 것(회의를 통제, 리더가 바라는 결과를 유도하기 위한 조치 등)이라는 잘못된 생각을 갖게 된다. 이는 평소 리더의 리더십이 원인이 될 수도 있다.

:: 이제까지 한 번도 정해진 회의 규칙이 지켜진 적이 없다

이는 회의 규칙의 무용론을 야기한다. 지켜지지 않은 규칙의 필요성을 누가 느낄 수 있겠는가? 형식에 지나지 않은 규칙은 오히려 만들지 않는 것이 좋을 것이다.

● 부작용

- 참석자들은 어떤 규칙이 있는지 몰라 당황한다.
- 합의되지 않은 규칙은 자신들을 통제한다고 느낀다.
- 갑자기 정한 규칙이 잘 지켜지지 않는다.
- 회의 분위기를 깰 우려가 있다.

● 대 책

:: 리더는 자신이 원하는 규칙이 있으면 회의 전에 공표한다

리더는 자신이 회의를 주관하고 회의 결과에 대한 책임을
져야 하는 위치에 있다. 따라서 바람직한 회의 진행을 위해
필요하다고 생각하는 규칙이 있다면 리더는 회의를 시작하면
서 먼저 이야기한다. 그리고 그 규칙의 필요성도 충분하게 설
명한다. 이로써 회의 참석자들에게 회의를 리더가 얼마나 중
요하게 생각하는지를 보여 줄 수 있는 것이다.

:: 갑자기 규칙을 정하지 않는다

참석자들이 회의 규칙 때문에 당황해서는 안 된다. 사전에
필요한 사람에게 알려 주어서 스스로 그 역할과 규칙에 적응
하도록 해야 한다. 준비되지 않은 규칙은 지켜지기가 어렵다.
중요한 주제를 다루기 위해서 규칙이 필요한 경우 주제를 다
루기 전 참석자들에게 충분히 알리고 합의를 본 후 주제를
본격적으로 다룬다.

:: 리더는 참석자들과 합의해서 회의 규칙을 정한다

리더는 자신이 원하는 회의 규칙이더라도 회의에 참석한
다른 참석자들과 합의를 통해 만든다. 이는 규칙의 적용과 유
지를 강화하기 위한 방법이다. 참석자들은 자신이 합의한 규
칙을 지키려 애를 쓸 것이고, 합의를 이끄는 리더의 리더십에

도 긍정적인 느낌을 갖게 될 것이다.

::참석자들은 자신들이 합의한 규칙을 지키려고 노력한다

일단 합의된 규칙이 지켜지지 않는 것은 회의 참석자(리더를 포함해) 모두의 책임이다. 지켜지지 않는 규칙이 무슨 의미를 가지겠는가? 회의 규칙 또한 하나의 회의 결과이고 합의이다. 이는 회의 성과에도 영향을 미칠 수 있다. 합의한 규칙은 모두 지키려고 노력하는 것이 좋다. 한 방법으로 합의한 회의 규칙을 전체가 잘 보이는 장소에 기록해 둠으로써 스스로 규칙을 준수하도록 한다.

::회의 규칙 Meeting Keeper(회의 감시자)를 둔다

리더는 회의 규칙을 정하고 참석자 중 한 명에게 다른 참석자들(리더 포함)이 합의한 규칙을 어길 때 경고 또는 제재를 하는 감시자의 역할을 하게 한다. 이 감시자는 누군가 회의 규칙을 어기면 STOP를 외치거나 벨을 울리는 등의 신호로 규칙을 어겼음을 알리고 때로는 발언을 규제한다. 그리고 회의 규칙이 잘 지켜졌을 때 리더는 적절한 보상(감사의 말 등)을 하는 것도 회의 규칙의 중요성을 강조할 수 있는 방법이다.

46 인내심이 부족한 리더

■ ■ ■

회의가 시작되고 의제에 대한 참석자들의 의견이나 아이디어가 나오지 않자 리더는 다소 당황하고 성급한 마음이 된다.

리더: 왜 의견들을 말하지 않는 겁니까? 생각들을 하지 않고 참석한 겁니까? 아니면 의제의 중요성을 모르는 겁니까?

참석자 1: (속으로) 조금 더 생각을 위한 시간이 필요한데…….

참석자 2: 의제의 중요성을 알고 있습니다. 그래서 생각을 위한 시간이 조금 더 필요하다고 생각합니다.

리더: 얼마나 더 기다려야 하지요? 벌써 10분이나 지났는데……. 어떤 의견도 좋으니까 빨리 자신들의 생각을 이야기해 보세요.

참석자 1: 의제와 관련이 있는 OOO의 입장을 먼저 듣고 싶은데요?

리더: 아까 내가 이야기한 것이 전체 상황이라고 이해하면 됩니다. 의견을 이야기해 보세요. (하면서 리더는 계속 참석자들을 압박한다.)

■ ■ ■

● 발생원인

:: 의제의 중요성에 비해 충분한 정보 공유가 없다

의제와 정보의 공유는 회의 참석자들의 의견을 이끌어 내는 데 매우 중요한 것이다. 참석자들은 부족한 정보에 대해서는 의견을 개진하기가 어렵다. 리더는 참석자들에게 정보를 제공하기보다는 의견을 성급하게 요구하고, 참석자들은 더 많은 정보를 요구한다. 리더는 자신이 알고 있는 정보도 참석자들이 알고 있을 것이라고 생각한다.

:: 워밍업이 부족하다 & 성급하게 결론을 바란다

회의를 시작해서 곧 리더가 바라는 좋은 의견이 나오기는 쉽지 않다. 참석자들도 워밍업을 위한 시간이 필요하다. 리더의 성급함은 오히려 회의의 질을 떨어뜨린다.

:: 리더는 자신의 관심만큼 다른 참석자들도 의제의 중요성을 인식하고 있을 것이라고 추측한다

회의 참석자들은 대부분 실무를 담당하고 있다. 따라서 참석자들은 자신이 현재 하는 일에 또는 해야 하는 일에 모든 에너지를 집중하고 있다. 이는 리더만큼 넓은 시각을 가지고 있기 어렵다는 것이다. 이를 잘 이해한다면 리더의 성급함을 조절할 수 있을 것이다.

::리더는 자신이 압박을 가해야 참석자들이 의견을 이야기할 것이라 고 생각한다

리더가 참석자들에 대해 다소 부정적인 관점 — 밀어붙여야 하고, 압박을 가해야 된다고 — 을 가지고 있다. 따라서 참석 자들에게 적절한 압박을 가해야 된다고 리더는 믿고 있다.

● 부작용

- 리더의 지나친 성급함은 오히려 최선의 의사 결정을 방 해한다.
- 리더의 압박이 참석자들의 자유로운 의견 개진을 막을 수 있다.
- 지나친 압박은 리더의 기분에 맞추는 의견만을 이야기하게 한다.
- 리더는 참석자들에 대해 부정적인 시각을 가질 수 있다.

● 대 책

::리더는 참석자들에게 동기부여하는 법을 익힌다

회의에 참석해서 자신의 의견을 자유롭게 개진하는 것이 쉬운 일은 아니다. 자신의 의견이 리더 또는 다른 참석자들과 다르거나 그들로부터 부정적인 반응이 나올까 참석자들은 조 금이나마 걱정 또는 염려를 한다. 이러한 심리적인 상태에서

리더가 의견을 강요하는 것은 부정적인 영향을 미치게 된다. 따라서 리더는 참석자들의 마음을 편하게 해 주고 자신의 의견을 자연스레 개진하는 분위기를 만들어야 한다. 때로는 합의된 규칙을 만들기도 한다. 본격적으로 회의 의제를 다루기 전 가벼운 의제를 다룸으로써 참석자들이 준비할 수 있도록 한다.

:: 리더는 인내심을 갖고 참석자들이 의견을 이야기하도록 기다린다

참석자들은 리더가 제기하는 의제에 대해 충분한 자신만의 해석과 이해가 따라야 의견을 정리할 수 있다. 회의 전에 어젠다가 배부되었더라도 참석자들 자신의 업무에 집중하느라 충분한 준비가 어려울 수 있다. 리더는 성급하게 참석자들의 의견을 묻기 전에 그들이 충분히 생각할 수 있도록 필요한 정보를 제공하고 기다려 주는 여유도 필요하다. 기다리는 시간에는 침묵하는 것이 아니라 가벼운 이야기를 하거나 의견을 정리할 수 있는 시간을 주는 것이 좋다. 때로는 참석자들의 소극적인 성격이 의견을 말하지 못하도록 할 수 있으므로 브레인라이팅 등의 기법을 활용한다.

:: 중요하고 급한 문제라면 리더가 스스로 의사 결정을 하거나, 필요한 사람들과의 개인적인 미팅을 통해 해결한다. 때로 이러한 상황에서는 회의를 개최할 수 없다. 조치가 우선이기 때문이다.

:: 참석자들 또한 가급적 리더의 스타일을 따라간다

　리더가 성급하게 회의를 이끈다면 성급한 결론을 추구할 것이고, 참석자들은 충분한 검토 없이 자신의 의견을 말하고 의견에 대한 토론과 검토 없이 결론(성급한 결론으로 최선이 아닌 차선이 선택되는)이 날 수 있다. 따라서 회의 참석자들은 리더의 이러한 스타일을 잘 파악해 회의에 참석하는 현명함이 요구된다. 자신이 업무가 바빠서 충분한 준비를 할 수 없더라도 어젠다에 기록된 의제에 대해 한두 가지 의견을 준비해서 회의에 참석한다. 그리고 자신의 의견을 개진하고 리더와 다른 참석자들의 의견을 듣고 그 사이에 자신의 생각을 정리해서 추가적인 의견을 준비하고 개진한다.

:: 리더는 참석자들의 동기를 떨어뜨리는 말을 조심한다

　회의 참석자들이 의제에 대해 의견을 개진하지 않음이 그들의 무능함을 의미하지는 않는다. 리더는 참석자들이 의제를 다루는 데 충분한 능력이 있다고 믿어야 한다. 그리고 그들이 의견을 개진하지 않는 원인을 파악해 해결하는 것이 리더의 능력이고 역할이다. 개인적인 성격상의 문제일 수 있고, 참석자들 간의 문제일 수 있고, 리더십의 문제일 수도 있다. 참석자들은 리더가 이러한 것을 이해하고 적절한 조치를 취해 주기를 바란다.

47 동조/순응압력에 따라오기를 바라는 리더

1961년 4월 17일 새벽의 어둠 속에서 8척의 상륙정 등이 쿠바 남부의 한 해안으로 접근하고 있었다. 상륙정에 탄 1,400명은 미 중앙정보국에 의해 모집되고, 무장되었으며, 훈련되어 전투지역으로 이동되었다. 그들은 카스트로에 반대하는 쿠바 난민들로서 무장봉기를 통해서 새로운 정부를 세우려 하였다. 이들의 수는 적지만 피그만에 교두보를 확보하고, 방어를 하면 미 공군이 공습하여 쿠바 군을 무력화시키고, 이것이 쿠바 대중의 전면봉기를 유도하여 카스트로의 군대는 망명군으로 도망갈 것이라고 판단하였다. 불행히도 이 계획은 거의 예정대로 이루어지지 않았다. 해안에 접근하는 중 알려지지 않았던 산호초에 상륙정이 좌초되었다. CIA에서는 Giron이란 작은 마을에는 카스트로에게 미국의 침공소식을 타전할 아무런 통신시설도 없다고 안심시켰으나 실제 침공군이 도착하자마자 침공사실은 카스트로에게 즉시 연락되었다.

더욱 중요한 것은 미 공군의 공격은 이미 날이 새어 취소되었다. 도리어 카스트로의 공군이 상륙군과 보급선을 벌집 쑤시듯이 공격하였다. 침공군에 대한 공중엄호가 시작되었으나 낡은 B-26은 쿠바 전투기와 상대가 되지 못하여 다수가 공중격추되고 말았다.

카스트로는 결정타로 탱크, 장갑차, 로켓 발사대를 정비한 정예부대를 침공군의 상륙지점인 Giron으로 급파하였다. 침공군은 그들이 타고 온 함정들이 모두 파괴된 뒤라서 후퇴할 수도 없었고, 늪지로 둘러싸인 곳으로 도주하는 수밖에 없었다.

결국 1,200명에 가까운 사람들이 — 일부는 굶주려 죽거나 — 쿠바군에 의해 체포되었고 미국은 몸값으로 5,000만 불의 식량과 의료품을 지불해야 하였다.

출처 —집단심리, 서울대사회과학 연구실

■ ■ ■

위의 상황에서 개입한 최고의사 결정권자들은 당시 미국을 이끄는 백악관의 대통령과 참모, CIA 국장, 국방장관 등이었다. 이들의 결정이 미친 영향은 상상하기 힘들 만큼의 참혹한 결과를 가져왔다. 어느 조직이나 이러한 결정이 이루어질 가능성이 있다. 이것에 대해 하나씩 알아보도록 한다.

● 발생원인

::높은 동조압력이 회의에 참석한 사람들 사이에 발생하면 대부분의 의견과 다른 의견을 개진하는 것은 조직에 대한 불성실한 모습을 보이게 된다는 생각을 가지게 된다
  따라서 다소 다른 의견이 있더라도 그 의견이 가져올 논쟁을 피하기 위해 의견을 말하지 않는다.

- 회의에 참석한 사람들이 자신들의 지식과 능력을 지나치게 믿으면 자신들이 내리는 의사 결정이 완전무결하다는 착각에 빠진다. 따라서 충분한 고려와 다양한 시각으로 상황을 분석하기 전에 자신들이 내린 결정을 고수하려 하고 바꾸거나 변경을 하는 데 부정적인 반응을 보이게 된다.

- 만장일치로 의사 결정이 이루어졌다는 것은 조직구성원들이 이견이 없는 완전한 합의를 하였다는 것과 조직력이 튼튼하게 구축되었다는 것을 의미한다는 생각으로 의사 결정의 만장일치를 추구하게 된다. 이면에는 다양한 관점에 대한 검토와 분석이 부족하다는 것이 숨겨져 있다. 그리고 만장일치가 어렵고 불가능하다는 사실을 인정하지 않으려 한다.

- 반대의견의 자체검열로 자신들이 내린 의사 결정에 아무런 문제가 없다는 믿음을 갖는다. 때로 다른 구성원(회의에 참석하지 않은 보조자)이 검토해야 할 사안이나 조직의 의사 결정에 반대의견을 개진하더라도 그 의견이 회의실에서는 언급조차 되지 않는다.

::도덕성의 착각(자신의 행동은 항상 옳고 선을 향한다)으로 자신들이
소속된 조직의 비전과 성장에 도움되고, 조직에 반대하는 조직을 처
벌한다는 것에 자가당착적인 정당성을 갖는다
　자신들의 조직에 반대하는 다른 조직은 비합리적이며 바람
직하지 않은 존재라는 시각을 가지게 된다. 따라서 자신들이
소속된 조직이 내린 결정은 항상 옳다는 믿음을 가지게 된다.

::외부 집단에 대한 편향적인 시각은 다른 집단에 대한 부정적인 평가
를 하게 되고 부정적인 방법을 사용해서라도 그 집단을 파괴하려는
마음을 갖게 된다
　외부집단의 능력을 과소평가하고 자신들의 힘으로 그들을
굴복시키는 것이 당연하고 정당한 것이라는 생각을 갖는다.

::리더의 리더십스타일이 강제적이거나 자신의 의견을 어떠한 일이
있더라도 관철시키려는 리더가 이끄는 회의는 리더의 결정이 잘못
되었더라도 반대의견을 말하기가 어렵다
　이러한 경우 참석자들은 리더가 모든 책임을 질 것이라는
생각으로 토의와 검토를 위한 이견을 숨기거나 말하지 않고
리더의 결정에 동조한다.

● 부작용

　- 비합리적인 의사 결정이 발생
　- 반대의견에 대한 토론과 검토가 없음

- 바람직한 문제 해결과는 다른 결과(많은 비용이 지출되는)를 초래
- 책임 전가
- 현장의 정보가 단절

● 대 책

::의사 결정을 위한 모든 정보를 공유하고 다양한 사람들을 참여시켜 그들의 견해와 의견을 듣는다

특히 의사 결정의 결과가 많은 사람들에게 영향을 미치게 되는 중대한 사인인 경우 공개적인 논의가 반드시 필요하다

::리더는 자신의 리더십스타일을 항상 점검해야 한다

과거의 회의에서 어떻게 의사 결정이 내려졌고, 회의에 참석한 사람들이 회의에 몰입하고 참여하는 정도를 잘 파악해서 자신의 스타일 때문에 잘못된 의사 결정이 내려지게 해서는 안 된다. 자신이 가진 스타일을 바꾸기가 어렵다면 다른 사람을 회의 진행자로 임명해 회의를 진행하게 하고 자신은 그 결과를 보고받거나 참관자의 자격으로 회의에 참석하는 것도 고려해 볼 수 있는 방법이다.

- 같은 상황을 두고 의사 결정을 내려야 할 때, 그 결과의 영향력이 클 때 리더는 복수의 집단에게 회의를 진행하도록 하거나, 복수의 집단을 소집해서 회의를 진행한다.

- 리더는 회의 참석자들이 순응의 압력에 빠질 우려가 있을 경우 또는 과거의 회의에서 참석자들이 리더 또는 다른 권위 있는 참석자의 의견에 동의만을 하는 경우 트집잡기 — 반대, 이유 묻기 등 — 를 하도록 참석자 한 명을 선정해서 회의에서 나오는 의견에 대해 부정적이거나 반대의 경우를 이야기하도록 한다. 이는 토의의 질을 올릴 수 있는 좋은 방법이다.

- 조직은 자신들이 내리는 의사 결정이 완전무결하고 자신들은 필요한 모든 정보를 파악하였으며 충분한 지식과 경험이 있는 전문가집단이므로 잘못된 의사 결정은 있을 수 없다는 믿음보다는 자신들이 가진 한계와 부족한 부분에 대해 인정해야 한다. 지식이든 경험이든 감정적인 부분이든 자신들에게도 한계가 있다는 것을 인정할 때 다른 의견들을 수용할 수 있고 새로운 시각을 가질 수 있다.

:: 한 번의 회의로 최종적인 결정을 내리기 전 시간적인 여유를 가질 필요가 있다

그 사이 새로운 정보의 수집과 이견의 수용 또는 고려를 통해 충분한 검토를 거친 후 2차 회의를 진행한다. 여기서 말하는 2차 회의는 한 번 더 하는 것이 아니라 가능한 범위 내에서 여러 차례 회의를 할 필요가 있다는 것이다.

책임을 전가하고 비난하는 회의

■ ■ ■

회사의 경영성과가 낮아서 그 원인과 대책을 모색하기 위한 부서장 회의

리더: 자, 지난 분기 회사의 경영성과가 목표보다 낮게 달성되었는데 왜
이러한 결과가 나왔고 어떤 대응을 해야 하는가 의견을 모아 봅시다.
먼저 경리부장이 이야기하시지요.

경리부장: 예! 말씀대로 지금 회사의 경영상태가 좋지 않습니다. 이는 매
출이 정상적으로 이루어지지 않고, 매출대비 비용이 과다해서 그런 것
같습니다. (이때 영업부장이 말을 가로막으며)

영업부장: 무슨 소리를 하는 겁니까? 우리 영업부는 그 어느 때보다 열
심히 일을 하고 있습니다. 그리고 경쟁사의 공격적인 마케팅과 자금
지원이 우리보다 훨씬 좋습니다. 경리부장은 시장상황을 모르고 이야
기를 하는군요.

경리부장: 제가 시장상황을 모른다고요! 그럼 영업부장은 회사의 자금상
황을 알고 있습니까? 회사의 자금상황을 알면 그런 이야기는 하지 못
할 겁니다.

영업부장: (경리부장의 말을 무시하며) 그리고 생산부에서는 왜 우리가 요
청하는 기간에 제품의 생산이 이루어지지 않습니까? 고객들에게 영업

부에서 약속한 시간이 중요한 것이라고 생각하지 않은 것 같습니다.

생산부장: 말도 안 됩니다. 영업부에서 무리하게 일정을 잡으니까 우리로
서는 무리하게 일을 할 수 없는 겁니다. 야근을 하면 경리부에서 좋아
하지 않고. 일정이 늦어지면 영업부에서 불평을 하고 우리의 제한된
인원과 시간으로 어떻게 하라는 겁니까? 영업부는 제발 생산부의 입
장을 생각해 주세요.

영업부장: 무슨 소리입니까? 그건 생산부 내부의 일이지요. 부서장이 그
정도는 해결해야 하는 것 아닙니까? 그리고 고객의 요청이 중요한 것
이지요. 야근 또는 철야작업을 해서라도 일정을 맞추어야 하는 것 아
닙니까?

서로의 입장만을 이야기하면서 분위기는 점점 험악해지고 있다.

▨ ■ ▨

● **발생원인**

:: 서로의 이익만을 생각한다

조직에서 일어나는 모든 문제와 해결안은 조직 내부에 있
다. 핵심은 그 해결안을 위해 상호 신뢰와 양보 그리고 배려
가 존재하는가이다. 특히 부서 간의 이기주의는 조직 전체의
성과 향상과 문제 해결에 부정적인 영향을 미친다. 부서를 이
끄는 리더는 자신이 이끄는 부서가 조직에서 최고의 성과를
올리고 팀워크가 강하다고 생각하고 또 그렇게 보이기를 원
한다. 또한 부서를 이끄는 리더로서 부서원들에게 새로운 책
임과 업무를 부과하는 데 적극적이지 않을 수 있다.

회의에서 자신이 이끄는 부서를 옹호하고 합리화하려는 노

력이 자칫하면 부서 간의 이기주의로 전이될 수 있는 것이다. 따라서 조직이 가진 문제의 원인을 다른 부서로 그 책임을 전가하고 그 방법으로 상호 비난과 불평을 하게 된다.

::문제의 원인을 다른 곳에서 찾는다

이는 문제의 본질을 찾고 그 해결안을 찾으려는 노력보다는 자신에게는 책임이 없다는 주장을 하게 됨을 극복할 수 있는 방법이다.

::다른 사람의 말을 잘 경청하지 않는다

자신의 주장을 다른 참석자들이 경청하기 원한다면 자신부터 다른 참가자들의 의견을 경청해야 한다. 경청하지 않음은 이해를 하는 수준이 낮고 이는 오해를 불러일으킬 여지가 있다. 사람들은 자신이 옳다는 생각을 갖고 살아가는 동물이라고 한다. 새로운 의견에 대해 자신이 합리적으로 이해하고 수용하기 전에는 자신이 가진 의견과 생각이 항상 옳다고 믿는다.

::평소 정보의 교류가 없다

이는 부서 간 업무 흐름 또는 중요성과 관련성에 대한 이해의 낮음을 야기한다. 업무와 관련된 원활한 정보 교류가 없기 때문에 조직의 문제가 어디에서 발생하였는지, 어느 부서가 책임이 있는지에 대한 생각을 하지 못하고 자신이 이끄는 부서를 보호하려는 욕구에서 그 책임을 다른 부서나 부서를 이끄는 리더에게 돌린다.

● 부작용

- 서로 간 감정이 상할 수 있다.
- 문제의 해결보다는 책임 전가에 집중할 우려가 있다.
- 부서 이기주의로 흐를 수 있다.
- 문제의 해결에 시간이 많이 소요된다.
- 직원들 간의 반목으로까지 전개될 우려가 있다.

● 대 책

::토론의 방법을 습득한다

자신의 주장을 설득력 있게 하는 방법은 다른 사람의 의견을 무시 또는 비난하는 것이 아니다. 그들의 주장을 경청하고 의미를 파악한 후 거기에 맞추어서 자신이 가진 의견을 논리적이고 설득력 있게 주장하는 것이 중요하다. 필요하다면 상대의 말에 있는 비합리적인 부분에 대한 반박을 통해 자신의 의견을 관철시킬 수도 있다. 어떠한 경우이든 토의, 토론이 논쟁으로 전이되어서는 안 된다. 자신의 의견을 관철시키려는 욕구가 너무 강하거나, 자신의 의견이 다른 사람들에 의해 수용되지 않는다고 느끼는 순간 사람은 감정적인 반응을 보이고 이

것이 토론을 논쟁으로 이끌게 된다. 주장과 사람을 구분하라. 다른 사람의 의견을 인정하는 것이 동의를 의미하지는 않는다.

::문제를 조직시너지의 강화기회로 본다

문제를 해결하려는 노력 가운데 서로에 대한 이해도가 높아지고, 협력의 필요성이 강조되며 서로의 능력에 대한 신뢰가 쌓인다. 물론 이러한 결과는 합리적이고 효과적인 토의가 가능하였을 때 발생한다. 조직의 문제를 성공적으로 해결하고 그 과정에서 서로의 역할과 책임을 다할 때 신뢰는 더욱 강화될 것이고 조직 전체의 시너지는 올라간다. 문제는 책임을 회피하고 다른 사람을 비난하고 그들의 무능을 파헤치는 기회로 활용해서는 그 조직의 성장과 발전에 부정적인 결과를 가져온다는 것이다.

::서로의 입장을 이해하려는 마음을 갖는다

이는 다른 사람이 주장하는 의견을 경청하고 이해하고 지원하며 협력할 수 있는 마음이 있을 때 가능하다. 조직은 개인의 성과도 중요하지만 부서의 성과 그리고 조직 전체의 성과가 그 조직의 성패를 좌우한다. 이는 상호 협력과 지지 그리고 배려에 의해 결정된다. 다른 사람이 왜 그렇게 주장하는지, 그 이면에는 어떤 의미가 있는지를 파악하려는 노력이 필요하다.

::평소 정보 교류를 원활하게 한다

정보 교류가 원활하면 상호 오해의 여지가 줄어든다. 회의에서 상대가 왜 그런 주장을 하는지 이면의 의미를 파악할 수 있다. 또한 내가 주장하는 의견에 대한 상대의 수용도도 올라간다. 이것이 원활한 정보 공유가 주는 이익이다. 그리고 회의에서도 정보 공유를 원활하게 하기 위해서는 서로 비난, 불평, 비평하거나 말 꼬리를 잡아서는 안 된다.

::회의 시 언어, 비언어적 메시지의 사용에 주의를 기울인다

사람은 습관의 동물이라고 한다. 습관적인 행동은 자신도 모르게 나온다. 커뮤니케이션도 하나의 습관이다. 예를 들어 자신이 도저히 받아들일 수 없는 황당한 의견이나 수용하기 어려운 주장을 상대가 할 때 자신도 모르게 고개를 돌리며 피식 웃는 것이 또한 습관이다. 이러한 비언어적인 메시지는 상대에게 '당신의 의견은 너무 황당하고 무리한 것이다. 도저히 듣고 있을 수 없다.' 등의 의미를 전한다.

이는 상대의 의견을 무시하고 있다는 것을 보여 주는 것이며, 그것에 상대는 또한 부정적인 대응을 하게 된다. 나의 의견을 듣지 않거나 동일한 반응을 보이거나 비난하거나 아예 나의 의견을 무시하는 등의 반응을 유도하게 된다. 사용하는 언어 또한 습관적으로 나온다. 따라서 평소 자신이 사용하는 언어나 커뮤니케이션 습관을 잘 파악해서 부정적인 메시지를 줄이도록 해야 한다.

■ ■ ■

회사의 분위기를 바꾸고 팀워크를 높이기 위한 회의

리더: 자! 그러면 각자가 생각하는 좋은 아이디어를 이야기합시다.

참가자 1: 예! 업무를 진행함에 있어 지나친 간섭을 줄였으면 합니다. 간섭이 심하니까 서로 감정이 상하고 일에 대한 의욕도 떨어지는 것 같습니다.

참석자 2: 그럼 일을 어떻게 마감합니까? 일을 잘해 봐요. 간섭을 하는가? 일들을 잘 못하니까 간섭을 하는 것이지…….

참석자 1: 그렇다면 우리 모두가 일을 제대로 하고 있지 않다는 말입니까? 무슨 소리를 하는 것입니까?

참석자 2: (언성을 높이며) 그럼 일을 제대로 하고 있다는 겁니까? 일을 제대로 해야 분위기를 바꾸든지 하지요. 회사는 놀러 오는 곳이 아닙니다.

참석자 1: (다소 화를 내며) 참석자 2는 일을 제대로 하고 있습니까? 지난번에…….

이때 리더가 끼어든다.

리더: 자! 자! 그러지 말고 다 서로를 위한 것 아닙니까! 화를 내지 말고

이야기합시다.

참석자 2: 누가 화를 냈습니까? 말도 안 되는 소리를 하니까 그러지요. 일을 잘해 봐요. 분위기는 저절로 좋아질 겁니다.

참석자 1: 누가 일을 제대로 못합니까? 분위기가 좋으면 일도 잘될 수 있지 않나요? 왜 업무만 중요하고 서로 간의 이해와 화합은 중요하지 않게 생각하는지 모르겠군요……. (이때 참석자 2는 고개를 돌리며 피식 웃는다. 이에 참석자 1은 더 감정이 상한다.) 왜 제 말이 틀렸습니까?

회의 분위기는 이상한 방향으로 흘러가고 서로의 입장 차이만 크게 만들었다.

■ ■ ■

● 발생원인

::문제를 바라보는 관점에 차이가 있다

이는 개인의 지식 수준과 성격 차이일 수 있다. 특히 중요한 것은 자신의 성격대로 조직에서 일하고 싶다는 욕구가 강하기 때문에 다른 사람이 가진 성격을 이해하지 못한다는 것이다. 조직에서 인간관계를 중요시하는 사람과 업무를 중요시하는 사람 간에는 마찰이 발생할 가능성이 높다. 그 사람의 문제이기도 하지만 서로의 관점과 견해 그리고 가치관을 이해하려 하지 않는 것이 더 큰 원인이 된다.

::자신의 말을 합리화하기 위해 상대의 말을 무시 또는 부정을 한다

사람이 가진 가장 핵심 욕구 중 하나가 자신의 의견과 생

각이 인정받고 다른 사람들로부터 수용되는 것이다. 이러한 욕구 충족을 위해 때로는 무리한 주장을 하거나 다른 사람의 의견을 무시 또는 부정을 한다.

::서로 간의 이해도가 낮다

업무에 대한 이해도뿐 아니라 개인적인 부분에 있어서도 상호 이해도가 낮음은 협력을 방해하는 요인이 된다. 주장의 근거를 믿지 않고 주장을 부정하며 자기 합리화를 위한 변명이라고 생각한다.

::리더의 효과적인 조율이 없다

리더가 참석자들 간의 토론이 논쟁으로 바뀌어 가는 과정에서 적절하게 개입하지 못한다. 개입하더라도 다른 참석자들이 그 개입을 무시 또는 소극적으로 받아들인다. 리더는 회의를 통제하지 못하고 있다. 어떠한 경우든 리더가 회의를 통제하지 못하면 그 회의는 비효과적으로 진행될 수밖에 없을 것이다.

::의견과 사람을 구분하지 못한다

토론이 성공적으로 진행되기 위한 요소 중 하나가 의견과 사람을 구분하는 것이다. 사람들은 누군가가 자신의 의견을 수용 또는 인정하지 않음을 개인적인 거부반응으로 받아들인다. 따라서 감정에 상처를 받고 그 보상을 위해 더 강하게 자신의 주장을 하거나 다른 사람의 의견을 부정 또는 무시를 한다. 그래야만 내가 이기고 내 의견이 받아들여질 것이라 생각한다. 설령 자신의 의견이 수용되지 않더라도 다른 사람의 이견 또한 수용되지 않아야 한다는 생각을 가지게 되고 그렇게 행동한다.

● 부작용

  - 팀워크가 와해된다.
  - 서로의 감정이 상한다.
  - 다양하고 좋은 의견이 사장된다.
  - 리더십에 상처받는다.

● 대 책

:: 사람과 내용을 구분한다

  앞에서도 언급한 것과 같이 누군가가 자신의 의견을 인정하지 않는 것이 자신을 인정하지 않는 것이 아님을 알아야 한다. 또한 자신이 다른 사람의 의견을 인정하지 않는 것이 그 사람을 인정하지 않는 것이 아니라는 것을 알려야 한다. 의견은 의견일 뿐이다. 그 의견을 수용하거나 수용하지 않는 것은 그 사람에 대한 것이 아니라 조직의 보다 큰 성과를 위한 것이다. 조직 구성원은 이러한 사실을 명확하게 이해하고 있어야 한다.

::타인의 생각을 인정하고 이해하려는 마음을 갖는다

나를 제외한 다른 모든 사람들이 항상 나의 의견과 같은 의견을 갖고 있을 것이라는 생각은 지나치게 자기중심적인 생각이다. 절대로 그러한 일은 발생하지 않는다. 서로 다른 의견을 통해 더 나은 성과를 올릴 수 있다는 것을 인정하라. 왜 조직이 다양한 사람들로 구성되어야 하는지를 안다면 그 다양성을 극대화하는 방법도 알게 될 것이다.

::다른 사람의 말에 꼬리를 잡지 말고 자신의 의견만 발표한다

다른 사람의 말에 대해 꼬리를 잡고 늘어지는 것은 논쟁을 하자는 것이다. 다른 사람의 의견에 편승해 자신의 창의적인 의견을 개진하는 것과는 다르다. 말꼬리를 잡고 싶을 때는 왜 그렇게 해야 하는지, 자신이 주장하고자 하는 것과 어떤 차이가 있는지, 그 차이를 극복하고 자신의 의견을 어떻게 주장하는 것이 더 설득력이 있을 것인가를 생각하라.

::언어의 사용에 주의한다

구두적인 언어뿐 아니라 비언어적인 메시지도 중요하다. 언어도 습관이다. 자신이 자주 사용하는 언어는 그 언어가 입에

배어 있는 것이다. 비언어적인 메시지(바디랭귀지)도 마찬가지이다. 특히 자신의 의견과는 상반되는 주장을 상대가 할 때 자신도 모르게 그러한 언어(끼어들기, 그렇지만, 말도 안 되는 소리…… 등등의 말)나 행동(고개를 돌린다, 피식 웃는다, 옆 사람과 소근거린다 등등)이 나온다. 이러한 커뮤니케이션 스타일은 개인의 인격과도 연결된다. 왜냐하면 우리가 이러한 반응을 보일 때 상대는 우리를 미워하고, 인정하지 않고, 거부할 것이기 때문이다. 우리 또한 상대가 이러한 반응을 우리에게 보인다면 그렇게 받아들일 것이기 때문이다.

:: 리더는 토론의 규칙을 정한다

리더는 회의 의제를 다룰 때 서로가 지켜야 하는 규칙을 정한다. 특히 민감한 주제를 다루는 회의를 진행할 때는 반드시 회의 규칙을 정하는 것이 좋다. 이때 사용할 수 있는 가능한 규칙으로는

- 주장을 할 때는 구체적인 사례를 든다.
- 상대의 감정을 자극하는 말을 하지 않는다.
- 차이를 인정한다.
- 언어 선택(연결어)을 조심한다.
- 비언어적인 메시지를 중시하고 고려한다.
- 달성해야 하는 목표에 집중한다.

부록 1 회의 참가자의 유형 및 대응

1. 지각자

- 출입구를 뒤쪽에 둔다. 문이 많으면 다른 것은 잠근다.
- 정시에 시작한다. 지각자는 벌, 일찍 온 사람은 보상을 주라.
- 지각자를 비난하지 말고 일찍 온 자들에게 칭찬과 감사―
  긍정적 강화
- Ground Rule 정하기
- 지각자를 더 반갑게 맞이한다.
- 미리 지각자를 위해 자료를 준비해서 서기를 통해 전한다.
- 문 닫기(필요시 모든 문을 닫는다)
- 지각자에게 지나간 의제와 토의내용에 대한 설명을 하지
  않는다.

2. 다른 행동을 하는 사람

- 하는 행동을 제지하라(자료, 의견 정리 등).

- 할 것과 하지 말 것을 정리, 포스트 잇 활용 ─ 그라운드 룰로 정하기
- 이름을 부르거나 시선 마주치기
- 개인적인 질문을 한다.
- 의견이 있으면 공개적으로 이야기하도록 한다.

3. 휴대폰 방해
   - 시간 흐름을 구체적으로 알려 주어서 그 시간에 사용하 도록 한다.
   - 처음부터 가져오지 못하게 하거나 진동모드 전환 또는 끄도록 한다.
   - 중요한 전화가 있으면 다른 사람을 통해 전화를 받게 하 거나 미리 전화를 하도록 한다.
   - 리더부터 모범을 보인다.

4. 죄수 ─ 공격적이고 분노/적의를 표현하는 참석자
   - 이유를 찾는다.
   - 의견을 존중하는 것의 중요성을 강조한다.
   - 사람과 의제를 구분하도록 한다.
   - 때로 이러한 참석자는 배제시킨다. 나중에 개인적으로 이야 기한다.
   - 이러한 반응과 말이 나오면 적절한 행동으로 규제하거나

주의를 준다.

5. 나이 먹은 사람 — 지혜, 경험이 많음, 자존심이 강함 → 지나
   친 점잔, 체면
   - 진행과 내용에 도움을 요청(지식, 지혜, 경험의 활용)
   - 역사적/경험적인 증거자료를 요구한다.
   - 개인 대화를 통해 회의의 중요성을 강조한다.
   - 새로운 아이디어의 중요성을 강조한다.

6. 지배하려는 사람 — 중요감을 갖고자 하는 사람, 인정받고자 하는
   사람, 전쟁스토리, 쓸데없는 질문을 하는 사람
   - 회의에서 일정한 역할을 준다.
   - 좋은 의견을 말할 때 보상한다.
   - 직접적으로 지적하면서 제재를 한다.
   - Wastes Basket(질문통) 만들기 — 쓸데없는 질문 모으기
   - 질문 시 쓸 수 있는 카드, 토큰 배부 — 1인 1개
   - 말을 멈추었을 때 개입해 의견 개진에 감사를 표하고 바
     로 다른 사람을 호명하면서 질문한다.
   - 눈을 마주치지 않음으로써 스스로 말을 멈추도록 한다.
   - 어려운 질문이나 일을 부탁한다.
   - 개인적인 대화를 통해 회의에 충실하도록 한다.

7. 모든 것을 알고 있다는 태도를 가진 사람 — 진짜와 가짜를 구분
   - 전문가로 인정: 참석자들에게 좋은 조언을 필요에 따라 요청한다.
   - 도움을 요청(멘토링, 과정 진행에)
   - 다른 참석자들의 의견을 더 진보시켜 보라고 한다.

8. 회의주의자 — 말, 태도에서 비난적이고 비평적이며 부정적인 메시지를 전하는 참석자
   - 회의의 그룹다이나믹스를 나오게 한다.
   - 회의의 중요성과 가치를 강조한다.
   - 회의 목적을 이야기한다.
   - 회의에서 중요한 역할을 맡긴다.
   - 냉정한 분석이라고 하면서 긍정적인 면을 보도록 한다.

9. 잡담하는 사람
   - 질문이 있느냐고 묻는다.
   - 목소리를 낮추어서 진행한다.
   - 직접 질문(다른 참석자 혹은 그 사람의 이름을 부르면서)을 한다.
   - 리더가 잠시 침묵하면 잡담의 소리가 커져 스스로 멈춘다.
   - 좋은 의견이 있으면 전체에게 알려 달라고 요청한다.
   - 개인적인 대화를 통해 태도를 고치도록 코치한다.
   - 직접 요청을 한다. "멈추어 달라." "주제에 집중하자." 등등

10. 지루해하는 자
    - 다양한 몰입기법을 사용한다.
    - 개인적으로 질문한다.
    - 흥미를 끌어내기 위해 역할을 준다.
    - 의견을 말하면 감사를 표한다.

11. 혼돈자, 헷갈리는 사람
    - 회의 목적을 분명히 한다.
    - 모두가 잘 보이는 곳에 회의 목적을 써 놓는다.
    - 중간에 요약해 준다.

1. 회의 진행 시나리오

A. 회의 오프닝 준비

ⅰ. 참석자들의 주의 집중 유도

ⅱ. 회의 목표와 달성결과 합의

ⅲ. 참석자 소개와 역할(리더, 진행자, 서기, 발표자 등)

ⅳ. 회의 규칙

    1) 리더의 통고

    2) 합의

ⅴ. 진행방법

    1) 어젠다 중심

ⅵ. 참석방법

    1) 의견 발표

2) 타인 의견에 대한 대응 등

vii. 감사표시

viii. 신속, 간단하게

B. 회의 오프닝 시나리오

ⅰ. 인사와 감사

ⅱ. 회의 주제 - 상황, 회의의 필요성

ⅲ. 회의 목적 - 회의를 통해 도달할 결론

ⅳ. 회의 진행방법 - 어젠다

ⅴ. 참석자와 역할

ⅵ. 회의 규칙

ⅶ. 덕담 또는 Ice Breaking

2. 회의 마무리

A. 마무리 시나리오

ⅰ. T: Thank You: 감사 표시

ⅱ. C: Credit To: 기여, 공헌

ⅲ. U: Useful: 유용성

ⅳ. M: Memory: 책임, 추진사항, 회의록 배부

ⅴ. T: Thank You: 재감사

3. 회의에서 발표하기

   A. 발표구조
   ⅰ. 주장, 결론: 의견, 아이디어
   ⅱ. 주장 배경: 이유, 가치, 필요성
   ⅲ. 사례: 근거/경험, 자격
   ⅳ. 이익: 상대/조직이 얻는 이익
   ⅴ. 행동 요구: 당신이 원하는 행동을 과감히 요구, 필요한
      조치

4. 토론 진행

   A. 토론 사회
   ⅰ. 토론 개시 알리기
      1) 토론 주제 명확화
         ① 재진술, 설명
         ② 사실, 이유 제시 요구 등
   ⅱ. 참석관리
      1) 질문
         ① 왜 그렇습니까?
         ② 다른 생각은?
         ③ 근거는?
      2) 공평성 유지 : 발언빈도, 발언시간 등(찬성, 반대자)

iii. 토론방향 유지

    1) 안건에서 벗어나지는 않았는가?

    2) 시간은? 발언빈도는?

    3) 생산적인 방향으로 진행되고 있는가?

    4) 긴 설명 요약하기

iv. 토론 종결

    1) 감사

    2) 의견 정리 요약

부록3 다양한 회의 진행순서

1. 이해조정회의

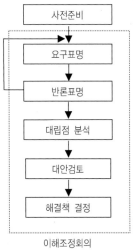

- 사전준비

- 요구표명 { 각자의 요구를 표명한다.
질의응답으로 이해를 돕는다.
반론은 금한다.

- 반론표명 { 반대 입장에서 반론한다.

- 대립점 분석 { 이해대립지점을 분석한다.
- 일치하는 점은?
- 불일치하는 점은? 이유는?

- 대안검토 { 대립점을 명확히 한다.
대안을 검토한다.

- 해결책 결정 { 양쪽이 모두 만족하는 대안을 정한다.
제3의 해결책을 찾는다.

이해조정회의

2. 정보수집회의

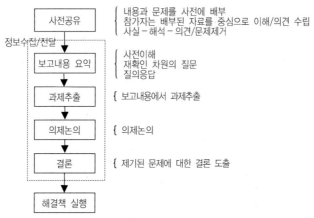

정보수집/전달

사전공유 { 내용과 문제를 사전에 배부
참가자는 배부된 자료를 중심으로 이해/의견 수립
사실 – 해석 – 의견/문제제거

보고내용 요약 { 사전이해
재확인 차원의 질문
질의응답

과제추출 { 보고내용에서 과제추출

의제논의 { 의제논의

결론 { 제기된 문제에 대한 결론 도출

해결책 실행

3. 문제해결회의

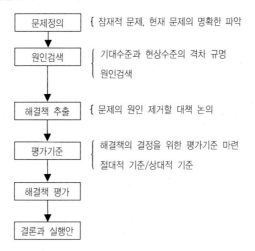

문제정의 { 잠재적 문제, 현재 문제의 명확한 파악

원인검색 { 기대수준과 현상수준의 격차 규명
원인검색

해결책 추출 { 문제의 원인 제거할 대책 논의

평가기준 { 해결책의 결정을 위한 평가기준 마련
절대적 기준/상대적 기준

해결책 평가

결론과 실행안

4. 계획입안회의

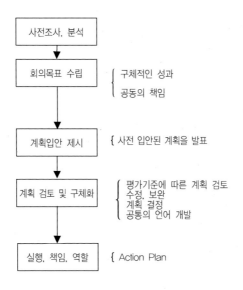

```
┌─────────────────┐
│  사전조사, 분석  │
└─────────────────┘
         │
         ▼
┌─────────────────┐     ┌ 구체적인 성과
│  회의목표 수립   │    {
└─────────────────┘     └ 공동의 책임
         │
         ▼
┌─────────────────┐
│  계획입안 제시   │    { 사전 입안된 계획을 발표
└─────────────────┘
         │
         ▼
┌─────────────────────┐     ┌ 평가기준에 따른 계획 검토
│  계획 검토 및 구체화 │    │ 수정, 보완
└─────────────────────┘    { 계획 결정
         │                   └ 공통의 언어 개발
         ▼
┌─────────────────┐
│  실행, 책임, 역할 │    { Action Plan
└─────────────────┘
```

부록 4 의견조율 기술

1. 목적에서 벗어난 이야기를 하는 참석자가 있다

 – 회의 목적에서 벗어난 이야기를 한다.

리더: "지금 발언은 이 회의 목적과 다소 거리가 있는 것 같습니다. 이 회의 목적은 00하는 것이므로 00에 직접 관계된 이야기로 의견을 좁혀서 말씀해 주시기 바랍니다."

 – 의사 진행을 무시하고 자기 의견을 마음대로 발언한다.

리더: "지금 발언은 _____과는 반대되는 논점이었습니다. 다만 현재는 제안 배경을 확인하는 단계이므로 이것이 끝나면 다시 그 점에 관해 의견을 듣도록 하겠습니다."

2. 다른 참석자들의 반응을 무시하고 자기 의견만 내세운다

 – 주위 반응을 무시하고 마음대로 이야기를 전개한다.

리더: "죄송합니다만, 잠깐 발언을 멈춰 주시기 바랍니다. 좀 이해가 안 되는 부분이 있어 질문하고 싶은데요, 00라고 말

씀을 하셨는데 그건 ＿＿＿가 아닌가요?"

- 이야기가 이해하지 못하는 내용으로 빠지고 있다.

리더: "정말 죄송합니다만, 일단 내용을 정리해 주세요. 지금
우리는 00에 관해서 이야기하고 있는데 그것과 지금 발언내
용이 관련된 부분부터 다시 한 번 설명해 주시겠습니까?"

3. 정보가 너무 부족해 이야기를 따라오지 못한다

- 참석자가 의사 진행을 따라오지 못하고 자꾸 방해한다.

리더: "지금까지의 내용을 다시 확인하겠습니다. 00에 관한 발
언이 있었는데 만약 00에 관한 구체적인 질문이 있으시
면……."

- 참석자들의 이해 정도를 확인해야겠다.

리더: "여기까지 논의가 진행되었는데요, 확인을 위해 ＿＿＿＿
에 대해 정리해 보겠습니다. 00는 ＿＿＿＿＿에서 파생된 문제
로 이 회의에서도 과거에 여러 번 논의가……."

4. 너무 많은 정보로 회의가 산만하다

- 불필요한 영역까지 회의 주제가 빗나가고 있다.

리더: "지금 정보는 많은 도움이 되었습니다. 오늘 회의 목적
은 ＿＿＿이므로 굳이 그것까지 배려에 넣을 필요는 없지 않
을까요?"

- 이야기가 점점 엉뚱한 방향으로 흘러가고 있다.

리더: "지금 말씀은 이제까지의 논의에서는 다루지 않았던 것입니다. 그러므로 거기까지 논의할 필요가 있는지 여러분의 의견을 듣고 싶습니다."

5. 전제조건에 얽매여 회의 진행에 비협조적이다

- 의제를 바꾸는 방법.

리더: "이번 회의 목적은 00을 해결하기 위한 것입니다. 그러나 지금까지의 논의를 통해 우선적으로 ＿＿을 확인해 둘 필요가 있다는 것을 알게 되었습니다. 그것이 00의 가장 큰 원인이라는 것을 알았기 때문입니다."

- 회의의 의사 진행 변경에 협력적이지 않다.

리더: "이번 회의는 오늘 안으로 끝낼 예정이었습니다만 그럴 수 없을 것 같습니다. 지금까지의 경위에 대해 일부 참가자들이 오해하고 있는 것 같기 때문입니다. 오늘은 그것을 다시 확인하는 선에서 끝내고, 다음 회의에서 00을 논의하고자 합니다."

6. 발언이 감정적이고 논리적이지 못하다

- 좋고 싫음에 대한 반대이유가 너무 감정적이고 개인적인 의견 중심이다.

리더: "방금하신 말씀에 대해 좀 질문하고 싶습니다. 지금 00에 대해 반대하셨는데요, 그 이유를 다시 한 번 말씀해 주세

요. 특히 그 이유를 알기 쉽게 설명해 주시겠습니까?"

－개인적인 감정을 찬성의 이유로 댄다.

리더: "방금 발언에는 00에 대한 찬성이유가, 그 제안자가 김 영수 씨이기 때문에 찬성하는 것 같은데 그렇습니까?"

7. 발언을 피상적으로 이해한다

－피상적으로만 파악하여 진의를 오해하고 있다.

리더: "000 씨는 000 씨의 발언을 **에 대한 반대 의견으로 받아들이고 있는 것은 아닌가요? 문제 지적은 하였지만 그 렇다고 해서 기본적으로 **에 반대하는 것은 아닙니다."

－원칙적이고 형식적인 발언 때문에 진의를 파악할 수 없다.

리더: "방금 발언을 확인하고 싶습니다. 00에는 원칙적으로 반 대하지는 않지만 무조건적인 것은 아닙니다. 그 전제 조건으 로 ＿가 해결되어야 한다는 것으로 이해하였습니다. 맞습니 까?"

8. 참가자의 침묵과 무반응

－더 이상의 의견이 나올 것 같지 않다.

리더: "지금까지 00에 대해 이야기했습니다만 별로 의견이 나 오지 않는 것 같군요. 그렇다면 시점을 바꾸어 ＿＿＿＿＿부터 논의해 보면 어떻겠습니까?"

－논의내용이 너무 어려워 의견이 나오지 않는 것 같다.

리더: "이제까지의 논의가 너무 추상적이었던 것 같습니다. 문제를 더 알기 쉽게 하기 위해 00의 문제가 실제 우리 업무에 어떤 영향을 주고 있는가를 정리해 볼까요?"

9. 진행방법에 집착해 논의가 진전되지 않는다

- 의사 진행을 이해하지 않고 의제 변경을 요구한다.

리더: "무슨 말씀인지 잘 알겠습니다. 그러나 여기에서 다른 의제를 채택하는 것은 현명한 것 같지 않습니다. 아직 여러분에게 반대의견을 묻는 단계인데다 의견이 다 나왔다고 볼 수 없기 때문입니다."

- 상황을 고려하지 않고 의제 변경을 요구한다.

리더: "의사 변경제안을 받았습니다만, 이대로 의사일정에 따라 진행하고자 합니다. 이유는 참가자 여러분이 그렇게 알고 있을 것이므로 혼란이 일어나서는 안 되기 때문입니다."

10. 특정 인물에게 지나치게 영향 받는다

- 찬성인지 반대인지 의견이 모호하다.

리더: "지금 발언은 결론적으로 말해서 찬성을 한다고 봐도 좋겠습니까? 만약 그렇지 않다면 지금 이 시점에서 수정을 부탁드립니다."

- 그냥 반대라고만 할 뿐, 그 이유를 밝히지 않는다.

리더: "반대 의사는 잘 알겠습니다. 그럼 다음으로 그 이유를

말씀해 주십시오. 지금까지 반대 이유는 여러 가지로 말씀하
셨습니다만 다소 중복이 있더라도 상관없으니 다시 한 번
부탁드리겠습니다."

11. 체면에 지나치게 얽매여 감정적이 된다

- 반론을 당한 사람이 확실히 감정적으로 반론하고 있다.

리더: "지금 발언내용을 좀 정리하겠습니다. 이야기의 핵심은
_____였다고 생각합니다. 표현이 좀 지나친 감이 듭니다만
핵심을 그렇게 이해해 주시기 바랍니다."

- 참가자끼리 감정적인 충돌이 심해지고 있다.

리더: "여기서 논의한 내용을 정리하죠. 00 씨 말씀은 _____이
고 ** 씨는 거기에 반대 입장입니다. 오늘 회의는 다양한 의
견을 듣는 것이니 이해해 주시기 바랍니다."

12. 좋고 싫은 감정으로 판단한다

- 싫고 좋은 감정으로 무턱대고 반대한다.

리더: "방금 발언에서 이해 안 되는 부분이 있어 질문하겠습니
다. 다시 한 번 이번 안을 부정하는 이유를 말씀해 주시기
바랍니다. 특히 00 부분을 좀 더 알기 쉽게 설명해 주시겠습
니까?"

- 싫고 좋음에 따른 판단을 무리하게 밀고 나가려고 한다.

리더: "죄송하지만 방금 설명 중에 이해 안 되는 점이 있습니

다. 찬성하는 이유를 세 가지 정도 말씀하셨습니다만, 그건 좀 이상한 것 같습니다. 그렇게 느끼는 부분은 00 부분입니다."

13. 지나친 호기심으로 논의를 어지럽힌다
－주제와 관련 없는 일에 대해 흥미 위주로 질문하고 있다.

리더: "방금 말씀하신 00에 대해 질문이 있습니다. 여기서 다시 한 번 오늘 주제를 확인하고, 논의를 어떻게 전개할지 그 방향을 정리하고 싶습니다."

－논의가 본론과 관계없는 방향으로 흘러가고 있다.

리더: "여기서 논의내용을 원점으로 되돌렸으면 합니다. 00 이야기에서 논의가 옆길로 샌 것 같습니다. 원래 ____에 관해서 논의를 하고 있었지요?"

14. 사소한 의견을 방치해 논점이 산만하다
－의견이 주제에서 벗어나 있다.

리더: "말씀 중에 죄송합니다. 오늘 주제를 다시 한 번 확인하겠습니다. 오늘은 00에 대해 논의하고 있습니다. 방금 발언이 주제와 어떤 관련이 있는지 말씀해 주시겠습니까?"

－의견이 논의 진행 범위에서 벗어나 있다.

리더: "죄송합니다. 방금 발언은 00에 관한 이야기 같은데요. 00는 그 문제를 정확히 분석한 후 이야기했으면 합니다. 그런 관점에서 말씀해 주시기 바랍니다."

15. 집중력이 떨어져 분위기가 가라앉는다

 - **집중력이 현저히 떨어진 참석자가 있다.**

리더: "00 씨에게 묻겠습니다. 이 회의에서는 ____에 관해 이야기하고 있는데 00 씨 팀에서는 어떤 상황인가요? 사전에 그 부분에 대해 조사해 줄 것을 부탁드렸습니다만."

 - **회의 전체 분위기가 가라앉기 시작했다.**

리더: "분위기가 좀 가라앉는 것 같습니다. 지금 여기서 결정해야 할 것은 00에 관한 계획입니다. 오늘 안으로 기본적인 방향을 정하지 않으면 이달 안으로 최종 계획을 마무리할 수 없게 됩니다."

16. 과정을 무시하고 결론을 너무 서두른다

 - **필요한 순서를 무시하고 논의를 진행하려 한다.**

리더: "00 씨의 의견은 ____의 해결책에 관한 것입니다. 오늘 회의는 ____의 문제를 정확하게 파악하는 데 목적이 있으므로 그 의견은 다음 회의에서 다시 듣겠습니다."

 - **필요한 발언이나 논의를 생략하고 결론지으려 한다.**

리더: "00 씨의 기분은 알겠습니다. 그러나 ____에 관한 의견은 다 나온 것 같지 않습니다. 좀 더 여러분의 의견을 듣고 나서 결론지었으면 합니다."

17. 결론을 무작정 뒤로 미룬다

   – 인간관계를 의식한 나머지 발언내용이 모호하다.

리더: "방금 발언은 핵심을 좀 알기 어려운 것 같습니다. 우선
   확인차 묻겠는데요, 이번 00에는 찬성이십니까? 반대입니까?"

   – 대립을 피하기 위해 모호한 태도로 일관하고 있다.

리더: "지금까지 발언을 정리하면 이번 00에는 기본적으로 반
   대 의견이신 것 같은데 맞습니까? **와 ___에 대한 발언은
   그것을 구체적으로 설명한 내용으로 받아들여도 되겠습니까?"

18. 사소한 것에 집착해 물러서지 않는다

   – 전체 상황을 보지 못하고 사소한 것에 집착하고 있다.

리더: "아까부터 논의가 제자리를 맴돌고 있는 것 같습니다.
   이를 타개하기 위해서라도 이 문제는 00에 관해 이야기하는
   쪽으로 바꾸는 것이 좋을 것 같습니다."

   – 사소한 내용을 반복해서 발언하는 참가자가 있다.

리더: "좋은 지적입니다. 그 문제는 좀 더 시야를 넓혀서 이야
   기해 보는 것이 어떻겠습니까? 00을 논의한다 해도 문제 해
   결의 실마리를 찾을 것 같지 않은데요?"

19. 위압적인 태도로 주장을 관철하려 한다

   – 다른 사람의 의견을 막고 자기 말만 하거나 다른 참석자
     의 의견을 들으려고 하지 않는다.

리더: "00 씨, ** 씨가 00에 관해 설명하고 있습니다. 아직 이야기 중이니 이야기를 마치면 그때 00 씨의 의견을 듣도록 하겠습니다. 괜찮으시죠?"

- 위압적인 태도로 상대를 굴복시키려 한다.

리더: "00 씨, 지금 발언의 핵심은 ____인 것 같은데 맞습니까? 표현이 좀 감정적인 것 같은데 좀 가라앉히시고 간결하게 말씀해 주셨으면 합니다."

20. 논리의 비약이 지나쳐 이해하기 어렵다

- 인과관계를 설명하는 논리가 지나치게 비약되어 이해가 어렵다.

리더: "방금 발언에서 좀 이해하기 어려운 부분이 있습니다. 00을 이 문제의 원인으로 지적하셨는데 좀 더 자세히 설명해 주시겠습니까?"

- 근거 설명에서 논의가 지나치게 확산되어 맥락이 잡히지 않는다.

리더: "이야기가 전체적으로 너무 확산된 것 같습니다. 이 기획을 미는 근거로 00와 ** 등을 예로 들었는데 그 연관성을 이해하기 어렵군요."

21. 방관자처럼 책임을 회피하려 한다

- 방관자처럼 무책임한 발언을 하고 있다.

리더: "내용을 잘 알겠습니다. 그러나 현실적인 문제를 따져 보면 지금 이야기처럼 되지 않을 것 같은데, 예를 들어 00에는 구체적으로 어떻게 대처하시겠습니까?"

- 의사 진행 중 찬성, 반대를 지조 없이 이리저리 바꾼다.

리더: "잠깐만요. 조금 전까지는 이 의견에 찬성하신 것 같은 데, 지금 발언은 반대이시군요. 어느 쪽인지 그것을 먼저 확실하게 해 주시겠습니까?"

회의 리더를 위한 몇 가지 TIP

➢ 기본 커뮤니케이션 능력

- 참석자의 의견을 인정, 경청하라.

  : 제스처로 보여 주라. (고개, 메모, 시선 등)

- 필요하다면 이해하고 있는지 확인하라.

  : 네, 지금 ……을 말씀하신 거죠?

- 부연설명을 하고 요약하라.

  : 그러니까 지금 그 말은 ……이라는?

- 긍정적으로 반응하라.

  : 좋은 지적이군요.

  : 중요한 생각입니다.

  : 흥미로운 관점이군요.

- 최적의 것을 찾아라.

  : 당신의 말에서 가장 흥미로운 것은…….

  : 저희가 생각하지 못했던 부분을…….

- 도전적일지라도 질문을 하라.

  : 좋은 생각이군요. 그 실행방법은······?

- 연관성을 보여 주라.

  : 그 말은 000가 한 말과 연관이 있는 것······.

- 다른 사람의 발전을 도와라.

  : 좋은 지적입니다. 그럼 연관된 화제는?

- 참석자들의 시각적인 메시지를 주의하라. 비언어적 메시지.

➤ 어젠다에서 벗어난 의견

  ➤ 무시하지 말라.

  ➤ 그 의견에 인정은 하되 동의하지 말라.

  ➤ 대응

    - 중요성과 긴급성으로 판단하라.

    - 회의 의제에 올릴 것인가를 물어라.

    - 소요시간을 계산하라.

    - 어떤 의견이든 일단 기록하라.

    - 회의 마무리 시점에서 의견을 판단, 처리하라.

    - 중요한 회의는 다음 회의의 어젠다에 삽입하라.

    ❖ 담당자를 정하라.

    - 의견을 모으는 함/공간을 마련하라.

➤ 참여 유도

  - 토론을 독점하지 말라.

- 아이디어에 동의하지 않는다고 하더라도 구두나 몸짓으로 반대하는 의사를 보이지 말라.
- 활발한 토론을 위하여 자유롭게 열린 질문을 하라.
- 긍정적인 말로 문제점들을 정리하라. 목표 성취가 가능한지를 묻지 말라. "우리의 목표를 어떻게 성취할 수 있겠는가?" 라고 물으라.
- 그룹 내에서 내성적인 사람들을 확인해 도움을 요청하라.
- 외향적인 사람들이 토론을 독점하지 않도록 하라.
- 그들의 상급자들이 토론을 주도하게 하지 말라.
- 모든 구성원의 참여를 필요로 하는 회의 진행절차를 사용하라.
- '냉담한 침묵(Hostile silence)'을 보이고 있는 사람들을 괴롭히는 것이 무엇인지를 확인하라.
- 리더십을 순환시켜라(회의주재를 위임하라).

➤ 참여 유도 방법
- 참가자들의 의견을 정리, 통합, 요약을 한다.
- 공평한 기회, 의견의 인정을 느끼는 개방적인 분위기
- 회의 진행기술의 다양화와 유연성
- 참가자들의 가치를 강조하고 그들의 비언어적인 메시지를 파악하고 대응한다.
- 갈등과 부정적인 감정을 해결한다.

- 다양한 관점(시점, 방향 전환 등)으로 촉진
- 필요한 정보를 제공
- 기타 방법
  - 브레인스토밍/브레인라이팅
  - 친화도법
  - 시간할당법
  - 순서 정하기
  - 질문
  - 인정

노진경 ─────────────────────────────────

▌약력

前) 데일 카네기 코스 강사, 카네기 경영전략 강사, 카네기 리더십 강사, 세일즈 강사
  PHD 컨설팅, 경인카네기연구소 소장, 중소기업연수원외부강사, 뉴호라이즌 코리
  아 전임강사

現) 성취동기개발센터/서비스경영연구소 소장, 한국생산성 본부 지도교수, 한국표준협
  회 경영전문위원, 중소기업연수원 사이버튜터, 한국능률협회인증원 지도교수, 카
  이저 교육 컨설팅 지도교수, 한국조직개발협회 지도교수, 애니어그램 일반강사

▌주요 저서

『김대리 영업의 달인이 되다』(Sales Master Series 1)
『프리젠테이션 A−Z』(Sales Master Series 2)
『영업달인의 비밀노트』(Sales Master Series 3)

유능한 리더의
회의운영
노하우

지 은 이 | 노진경
펴 낸 이 | 채종준
기   획 | 김남동
편   집 | 박재규
마 케 팅 | 김봉환
표지디자인 | 이효정
아트디렉터 | 양은정

초판인쇄 | 2010년 5월 14일
초판발행 | 2010년 5월 14일

펴 낸 곳 | 한국학술정보㈜
주   소 | 경기도 파주시 교하읍 문발리 파주출판문화정보산업단지 513-5
전   화 | 031) 908-3181(대표)
팩   스 | 031) 908-3189
홈페이지 | http://www.kstudy.com
E-mail | 출판사업부 publish@kstudy.com
등   록 | 제일산-115호(2000. 6. 19)

ISBN   978-89-268-1020-0 03320 (Paper Book)
        978-89-268-1021-7 08320 (e-Book)

이담
Books 는 한국학술정보(주)의 지식실용서 브랜드입니다.